T0123391

Sammlung Metzler
Band 295

Klaus Schaefer

Christoph Martin Wieland

Verlag J.B. Metzler
Stuttgart · Weimar

Die Deutsche Bibliothek – CIP-Einheitsaufnahme

Schaefer, Klaus:
Christoph Martin Wieland / Klaus Schaefer.
– Stuttgart ; Weimar : Metzler, 1996
(Sammlung Metzler ; Bd. 295)
ISBN 978-3-476-10295-9
ISBN 978-3-476-03991-0 (eBook)
DOI 10.1007/978-3-476-03991-0
NE: GT

ISSN 0558 3667

SM 295

© 1996 Springer-Verlag GmbH Deutschland
Ursprünglich erschienen bei J.B. Metzlersche Verlagsbuchhandlung
und Carl Ernst Poeschel Verlag GmbH in Stuttgart 1996

EIN VERLAG DER SPEKTRUM FACHVERLAGE GMBH

Inhalt

Vorwort

Die ›Aufklärung‹ ist eine der geistigen Quellen unserer modernen Zivilisation, und ihre Positionen sind als Herausforderung zur immer wieder neuen Selbstverständigung über unser Menschsein unerläßlich. Zu ihnen zählen unverzichtbar die Bemühungen von Christoph Martin Wieland (1733-1813), einem der großen Schriftsteller, Humanisten und Weltbürger deutscher Sprache, deren Ergebnisse für die Literatur und darüber hinaus die gesamte geistige Kultur weitreichend sind. Dabei sind es nicht nur die Idealvorstellungen der Früh- und Blütezeit, sondern auch die im Verlauf dieser Emanzipationsbewegung unausweichlich auftretenden, gerade von Wieland sensibel reflektierten Illusionsverluste, deren grundsätzliche Eckpunkte und Konsequenzen heute keineswegs als ›erledigt‹ gelten können. Die Einheit und Widersprüchlichkeit beider Aspekte in den Texten Wielands verleiht diesen über ihre geschichtliche Bindung hinaus eine unverkennbar lebendige, bisweilen brisante Bedeutsamkeit. In einer Zeit, in der es aus ökologischer Sicht immer dringlicher wird, sich über weitsichtige vernünftige, humane Lösungen zu verständigen, in der das Sozialismusexperiment international gescheitert ist und bei vielen Menschen Desillusionierung, geistige Orientierungslosigkeit hinterlassen hat, in der auch die traditionellen bürgerlichen Wertesysteme in die Krise geraten sind, gilt es zwingender denn je, das Erbe der ›Aufklärung‹ mit einer möglichst ganzheitlichen Sichtweise neu wahrzunehmen und zu durchdenken: Wieland vereinigt in seinen zwischen 1751 und 1813, also während 62 Jahren entstandenen Texten wie kaum ein zweiter die sich in einem langen Leben voller geistiger Regsamkeit ablösenden Hoffnungen, Ideale, Irrwege, Enttäuschungen, Erkenntnisse und Überzeugungen der ›Aufklärung‹ in all ihrer Vielschichtigkeit und ihren Widersprüchen.

Es ist lohnend, sich mit seinem facettenreichen Werk auseinanderzusetzen und es seiner vielfach unabgegoltenen Anregungen wegen neu zu prüfen. Die folgenden Kapitel möchten dazu Impulse vermitteln. Vollständigkeit hinsichtlich aller vorhandenen Texte und denkbaren Aspekte kann dabei verständlicherweise im begrenzten Rahmen dieser Arbeit und angesichts der notwendigen Kennzeichnung auch abweichender aktueller Forschungspositionen nicht beansprucht werden. Auf jeden Fall ermöglichen die »Literaturhinweise« den Einstieg in weiterführende Bemühungen.

Für hilfreiche Unterstützung bei Recherchen und Buch-Beschaffung danke ich der Leiterin des Wieland-Museums in Biberach a.d.Riß, Frau Viia Ottenbacher, M.A., und den Mitarbeiterinnen der Fakultätsbibliothek für Geistes-, Sozial- und Erziehungswissenschaften an der Universität Magdeburg. Mein besonderer Dank für die erste kritische Lektüre sowie technische Herstellung des Manuskripts gilt Dr. Anke Suchy und Doris Schaefer; ihr ist dieses Buch gewidmet.

I. Einleitung

Wielands Einfluß auf die Zeitgenossen war vielfältig:

- Er gab epischem Erzählen durch die Weiterentwicklung des Romangenres und einen neuartigen kommunikationsorientierten Erzählstil weitreichende Impulse; er schuf Werke auf dem Gebiet der Verserzählung sowie des kleinen Versepos, er eroberte der Phantasie künstlerisches Terrain und suchte eine Vermittlung zwischen Rationalität und ›Wunderbarem‹.
- Er hat wesentlichen Anteil daran, daß die deutsche Sprache im internationalen Rahmen literaturfähig wurde und deutsche Dichtung sich seitdem erfolgreich mit europäischen Werken messen konnte. Wieland hat im übrigen bereits 1790 als erster den Begriff ›Weltliteratur‹ geprägt (Weitz, 1987); bei Goethe taucht er 1827 auf.
- Er beeinflußte maßgeblich den deutschen Klassizismus, indem er vor allem gegenüber Johann Joachim Winckelmanns idealem antikem Menschenbild lebendige, in sich widersprüchliche Figuren schuf.
- Er war Verfechter moderner Menschenrechte, des Kosmopolitismus, eines europäischen Kulturbewußtseins; er vermittelte Sensibilität für gesellschaftliche Rahmenbedingungen, für ethisch fundiertes, maßvolles individuelles Verhalten, für Toleranz, Harmonie und die Zerstörungskraft extremer Positionen; und er führte seine Leserschaft zu einer immer wieder herausfordernden kritischen Sicht auf das eigene Leben, das Ich, – zu einer diesseitigen ›Kunst des Lebens‹. Damit stellte er sich dem in der ›Aufklärung‹ schmerzvoll bewußtwerdenden Widerspruch zwischen den Ansprüchen des Individuums einerseits und den innerhalb der gesellschaftlichen Realitäten nur begrenzten Möglichkeiten ihrer Verwirklichung andererseits.
- Er prägte über viele Jahrzehnte nachhaltig Denken, Moralvorstellungen, Geschmack, Sprach- und Selbstbewußtsein reformwilliger Schichten des gebildeten Bürgertums sowie auch des Adels; und er hat großen Anteil daran, daß letzterer überhaupt für die deutschsprachige Literatur gewonnen wurde. Johann Wolfgang v. Goethe konnte denn auch in seiner Logenrede *Zu brüderlichem Andenken Wielands* am 18.2.1813 bilanzieren: »Die Wirkungen

1

Wielands auf das Publikum waren ununterbrochen und dauernd. Er hat sein Zeitalter sich zugebildet, dem Geschmack seiner Jahresgenossen sowie ihrem Urteil eine entschiedene Richtung gegeben (...).« (Schriften,1.Bd.,S.202f.)

– Über lange Jahre war er schließlich der führende Zeitkritiker unter den deutschen Schriftstellern; und nicht zuletzt waren seine Leistungen auf dem Gebiet der Übersetzung ausländischer Literatur bedeutsam, teilweise bahnbrechend.

Nichtsdestoweniger unterliegen Wieland und sein umfangreiches Werk auf besonders frappierende Weise im Grunde bis heute einem offensichtlichen Mißverhältnis zwischen potentiellem künstlerischem Angebot, objektiver kultureller Leistung einerseits und Wirkung, Anerkennung bei den Nachgeborenen andererseits. Die Texte Wielands, zu Lebzeiten so populär wie kaum von einem zweiten, sind nach seinem Tode bis auf wenige Ausnahmen für über ein Jahrhundert weitgehend aus dem Bewußtsein der Öffentlichkeit verdrängt worden; und wenn sein erster Biograph Johann Gottfried Gruber 1827 beklagt, daß »eine ansehnliche Partei« dem Autor »Genie und Geschmack« abspreche sowie vor ihm »wie vor dem leidigen Satan« warne, da er »seine Nation an den Abgrund des ungeheuersten sittlichen Verderbens geführt, (...) die Grundpfeiler der öffentlichen und häuslichen Glückseligkeit untergraben« habe (SW, Vorrede, S.VIIf.), so werden derartige Anschuldigungen von der Tendenz her auch noch die Meinung der Mehrheit professioneller Literaturfachleute während der folgenden Jahrzehnte prägen und sich in mannigfachen, zäh nachwirkenden negativen Klischee-Vorstellungen niederschlagen.

Sich Wieland zuzuwenden, um seinen historischen Stellenwert, die Aussagekraft und Lebendigkeit seiner Texte für heutige Leserinnen und Leser zu prüfen, schließt zwangsläufig die Auseinandersetzung mit jenen tradierten Klischees und die Verständigung über die zahlreichen Ursachen für die bislang weitgehend ausgebliebene Nach-Wirkung ein. Auch wenn noch komplexe historische Untersuchungen über die Rezeption fehlen, können in diesem Zusammenhang mit hoher Sicherheit folgende Gesichtspunkte benannt werden: Zum einen sind es inhaltliche Tendenzen, durch die Wieland in deutschen Landen mindestens bis 1945 eher gegen den Strom als mit ihm schwamm. Das betrifft insbesondere

– seine Humanität, undogmatische Toleranz und Friedensliebe;
– seinen Kosmopolitismus und seine Abneigung gegen jeden beschränkten Nationalismus; die besondere Hochschätzung der französischen und Förderung einer übernationalen europäischen Kultur;

- die Verweigerung voreingenommener Parteilichkeit bei gleichzeitigem Festhalten an emanzipatorischen Grundwerten;
- eine sich letztlich nicht an institutionelle Formen bindende, unkonventionelle, jeden Fanatismus verabscheuende christliche Gläubigkeit;
- sein Bestehen auf dem Anspruch harmonisch ins Leben integrierter Sinnlichkeit;
- seine Einstellung zur Französischen Revolution und zum historischen Fortschritt;
- die Fähigkeit, eigene frühere Positionen in Frage zu stellen, sich selber – beziehungsweise Aspekte des Aufklärungskonzeptes – kreativ zu wandeln, so daß seine Texte immer wieder innere Widersprüche und überraschende Entwicklungen enthalten;
- eine für ihn charakteristische Verlagerung des fiktiven Geschehens in die Antike und die bei der Leserschaft vorausgesetzte klassische Bildung.

Zum anderen spielt hierbei offensichtlich auch die aus seiner poetischen Kommunikationsauffassung resultierende Struktur der Texte eine Rolle. Ihre vergleichsweise hohen Anforderungen steigern sich in den Altersromanen noch und müssen sich – angesichts der seit Ende des 18. Jahrhunderts rasch verbreiteten massenwirksamen Unterhaltungsliteratur (später dann auch neuer Medien) – für wachsende Leserkreise notwendig als unbequem oder gar blockierend erweisen.

In einem nicht unwesentlich von Nationalismus, Chauvinismus, Franzosenfeindlichkeit, Rassismus, geistiger Borniertheit und Prüderie bestimmten Zeitalter sind das Gründe genug, Wieland – je nach Akzentuierung – wirksam als »undeutsch«, »unsittlich«, »unchristlich«, als »meinungslos« oder »reaktionär« abzuqualifizieren. Und schließlich zählen zu diesen Faktoren natürlich auch die Folgen einer Vernichtungskampagne durch die Romantiker, deren anti-aufklärerische Poesie-Auffassung für längere Zeit großen Einfluß gewann. Seit etwa 1870 gibt es Anzeichen, daß sich Literaturhistoriker und Verlage wieder verstärkt und unbefangener seinem Werk zuwenden; doch erst die 1949 erscheinende große Biographie Friedrich Sengles markiert den Beginn eines unübersehbaren breiteren Aufschwunges hinsichtlich der Forschung, deren bisheriger Höhepunkt die chronologische Darstellung des Lebens und Werkes Wielands von Thomas C. Starnes in 3 Bänden (1987) darstellt. Ein Versuch, die Rezeptionsgeschichte von Wielands Werk bis heute auch nur annähernd in ihrer Komplexität und Widersprüchlichkeit nachzeichnen zu wollen, verbietet sich wegen der noch unzureichenden wissenschaftlichen Vorarbeiten hierzu; aber auch eine Rekapitulation der bereits vorliegenden Teilergebnisse ist über die schwerpunktmäßig berücksichtigten Wieland-Texte hinaus im begrenzten Rahmen dieser Arbeit nicht möglich. Die bisher hierzu vorliegenden Arbeiten ermitteln vor allem Wielands Bewertung durch die deutsche Literaturgeschichtsschreibung bis 1945 und das Verhältnis einzelner Dichterpersönlichkeiten oder Werke sowie – in Teilaspekten – ausländischer Literaturen zu ihm. Der Interessent findet dies sowie alle diesbezüglichen weiteren Literaturhinweise vornehmlich bei Ruppel (1980) und Jaumann (1994), Einzeluntersuchungen bei Jørgensen (1984: Dänemark), Schelle (1984: Th.Mann), Emmel (1984: Hölderlin), Höhne (1985: englische Romantik), Freydank (1985: Rußland), H. Beutin (1985: Hecker), Bernhardt (1988: Mickel), Witczakowa (1988: Wien), Erhart (1993: Hölderlin), Drude (1994: Th.Mann), Albrecht (1994: Arno Schmidt)und Starnes (1994: Frauen).

Das in den letzten Jahren sichtlich gewachsene wissenschaftliche und verlegerische Interesse an Wieland, insbesondere auch an seinem lange Zeit besonders vernachlässigten Spätwerk, ist offenbar zum einen Zügen seiner literarischen Strategie geschuldet, die sich als anregend modern erweisen; zum anderen dürfte es maßgeblich darin begründet sein, daß sich in seinen Textangeboten vielseitig modellierte, fruchtbare Varianten künstlerischer Auseinandersetzung mit den Widersprüchen und Chancen des Lebens finden, die weit über eine eng historische Bedeutung hinausgehen. Das hängt mit künstlerischer Sensibilität und Weitblick, aber zweifellos auch damit zusammen, daß der ›Aufklärer‹ Wieland in einer ideell herausfordernden historischen Epochenwende, im Grenzbereich zwischen feudaler und bürgerlicher Welt, zwischen Verfall und Neuaufbau von Wertvorstellungen wirkte, wo es geradezu darauf ankam, historische Chancen sowie Gefahren zu erahnen und an menschheitlichen Erfahrungen zu messen. So stand Wieland – hochgebildet, jeder Dogmatik und philosophischem Systemdenken fern – selber zwischen idealistischem und materialistischem, zwischen rationalistischem und empiristischem, naturrechtlichem und historischem, mechanistischem und dialektischem Denken. Wieland förderte den Aufbruch in ein neues, historisch objektiv vom Bürgertum geprägtes Zeitalter; er machte Angebote für ein sinnvolles Leben, für Hoffnungen auf eine Humanisierung des menschlichen Zusammenlebens trotz aller Enttäuschungen.

II. Leben und Werk im Überblick

1. Kindheit und Studium (1733 – 1752)

Christoph Martin Wieland wird am 5. September 1733 im oberschwäbischen Dorf Oberholzheim geboren, das zu Biberach a.d.Riß gehörte und in dem der Vater, Thomas Adam Wieland, als evangelischer Pfarrer wirkte. Von ursprünglich fünf Geschwistern überleben nur er und ein Bruder, der 1764 in Biberach als Goldschmied verstorben ist. Der junge Wieland wächst in ein Jahrzehnt hinein, das gekennzeichnet ist durch den Kampf der Stände gegen das feudalabsolutistische Regime im umliegenden Herzogtum Württemberg sowie durch Bauernunruhen in Österreich und im Schwarzwald, durch die Gründung der ersten deutschen Freimaurerloge (Hamburg 1737) und die Errichtung der ersten Hochöfen (1735), die Erfindung der Spinnmaschine (1738) in England, durch die Thronbesteigung Friedrichs II. in Preußen (1740) und den Beginn der von diesem geführten schlesischen Kriege (seit 1741) genauso wie durch die von ihm später mitinitiierten Reformen im Sinne eines aufgeklärten Absolutismus. Bereits 1730 war Johann Christoph Gottscheds *Versuch einer kritischen Dichtkunst* erschienen, mit dem der Leipziger richtungweisend für die kommende Phase der deutschen Aufklärungsliteratur wurde, und 1732 hatte Johann Jakob Bodmer, Wielands künftiger Mentor, Miltons *Paradise Lost* (1667) ins Deutsche übersetzt (*Das verlorene Paradies*). Karoline Neuber wird 1737 den Hanswurst aus dem deutschen Theater verbannen; die Züricher Bodmer (*Kritische Abhandlung von dem Wunderbaren in der Poesie*) und Johann Jakob Breitinger (*Kritische Dichtkunst*) werden 1740 jene literaturtheoretischen Schriften vorlegen, mit denen moderne englische Erfahrungen aufgegriffen sowie innerhalb der noch lokal konzentrierten deutschen Aufklärung ein die Beteiligten tief bewegender, mehr als zehnjähriger Literaturstreit zwischen der Leipziger und der Züricher Richtung ausgelöst werden sollte. Die erbitterte Auseinandersetzung zwischen den Anhängern des Leipzigers und der beiden Schweizer sollte bei aller vorgeblichen Unverträglichkeit jedoch letztlich auf eine fruchtbare Erweiterung der aufklärerischen ästhetischen Theorie und Praxis hinauslaufen.

Bereits 1736 übersiedelt Wielands Familie in die Stadt Biberach, wo der Vater die Pfarrstelle übernimmt und die Familie väterlicherseits seit vielen Generationen – als angesehene, aber relativ wenig begüterte Geistliche oder Gewerbetreibende; ein Urgroßvater war Bürgermeister – ihre Wurzeln hat. Die Mutter entstammt einer badischen Offiziersfamilie. Biberach war seit 1401 eine freie Reichsstadt, gehörte also als unabhängiger kleiner Stadtstaat nicht zum Herzogtum Württemberg. Für die – abseits der großen Aufklärungszentren gelegene – Stadt charakteristisch und auch folgenreich für das Leben Wielands sind neben einem philisterhaften, partiell durchaus auch selbstbewußten Bürgertum vor allem folgende Besonderheiten: Seit dem Westfälischen Frieden gilt hier die Auflage, alle öffentlichen Ämter paritätisch an Vertreter der katholischen und der evangelischen Religion beziehungsweise abwechselnd an Angehörige beider Konfessionen zu verteilen – eine Regelung, die einerseits für ständigen Streit und absurde Situationen sorgt, andererseits jedoch auch dem Gedanken und Lebensprinzip der Toleranz, des als selbstverständlich empfundenen Miteinanders Nahrung zu geben vermag. In Biberach gibt es außerdem mit der 1686 gegründeten »Bürgerlichen Komödiantengesellschaft« den ältesten Theaterverein Deutschlands, der zunächst bikonfessionell strukturiert war und sich erst 1725 in einen »evangelisch-bürgerlichen« und einen »katholisch-bürgerlichen« geteilt hat. Sein erster Direktor war ein Urgroßvater Wielands. Der Vater hat in Halle studiert, vertritt die dort gelehrten pietistischen Positionen und versucht, diese nun auch auf seinen Sohn zu übertragen. Mit der Unterrichtung beginnt er bereits vor der Vollendung von dessen drittem Lebensjahr; 1739 vertraut er ihn der Biberacher Lateinschule, bald jedoch deren Lehrern zum Privatunterricht an. So genießt Christoph Martin frühzeitig eine solide Grundausbildung in Religion, Literatur, Latein, Griechisch, Hebräisch, Mathematik, Philosophie und Geschichte. Spätestens seit dem achten Lebensjahr kann er lateinische Texte lesen und verfaßt wenig später auch – was auf den Unwillen des Vaters stößt – deutsche sowie lateinische Verse. Er liest Cornelius Nepos, Horaz, Vergil und Cicero ebenso wie Gottscheds *Kritische Dichtkunst* und die Lyrik von Barthold Hinrich Brockes. Ein im Alter von dreizehn Jahren begonnenes Heldengedicht über die Zerstörung Jerusalems hat er wie alle frühen Dichtungsversuche später verbrannt.

Mit vierzehn Jahren, im Herbst 1747, schickt ihn der Vater in das damals hochangesehene, vom Abt Steinmetz pietistisch geführte Schulinternat Kloster Berge bei Magdeburg. Wielands frühe Entwicklung formiert sich also maßgeblich in einer mittel- und unmittelbaren Auseinandersetzung mit dem Pietismus Hallescher Prägung, wie er durch August Hermann Francke (1663-1727) vertreten und verbreitet worden war. Diese protestantische Bewegung war etwa zeitgleich mit der Frühaufklärung entstanden (Philipp Jacob Spener: *Pia desideria*, 1675) und spiegelte Interessen vor allem bürgerlicher Schichten im religiösen Bereich wider: Sie wandte sich gegen klerikale Orthodoxie und Dogmatismus; und sie suchte christliche Gläubigkeit an der modernen Praxis des Lebens zu orientieren, indem wahres Christentum an Bewährung im Beruf gebunden und die Gleichheit aller Menschen vor Gott statuiert wurde. Der Pietismus hatte zur Aufklärungsbewegung stets ein ambivalentes Verhältnis: Mit der Förderung subjektiver Frömmigkeit, des eigenen Gefühlslebens und betont diesseitigen Leistungsanspruchs, mit der Forderung nach Selbstbeobachtung und psychologischer Analyse lief er mit dem aufklärerischen Anliegen der Befreiung des Individuums grundsätzlich konform und hat – nicht nur in der Dichtung der ›Empfindsamkeit‹ – ästhetische Wirkungen gezeitigt; der Pietismus hat allerdings – ausgehend von ethischer Rigorosität – gleichzeitig keinen Hehl aus seiner Abneigung gegenüber der Poesie gemacht, wie sie auch der junge Wieland im Elternhaus und in Kloster Berge zu spüren bekam. Der Pietismus hat einen nicht zu unterschätzenden Beitrag auch zur Differenzierung innerhalb der Frühaufklärung insbesondere dadurch geleistet, daß er durch Vermittlung von Christian Thomasius (1655-1728) auch ein zeitweiliges Bündnis mit der Naturrechtslehre einging. Zu beachten ist eine Aufsplitterung dieser protestantischen Reformbewegung im Laufe der Zeit: Die von Halle ausgehende – und in Deutschland am weitesten verbreitete – Richtung zeichnete sich seit der Wende zum 18. Jahrhundert durch eine bewußte Unterstützung feudalabsolutistischer Politik aus, die schließlich 1723 in der Denunziation und darauffolgenden Vertreibung des rationalistischen Philosophen Christian Wolff von der Universität Halle ihren berüchtigten Höhepunkt fand.

In Kloster Berge lernt Wieland Fremdsprachen (Latein und Hebräisch sowie auch Französisch); er studiert lateinische Klassiker, wobei er sich insbesondere zu Cicero hingezogen fühlt, und auch – obgleich er das Griechische nicht sytematisch weiter betreibt – Xenophon; und er wurde – zum Teil gegen das ausdrückliche Verbot der Schule – mit ihm bisher unbekannten Richtungen der Aufklärung bekannt. So las er jetzt Werke von Voltaire, Fontenelle, d'Argens, Bayle, Bodmer, Breitinger, Wolff, Albrecht Haller genauso wie englische Wochenschriften, die ersten Gesänge von Friedrich Klopstocks *Messias* sowie die einzig offiziell von der Schulleitung gestatteten Romane (Starnes II,S.456): einen Abenteuerroman von Olivier und Richardsons *Pamela* in französischer Übersetzung. Durch die Rezeption insbesondere solcher materialistisch-atheistischen beziehungsweise pantheistischen und sensualistischen Denker wie Epikur, Lamettrie, Spinoza und Edelmann kommt seine bisher »wohlbehütete christliche Vorstellungswelt« ins Wanken (Sengle, 1949, S. 21), er gerät in den »Geruch der Freigeisterei« (ebd.) – ohne sich selber in dem nun aufgebrochenen Zwiespalt zwischen aufklärerisch-radikalem Freidenkertum und schwärmerisch-christlicher Frömmigkeit festlegen zu können. Mit den bis zu diesem Zeitpunkt erworbenen Erfahrungen, seinen weit überdurchschnittlichen Kenntnissen und Fähigkeiten war jedoch eine außerordentlich fruchtbare Grundlage für seinen künftigen eigenen Beitrag zur Weiterentwicklung der deutschen Aufklärungsliteratur gegeben. Ein 1865 in Hamburg veröffentlichtes Schulheft aus dem Jahr 1748 ist die einzige Veröffentlichung früher schriftlicher Äußerungen Wielands.

Wieland lernt eineinhalb Jahre in Kloster Berge; im Frühjahr 1749 reist er – ohne offiziellen Abschluß – ab und hält sich anschließend auf dem Rückweg in die Heimat noch ein Jahr in Erfurt auf. Hier lebt er bei Johann Wilhelm Baumer, einem Verwandten der Mutter, und schreibt sich für diese Zeit auch an der dortigen katholischen Universität ein. Baumer war ausgebildeter Theologe, rationalistischer Philosoph, Mediziner und später Professor in Gießen. In diesen Monaten kann Wieland sein philosophisches Wissen vertiefen, vor allem das über Gottfried Wilhelm Leibniz und Christian Wolff; auf literarischem Gebiet verdankt er Baumer eine intensive Auseinandersetzung mit dem *Don Quijote* des Spaniers Miguel de Cervantes Saavedra. Er ist seinem Gastgeber gerade für diese folgenreiche literarische Begegnung immer dankbar geblieben, während dessen nüchtern-radikaler Rationalismus weniger positiv auf ihn gewirkt hat. Nach seiner Wiederankunft in Biberach im Frühjahr 1750 geschehen zwei für sein Leben wichtige Begebenheiten: Der Familienbeschluß, daß er im Herbst in Tübingen ein Jura-Studium aufnehmen solle; und die beginnende Liebesbeziehung zu Sophie Gutermann, einer entfernten Cousine aus Augsburg. Die literarisch gebildete, begabte und sensible, zwei Jahre ältere Frau – Wielands ›Doris‹ oder ›Diotima‹ – besucht ihn im August und erlöst ihn zumindest zeitweilig aus einer bereits seit Kloster Berge unübersehbaren inneren Vereinsamung. Sophie ist, auch wenn sich ihr Verlöbnis Ende 1753 wieder lösen wird, künftig nicht mehr aus Wielands Leben fortzudenken, und sie wird selber als Sophie von La Roche einen Platz in der deutschen Literaturgeschichte einnehmen.

In Tübingen allerdings, wo er Ende Oktober 1750 eintrifft, entscheidet sich der damals 17jährige Wieland: gegen den Wunsch des Vaters, einen soliden bürgerlichen Beruf zu ergreifen, und – seinerzeit ein besonders waghalsiges Unterfangen – für die Poesie. Bereits nach den ersten drei Monaten gibt er, der sich völlig aus dem üblichen Studentenleben heraushält, das Studium bis auf sprachliche Bemühungen praktisch auf – hier und später in der Schweiz vervollkommnet er sein Griechisch und lernt Englisch. Gleichzeitig entstehen seine ersten bedeutsameren Dichtungen: in einer Spannweite vom nüchtern-rationalistischen Lehrgedicht und Epos bis hin zu empfindsam-schwärmerischer Lyrik. Diese grundsätzliche Entscheidung in dem Konflikt zwischen Pflicht und Neigung hat er später immer wieder seiner Liebe zu Sophie Gutermann zugeschrieben. Man sollte aber gerade in diesem Zusammenhang die schon vorher deutliche Neigung zu literarisch-philosophischen Fragen ebensowenig übersehen wie seine Abneigung gegenüber der Juristerei und den danach zu erwartenden subalternen Berufsmöglichkeiten sowie überhaupt gegenüber systematischen Lehrsystemen. So wird er denn auch 1807 einmal Johanna Schopenhauer gegenüber rückblickend beide äußeren Ursachen benennen: Die Liebe zu Sophie und die »jämmerliche Aktenkrämerei« (Starnes III,S.256). Mit seinem ersten größeren Werk, dem 1751 entstandenen philosophischen Lehrgedicht *Die Natur der Dinge* in Alexandrinern, erfüllt Wieland ein Versprechen, das er Sophie noch in Biberach gegeben hatte (ebd.,S.209): nämlich sein eigenes derzeitiges Weltbild einschließlich seiner Tugendauffasssung poetisch darzustellen. Dabei knüpft er formal an das Lehrgedicht *De rerum natura* (1.Jahrhundert v.Chr.) des römischen Materialisten Lukrez an. In einer platonisch-schwärmerischen Grundstimmung sucht er, die zeitgenössischen Fragen nach der ›vollkommensten Welt‹, einer harmonischen Kosmologie genauso zu beantworten wie die nach der Theodizee und der Glückseligkeit des Subjekts (Sengle, 1949,S.35f.; Hartung, 1985,S.11f.; Hacker, 1989; Erhart, 1991,S.26ff.). Mit dem von ihm verehrten Leibniz versteht er die Welt als beste aller möglichen; ein außerweltlicher Schöpfergott ist für ihn Quelle und Beweger der Natur. Auf der Grundlage des von Descartes bis Leibniz und Wolff ausgearbeiteten Rationalismus, aber auch der Pythagoreer und vor allem des Platonismus polemisiert er gegen Materialismus und Pantheismus , damit vor allem gegen Epikur, Lukrez, Zoroaster, Malebranche sowie gegen Spinoza; bereits hier zeigt sich in wesentlichen Aspekten jedoch auch die Nichtübereinstimmung mit orthodoxen christlich-theologischen Auffassungen. Wieland hat für diesen Text viel Lob bedeutender Zeitgenossen empfangen, was ihn auf dem eingeschlagenen Weg bestätigt haben dürfte (Starnes I,S.14,20,31f.,102). Zur Umsetzung seiner Lebensstrategie verfolgt er neben der unmittelbaren literarischen Arbeit noch einen anderen Weg: Er sucht mit Zähigkeit, ja fast bis zur Selbstverleugnung den persönlichen Kontakt zu Bodmer, dem führenden und mächtigen Zürcher Theoretiker,

Kritiker, Übersetzer und auch – allerdings unbedeutenden – Dichter, um ihn von sich zu überzeugen und schließlich als Gönner, Mentor zu gewinnen. Bodmer blieb Wielands Briefen gegenüber zunächst zurückhaltend, hatte er doch gerade (1750/51) das Debakel mit dem von Wieland zunehmend verehrten Klopstock hinter sich, in dem er zu gerne nur den weltentrückten Dichter des *Messias*, weniger den wirklichen, jungen Menschen mit natürlichen Bedürfnissen nach Lebensfreude und Geselligkeit sehen wollte. Doch Wielands Bemühungen werden letztlich von Erfolg gekrönt: Im Mai 1752 erhält er die ersehnte Einladung nach Zürich. Nach einem Zwischenaufenthalt in Biberach begibt er sich im Oktober auf die Reise.

2. Die Schweizer Jahre (1752 – 1760)

Mit der Umsiedlung nach Zürich stellt sich der junge Wieland hinsichtlich des langandauernden Literaturstreits zwischen den Gottschedianern und Schweizern zunächst parteiisch an die Seite der letzteren. Bodmer und Breitinger verkörperten eine Richtung der Aufklärung, die ihre innovativen ästhetischen Anregungen im Gegensatz zu der noch in traditionellem Ständebewußtsein verharrenden und sich am französischen Klassizismus orientierenden Gruppierung um den Leipziger Gottsched aus einem bereits entwickelteren bürgerlichen Selbstbewußtsein gewann, wie es in der fortgeschrittenen englischen Literatur seinen Niederschlag gefunden hatte. In das Zentrum ihrer Theorie stellten sie dabei eine konsequent wirkungsästhetische Sicht. Wielands Mentor hing selber einem unkomplizierten Christentum in Verbindung mit einer ausgeprägten bürgerlichen Moral an, Bodmers eigene Lieblingsautoren waren Homer und John Milton. Er war davon überzeugt, die Auseinandersetzung mit Gottsched zu diesem Zeitpunkt bereits endgültig gewonnen zu haben, und hoffte, bei seinem neuen Schüler mehr Erfolg als mit Klopstock zu haben. So unterstützt er den mittellosen Wieland großzügig, erwartet aber auch geradezu autoritär dessen Unterordnung: bis hin zur Übernahme der von ihm selber bevorzugten biblischen Thematik, der Versform – des Hexameters – und des seraphischen Tones in der Dichtung. Daß Wieland ihm zu seiner Genugtuung in den ersten Jahren offenbar auch unbedenklich folgt, dafür stehen Titel wie die *Briefe von Verstorbenen an hinterlassene Freunde* (1753), *Der geprüfte Abraham* (1753) bis hin zu den *Empfindungen eines Christen* (1756), wo er sich in mystische Frömmigkeit hinein-

10

steigert – und im Vorwort einen bedenklich bösartigen Angriff auf die Anakreontiker, insbesondere Johann Peter Uz, als »Atheisten« und »Bande von epikurischen Heiden« startet. Wieland mißt damit auch jene gerade von englischen Schriftstellern initiierte und in den protestantischen europäischen Ländern verbreitete ethisch-religiöse, ›empfindsame‹ Gefühlskultur in der Dichtung (Sengle, 1949,S.58; Erhart, 1991,S.25ff.) bis ins Extrem hinein aus. Er tut dies, noch bevor er eine mehr oder weniger stabile eigene Schaffenskonzeption gefunden hat; es spricht alles dafür, daß er dabei keinesfalls ausschließlich vordergründige Anpassung übt, was ja das Vorhandensein einer eigentlich anderen Überzeugung voraussetzen würde, sondern zu diesem Zeitpunkt aufrichtig davon überzeugt ist, hier wirklich er selber zu sein.

Zu begreifen ist diese Phase – Gotthold Ephraim Lessing wird sie scharf kritisieren (7.-14.*Briefe, die neueste Literatur betreffend*, 1759; Richter, 1985), Sengle spricht von »Mimikry-Periode« (ebd.,S.50), – nur bei Berücksichtigung des wirklichen Entwicklungsstandes Wielands: Eines junges Mannes, der

– sozial ungesichert ist; der enttäuschten Familie gilt er als gescheiterter Student, und seine Zukunft ist höchst ungewiß;

– neben seiner künstlerischen Begabung eine überdurchschnittliche Bildung besitzt, die bisher mit unverkennbarer Lebensferne verbunden ist und ihm gerade durch ihre extreme Spannweite geistiger Angebote für Lebenssinn und -gestaltung jede frühzeitige Festlegung, damit auch selbstbewußte Identität erschweren mußte;

– eine verständliche Ehrfurcht vor der weithin anerkannten, überragenden Autorität des ›Literaturpapstes‹ Bodmer hat, der im Zentrum der damaligen ästhetischen Auseinandersetzungen steht.

Auf keinen Fall dürfen die bei Bodmer mittel- und unmittelbar gewonnenen, für den künftigen Wieland unverzichtbaren Anregungen übersehen werden. Auch wenn frühzeitig absehbar war, daß sich Wieland äußerlich und innerlich um seiner Selbstbehauptung willen wieder von Bodmer lösen würde, hat er dessen Anteil an seinem eigenen Werdegang immer hoch geschätzt: »Eine neue Glükseligkeit, von der ich bißher keine Erfahrung hatte. Nach und nach machte ich allerlei nützliche Bekanntschaften. Ich studierte hier Tag und Nacht.« (WBW I,S.407) So erwirbt sich Wieland Bodmers ungeteilte Zuneigung; er liest sich durch dessen umfangreiche Bibliothek und arbeitet angestrengt, um Bodmers große Erfahrungen für sich fruchtbar zu machen. Unter anderen befaßt er sich jetzt mit Autoren wie Milton, Thomson, Young und sicher auch schon Shakespeare.

Bereits im Dezember 1753 hatte ihm Sophie Gutermann mitgeteilt, daß sie die Verlobung als gelöst betrachtet und Georg Michael La Roche heiraten werde. Sie fühlte sich offenbar vernachlässigt, konnte und durfte sich – selber in großzügigen Verhältnissen aufgewachsen – wohl auch der ungewissen Zukunft Wielands nicht mehr anvertrauen; eine lebenslange, für beide wichtige Freundschaft aber wird bestehenbleiben. Der erste äußerlich sichtbare Schritt Wielands zur Selbständigkeit ist, daß er im Juni 1754 eine eigene Wohnung in Zürich bezieht und sich als Hauslehrer auf eigene Füße stellt. Schrittweise wird in der Folgezeit sein bisher praktizierter Platonismus durch die Anschauungen des englischen Philosophen und Ästhetikers Anthony Ashley Cooper, Earl of Shaftesbury (1671-1713), und den Einfluß von Xenophon sowie Lukian verdrängt. Shaftesbury erwähnt er selber erstmalig in einem Brief Mitte März 1755 (WBW I,S.232), lehnt ihn allerdings anfänglich wegen dessen Religionskritik ab (Starnes I,S.93). Die Lebens- und Kunstlehre Shaftesburys war eine selbstbewußte Antwort auf die asketischen Grundzüge des englischen Puritanismus: Er vertrat den Gedanken der Harmonie in der Beziehung von Sittlichkeit, Schönheit und Natur genauso wie in der Entfaltung menschlicher Triebe und Fähigkeiten; und er richtete sein Augenmerk auf die ästhetische Erziehung des Individuums über eine Verbesserung des Geschmacks. Seine Vorstellung vom »Virtuoso« verbindet adligen Lebensstil mit bürgerlichen geistigen Ansprüchen und lebt von dem durch Erkenntnis und Selbsterkenntnis zu erfassenden Ideal der ›inneren Form‹ (inward form). Shaftesbury gewann im Europa des 18. Jahrhunderts großen Einfluß innerhalb der Aufklärungsbewegung (Seiffert, 1949, S.100ff.; Stoll, 1978,S.125ff.; Schwabe, 1985). Die Hinwendung zu Xenophon »bedeutete eine Suche nach der unverfälscht Sokratischen Tradition. Anders gesagt: Innerhalb des europäischen Denk- und Problemkontinuums nimmt Wieland bezug auf die im 5. vorchristlichen Jahrhundert eingetretene Wende von den ionischen Naturphilosophen zu Sokrates, von der Ontologie zur Humanphilosophie« (Hartung, 1985,S.18). Seit dem Herbst 1756 bahnt sich in diesem Sinne eine deutliche Wende in Wielands Denken an. Metaphysik und schwärmerische Frömmelei werden in seinem Schaffen abgelöst durch einen deistisch fundierten, dem diesseitigen Leben verpflichteten poetischen Realismus, der offen ist für natürliche Sinnenfreude; die Hexameterform weicht einer Bevorzugung der Prosa; und aus dem Parteienstreit zwischen den Schweizern und Gottsched zieht er sich zunehmend zurück. Durch die sehr wahrscheinlich bereits jetzt erfolgende Lektüre des Romans *History of Tom Jones* (1751) von Henry Fielding ist eine weitere, für die eigenen Werke der Biberacher Zeit wichtige Anregung gegeben. Er gewinnt den Arzt und Dichter Johann Georg Zimmermann (1728-1795) als Freund, der seinen Blick für neue Seiten der vom Bodmer-Kreis verfemten französischen Kultur öffnet; er liest jetzt nicht nur Voltaire, Diderot und d'Alembert, sondern befaßt sich mit Bonnet, Montesquieu sowie gegen Ende der Züricher Zeit auch mit – dem für Bodmer natürlich völlig indiskutablen – *De l'Esprit* (1758) des Materialisten und Atheisten Helvétius (WBW I,S.399). Den drei letzteren verdankt er entscheidende Anregungen vor allem für den ›milieutheoretischen Naturalismus‹, wie er sich während seiner Biberacher Jahre in der Erstfassung der *Geschichte des Agathon* niederschlagen wird. Insbesondere das Werk des Helvétius wird er lebenslang schätzen und ihm über den *Agathon* hinaus Impulse für sein eigenes Menschenbild hinsichtlich des Determinismus-Problems verdanken. Auch die ersten Schriften von Jean-Jacques Rousseau (1712-1778), mit dem er sich – zunächst eher bewundernd – künftig oft auseinandersetzen wird (vgl. Kap.III.5.2.), nimmt er spätestens seit 1758 zur Kenntnis, dafür sprechen eine eigene brieflich Bekundung ebenso wie Äußerungen Bodmers aus dem November dieses Jahres (WBW I,S.386; Starnes I,S.140f.). 1758 entwirft er den Plan einer »Akademie zur Bildung des Verstandes und Herzens junger Leute«. Die Wandlung Wielands ergreift selbst sein Alltagsleben: Er tritt merklich aus der bisherigen Isolierung heraus und beginnt die »Welt und Menschen in ihrer vielfältigen Konkretheit, in ihrer Schönheit und Häßlichkeit« kennenzulernen; er erprobt »die praktische Wirkung seiner Poesie« und beginnt, »die weltkluge, vielseitige Persönlichkeit zu werden, als die er durch sein späteres Leben und Werk in die Geschichte eingegangen ist« (Sengle, 1949,S.77). Erste künstlerische Spuren von Wielands Selbstbefreiung werden durch den Dialog *Araspes und Panthea* (entst. seit 1756) und ein zu Ehren Friedrichs II. von Preußen, der als der aufgeklärteste der europäischen Monarchen galt, begonnenes Heldenepos *Cyrus* gesetzt. Letzteres – nicht zufällig nach Beginn des Siebenjährigen Krieges begonnen – bleibt aber ein noch in Hexametern verfaßtes Fragment: Der preußische König nimmt es nicht zur Kenntnis, und Wieland selber wird sich angesichts der vordergründigen Hausmachtinteressen Friedrichs sowie der abschreckenden Greuel rasch von Krieg und König distanzieren.

Mitte 1759 übersiedelt Wieland in das vergleichsweise wohlhabende, durch die moderne französische Kultur geprägte Bern. Sein Auskommen findet er anfangs wieder als Hauslehrer, dann durch private Philosophie-Vorlesungen vor einem kleinen Kreis wohlhabender Bürgersöhne. Hatte er bereits in Zürich auch auf dem dramatischen Gebiet gearbeitet – *Lady Johanna Gray* (1758) war das erste deutsche Drama in Blankversen –, so versucht er sich jetzt noch einmal mit dem Prosa-Trauerspiel *Clementina von Porretta* (nach Richardson). Wichtig für seine Entwicklung werden die zeitweilige Verbindung mit Julie v. Bondeli und seine letztlich erfolgreichen Bemühungen um eine berufliche Perspektive in der Heimatstadt. Mit dem Verhältnis zu Julie gerät er wiederum – sie gelten zeitweilig als verlobt – in den Bann einer überaus geistvollen, philosophisch und literarisch hochgebildeten Frau: »eher häßlich als schön, nicht reich, etwas älter als er selbst und sehr kränklich« (ebd.,S.111). Julie wird sich später zu einer begeisterten Anhängerin Rousseaus entwickeln und Wieland auch nach ihrer Trennung in dessen Biberacher Zeit über das Leben und die Werke des großen Naturrechtlers und Schriftstellers auf dem laufenden halten (Starnes I,S.223,227f.). Pläne, für seine wirtschaftliche Unabhängigkeit eine Zeitschrift und einen Verlag zu gründen, erweisen sich als undurchführbar. Nachdem Anfang 1760 die Bemühung um eine Anstellung in Biberach zunächst erfolglos bleibt, wird er dort am 30. April doch einstimmig zum Senator gewählt; im Mai 1760 reist er wieder in die Heimatstadt ab.

Auf den ersten Blick ist das Ergebnis dieses Lebensabschnittes für Wieland keineswegs befriedigend: Ein freies Dichterleben ließ sich nicht realisieren, und die schließlich ersehnte Balance zwischen diesem und bürgerlicher Sicherheit ist noch keineswegs gefunden; literarische ›Kapriolen‹ haben seinem Ruf in der Öffentlichkeit eher geschadet als ihn befördert; und er muß in die bedrückende Enge und Provinzialität Biberachs wieder zurückkehren. Aber dennoch: Auch wenn er zeitlebens immer wieder hinzu-›lernen‹ wird, so ist doch jetzt für Wieland eine insgesamt außerordentlich fruchtbare Lehrzeit beendet. Seine vielfältigen Erfahrungen, die Befreiung von einer ihn beengenden, mehr oder weniger normativen Ästhetik und der Entwicklungsstand seiner formal-künstlerischen Fähigkeiten sind Grundlagen dafür, nun große Meisterwerke europäischen Formats schreiben zu können.

3. Biberach (1760 – 1769)

Die äußeren Bedingungen, in die er nun hineingerät, scheinen wenig prädestiniert für Kunstproduktion. Biberach zählt rund 4000 Einwohner, von denen etwa 2/3 evangelisch, 1/3 katholisch sind. Am 24. Juli wird er – ohne den eigentlich vorausgesetzten juristischen Doktor-Titel oder Adelsbrief zu besitzen – zum Kanzleiverwalter gewählt, da der Vorgänger Bürgermeister geworden war. Im Januar 1761 avanciert Wieland außerdem zum Direktor der »Evangelischen Komödiantengesellschaft« – eine Funktion, von der er bereits im Dezember wegen der finanziellen Schwierigkeiten des Unternehmens wieder zurücktritt. Im gleichen Jahr beginnt er seine Übersetzung Shakespeares ins Deutsche und läßt dessen *Sturm* im Biberacher Theater aufführen (vgl. Kap.III.2.). Die Wahl zum Kanzleiverwalter verspricht erstmals ein festes Gehalt; aber Wielands Zufriedenheit währt nur kurze Zeit, denn nun gerät er ins Zentrum der permanenten Auseinandersetzungen und Intrigen zwischen Katholiken und Protestanten um die Sicherung der vorgeschriebenen paritätischen Besetzung städtischer Ämter. Erst 1764 wird er hieraus durch einen für ihn positiven, in Wien erwirkten Vergleich befreit; bis dahin jedoch ist sein Gehalt gesperrt, und er durchlebt eine außerordentlich prekäre Situation. Zur gleichen Zeit muß er auch um sein privates Glück kämpfen, begehrt er gegen Borniertheit, etablierte Dogmen und versteinerte Strukturen in der Biberacher Gesellschaft auf und durchlebt seine ganz persönliche ›Sturm-und-Drang‹-Zeit. Die Beziehung zu Christine Hagel (›Bibi‹), einer mittellosen katholischen jungen Frau, war die einzige wirklich leidenschaftliche, »ganzheitliche Liebe« (Sengle, 1949,S.133) in Wielands Leben. Sie ist es, die ihm das bisher immer unterdrückte Erlebnis der eigenen Sinnlichkeit bewußtmacht. Als ›Bibi‹ ein Kind von ihm erwartet, will er sie heiraten und sich über alle sozialen und religiösen Vorurteile hinwegsetzen. Doch die Beziehung wird sowohl von der evangelischen als auch der katholischen Seite massiv hintertrieben und letztlich zerstört: Der evangelische städtische Amtsinhaber darf nicht katholisch heiraten; und die Eltern Christines untersagen eine Verbindung auf evangelischer Grundlage. So verzweifelt er sich auch wehrt: Wieland muß letztlich resignieren; das gemeinsame Kind stirbt kurz nach der Geburt.

»Die Bibi-Episode zeigt, daß für Wieland das ›natürliche‹ Menschenbild Shakespeares und Rousseaus keine bloß literarische Größe war. Er w o l l - t e zunächst das neue Ideal eines ungebrochenen Lebens persönlich verwirklichen, aber er war zu schwach, oder die alte Gesellschaft noch zu stark. Forthin wurde er ›klug‹, ein skeptischer Lebenskünstler, für jeden

›Sturm und Drang‹, für jede ›Romantik‹, für jede ganze Liebe und Begeisterung absolut immun, (...) er wollte die Dämonen niemals wieder entfesselt
sehen.« (Ebd.,S.137)

Auf Drängen der Familie stimmt er schließlich 1765 einer Konveni-
enzehe mit der von den Eltern ausgesuchten Anna Dorothea von
Hillenbrand, einer Augsburger Kaufmannstochter, zu; die Trauung
erfolgt am 21. Oktober durch seinen Vater in Biberach. Anna Dorothea war eine liebenswerte Frau, die ihren insgesamt sieben Kindern
– als erstes wird im Oktober 1768 Sophie geboren – eine gute Mutter sein wird. Obgleich geistig anspruchslos – von allen Werken ihres Mannes liest sie lediglich einmal den *Oberon* (Starnes II,S.356) –,
wird sie ihm in den langen Jahren ihrer Ehe viel Glück schenken
und jederzeit fest zur Seite stehen.

Das Ergebnis dieser schweren Jahre sind die Erfahrung tiefer Verzweiflung und schmerzhafte neue Erkenntnisse: Vor allem Einsichten über die Beziehungen zwischen individuellem Glücksanspruch
und den ›Umständen‹, über die gefährliche Narrheit, die »Erbar-
mungslosigkeit der Welt und die Ferne Gottes«: »Nicht Liebe und
Geist, sondern Geld und Verstand herrschen in der Welt, ja, wer
mit dem Idealen wirklich Ernst macht, ist sicher, elend zu werden«
(Sengle, 1949,S.136). Damit korrespondieren philosophische Konsequenzen, die sich schon längere Zeit vorbereitet haben:

»Wieland entscheidet sich gegen jegliche Philosophie der ›Schulen‹ und orientiert sich auf eine ›Lebensphilosophie‹, die den Menschen und sein Leben
zum Gegenstand hat. Er verabschiedet Plato, die Metaphysik, christliche
wie andere Theosophie und Mystik, also alles das, was er von nun an unter
›Schwärmerei‹ begreifen und bekämpfen wird, und erschließt sich dafür die
neuere Erfahrungsphilosophie, die nach dem englischen bereits das französische Aufklärungsdenken weitgehend beherrscht.« (Hartung, 1985,S.13)

Skeptizismus und Ironie gegenüber Idealen und auch sich selber
werden ihn von nun an immer begleiten. »Wieland geht aus diesem
Erlebnis nicht als Märtyrer, nicht als Rebell, nicht als Eremit hervor,
sondern als ein Realist, der die Spielregeln der Gesellschaft, um
nicht unterzugehen, beachtet und dennoch als Schriftsteller uner-
müdlich jede Heuchelei bekämpft.« (Sommer, 1971,S.27) Die generellen Folgen für sein künstlerisches Menschenbild, insbesondere natürlich für die gleichzeitig, also unter bemerkenswert existentiellem
Druck verfaßten Texte Wielands – etwa die seit 1761 entstehende
Geschichte des Agathon (vgl. Kap.III.1.2.) und die *Abenteuer des Don
Sylvio von Rosalva* (vgl. Kap.III.3.1.) aus den Jahren 1763 und 1764
– sind unübersehbar. Mit der *Geschichte des Agathon* beginnt auch
die Reihe der Werke, in denen er auf unverwechselbare und für das

klassische Menschenbild richtunggebende Weise auch seine Antike-Kenntnisse in die Literatur einbringt. 1767 und 1768 liest Wieland mit Begeisterung die gerade erschienenen unkonventionellen Romane *Letters from Yorick to Eliza* (1767), *The Life and Opinions of Tristram Shandy* (1767) und *The Sentimental Journey Through France and Italy* (1768) des englischen Autors Lawrence Sterne, die ihm mit ihrer neuartigen Subjektivität und unverwechselbaren Komik viele Impulse verleihen.

Während dieser schwierigen Jahre, in denen er des öfteren von Biberach als dem »Anti-Parnaß« (Starnes I,S.234) oder »elenden Todtenaß eines an der Sonne modernden stinckenden Reichsstädtchen(s)« (ebd.,S.281) spricht, findet Wieland Halt sowohl in der Freundschaft mit seiner ehemaligen Verlobten Sophie La Roche, die mit ihrem Mann auf Schloß Warthausen in unmittelbarer Nähe von Biberach lebt, als auch in dem durchaus spannungsvollen Verhältnis zum Schloßherren, dem Grafen von Stadion, und seinem Kreis. Die seit 1761 erfolgenden Einladungen nach Warthausen bieten ihm nicht nur einen Fluchtort und die Begegnung mit der geistvollen Vertrauten Sophie, sondern vermitteln ihm hautnah die französisch beeinflußte Salon-Atmosphäre des deutschen Hochadels und nicht zuletzt den Zugriff zu einer großen Bibliothek. Sein Gönner Graf von Stadion – einst mächtiger Kanzler und noch immer Großhofmeister des Kurfürstentums Mainz – war ein gebildeter Anhänger der Aufklärung im süddeutsch-katholischen Bereich. Wieland hat die höfischen Zerstreuungen und geistigen Anregungen auf Warthausen genossen und sich auch literarisch anregen lassen. Ablesbar ist dies vor allem an den *Komischen Erzählungen*, 1762-1765, (vgl. Kap.III.4.2.); auch *Musarion oder die Philosophie der Grazien*, 1764-1768, erinnert an die heiter-unbeschwerte Geselligkeit auf dem Schloß (vgl. Kap.III.4.3.). Dennoch kann er eine zunehmende innere, aus seiner Bürger-Existenz resultierende Distanz zur adligen Schloßgesellschaft nicht verbergen (Sengle, 1949,S.146f.), die im Sommer 1766 schließlich im offenen Konflikt gipfelt, weil Wieland sich dienstlich in einem wirtschaftlichen Streitfall zwischen Biberach und dem Grafen selbstbewußt auf die Seite der Stadt stellt. Erst kurz vor dem Tod des Grafen kommt es im Herbst 1768 zu einer endgültigen Versöhnung. Sind bereits in der Schweiz seine frühen republikanischen Auffassungen ins Wanken geraten – ablesbar an der zeitweiligen Begeisterung für Friedrich II. sowie kritischen Äußerungen zum helvetischen Freistaat –, so haben offenbar neben den eher deprimierenden Erlebnissen mit den Biberacher Bürgern seine Erfahrungen am Warthausener Hof einen relativ großen Einfluß darauf, daß Wieland nun alle Zukunftshoffnungen mit dem aufgeklärten Absolutismus verbindet (Seiffert, 1949,S.217). Einen weiteren Versuch, die geistige Isolation in der Stadt aufzubrechen, finden wir in seinen fehlgeschlagenen Versuchen, den Freund Zimmermann und auch den Dichter Christian Friedrich Daniel Schubart (1739-1791), den – seit 1777 wegen seiner offenen Kritik auf der Festung Hohenasperg inhaftierten – Gegner des Herzogs Karl Eugen von Württemberg, nach Biberach zu holen. Spätestens seit 1766 dient Wieland ein von ihm gemietetes Gartenhaus vor den Toren der Stadt als Ort der Einsamkeit und Besinnung.

In diesen Jahren wird sich Wieland gerade angesichts der ersten großen Erfolge der Bedeutung einer weitgehend unabhängigen Existenz als ›freier Schriftsteller‹ bewußt, um die er lebenslang ringen wird. Dies wiederum bedeutet eine ständige Auseinandersetzung mit den Verlegern um angemessene Honorare und die intensive Bemühung um ein Publikum, das Literatur auch kaufen will und kann. Auf Vermittlung mehrerer Freunde und Anhänger, insbesondere seines Brieffreundes Riedel in Erfurt und des Nachfolgers des Grafen von Stadion am Mainzer Hof, erhält der inzwischen bekannte Wieland am 2. Januar 1769 vom dortigen Kurfürsten eine Berufung an die Universität Erfurt als außerordentlicher Professor der Philosophie und Mainzer Regierungsrat. Riedel war ein junger aufgeklärter Professor, der selber eine *Theorie der schönen Wissenschaften und Künste* (1767) verfaßt hat, und mit Wieland die Aufklärerfraktion in der konservativen und provinziellen Universität stärken wollte. Die Arbeitsbedingungen und das Wieland angebotene jährliche Entgelt sind attraktiv; ihm winken 550 Reichstaler, je 2 Malter Korn und Gerste sowie 4 Klafter Holz. Zunächst hat er allerdings Bedenken und schreibt am 20. Januar an den Erfurter Freund: »Um Professor der Philosophie zu seyn, muß man Magister seyn, und um Magister zu seyn, muß man examinirt werden und disputiren. Ich bin zu alt, mich examiniren zu lassen, und hasse nichts so sehr, als akademische Disputationen.« (Starnes I,S.336) Doch kurz darauf entscheidet er sich, und wahrscheinlich am 27. Mai 1769 (Scheibe,1994,S.127ff.) treffen die Familie Wieland und der Sohn Sophies, Fritz La Roche, in Erfurt ein. Damit kehrt Wieland an einen Ort seiner Jugend zurück; in die Heimatstadt wird ihn sein künftiger Lebensweg nie wieder führen.

4. Erfurt (1769 – 1772)

Das zum Kurfürstentum Mainz gehörende Erfurt war in dieser Zeit nur noch der eher traurige Abglanz einer einst blühenden Reichs- und Hansestadt; auch die Universität hatte seit langem ihren früheren Rang als anerkannte Lehr- und Forschungsstätte, als ein Zentrum des frühen Humanismus verloren. Um ihr neues Ansehen zu verschaffen und sie für die Gedanken der Aufklärung zu öffnen, waren durch den Mainzer Kurfürsten und seine aufgeklärten Beamten bereits junge progressive Lehrkräfte wie Riedel, Bahrdt, Meusel, Herel und Schmid verpflichtet worden; der als Schriftsteller namhafte und auch verwaltungserfahrene Wieland sollte diese personalpolitischen Aktivitäten krönen und in besonderem Maße Gewährsmann für die angestrebte Universitätsreform werden. Wenn allerdings von vornherein versäumt wurde, auch die alten Strukturen zu ändern, und einkalkuliert wird, daß Wieland selber kein abgeschlossenes Universitätsstudium vorweisen kann, waren nicht nur der Zusammenprall gegensätzlicher inhaltlich-ideologischer Positionen, sondern darüber hinaus große Spannungen – wenn nicht gar bereits das Mißlingen – vorprogrammiert. Auch horrende, die alteingesessenen Professoren von vornherein diskriminierende Gehaltsunterschiede mußten soziale Gräben aufreißen und ein Klima der Feindschaft schüren. Dennoch fühlt sich Wieland zunächst durchaus wohl; er weiß sich von Mainz unterstützt und kann auch einzelne sichtbare Erfolge über die Partei der Reformgegner verbuchen (Sengle, 1949,S.238f.). Absehbar war allerdings ein durch die Berufung zum Philosophen neu wachgerufenes Problem: Seine hierfür wenig geeignete innere Distanz zu philosophischen Denk- und Lehrsystemen. Dadurch, daß er ausdrücklich als berühmter Schriftsteller berufen worden war, ist für ihn aber das Einverständnis signalisiert, sich in der Lehre zunehmend auf ästhetische Fragen zu konzentrieren. In den Publikationen dieser Jahre wird er sich ernsthaft um eine organische Verbindung zwischen seinem Künstlertum und dem neuen Anspruch als Gelehrter bemühen. Der Spagat zwischen Dichtung, Philosophie und Geschichte zeitigt nicht »unbefriedigende Kompromisse« (Sommer, 1971,S.33); er führt ihn vielmehr zu einer eher erstaunlichen Behandlung sozialer, politisch relevanter gesellschafts- und geschichtsphilosophischer Fragestellungen sowie zu ausgesprochen kreativen künstlerischen Experimenten, zu einer Neigung »zur Dekomposition der Prosaformen, die mühelos das Innovationsniveau erreicht, das mit ganz anderem Habitus und Temperament die Autoren des sogenannten ›Sturm und Drang‹ gleichzeitig und wenig später im Drama und im Gedicht beanspruchen« (Jaumann,

1994,S.81). So entstehen solch unterschiedliche prosaische Texte
wie *Sokrátes mainómenos oder die Dialogen des Diogenes von Sinope*
(vgl. Kap.III.5.1.) und die *Beiträge zur geheimen Geschichte des
menschlichen Verstandes und Herzens* (vgl. Kap.III.5.2.), in denen
sich Wieland das erste und einzige Mal ausführlich unmittelbar mit
Rousseau auseinandersetzt.

Mehrere Ursachen hat es, daß Wielands anfängliche Zuversicht
trotz seines erfreulich wachsenden Dichterruhms relativ rasch verlo-
rengeht: Das ursprünglich freundschaftliche Verhältnis zu Riedel
trübt sich seit dessen Inhaftierung wegen nicht beglichener Schul-
den gegenüber der Universitätskasse 1771 und ist faktisch im Dezember dieses Jahres zerstört (Starnes I,S.417); gleichzeitig hat die in
überwältigender Majorität agierende Gruppierung der konservativen
Gegner letztendlich doch alle Reformversuche erfolgreich blockiert,
und Wieland nimmt bereits Anfang 1771 zur Kenntnis, daß er gescheitert ist. Es kommt hinzu, daß Mönche und andere Geistliche
ihn, Riedel und andere – bis hin nach Wien – der zügellosen Freigeisterei anklagen und Kaiserin Maria Theresia daraufhin die ins
Auge gefaßte Anstellung Wielands und Riedels in Wien grundsätzlich unterbindet (ebd., S.416); in Erfurt selbst zerfällt die Gruppierung der Reform-Professoren, so daß sich Wieland gesellschaftlich
isoliert und einsam fühlt. Bei seinen Erfurter Jahren handelt es sich
ziemlich genau um jenen Zeitraum, in dem die bisherige aufklärerische Funktionsstrategie auch äußerlich erkennbar in die Krise geriet:
sichtbar unter anderem in der Konstituierung einer neuen, betont
rebellisch auftretenden literarischen Alternative, dem ›Sturm und
Drang‹, und auch in der sich langfristiger vollziehenden Formierung
der ›Spätaufklärung‹. Dieser Prozeß reflektiert vor allem die wachsende Erkenntnis einer sozialen und politischen Krise des feudalabsolutistischen Systems ebenso wie Desillusionierung über die wirkliche Effektivität bisheriger aufklärerischer literarischer Funktionsstra-
tegien. Auch an einem erfolgreichen, in der Aufklärung verwurzel-
ten Schriftsteller wie Wieland konnte dieser komplizierte und sehr
differenzierte Wandlungsprozeß nicht spurlos vorübergehen: Hatte
er selber in der *Geschichte des Agathon* und – wenn auch auf andere
Weise – in den *Grazien* begonnen, jene Desillusionierung zu signali-
sieren, so wird diese nun bekräftigt durch die deprimierenden Erfahrungen bei seinen eigenen Bemühungen um eine progressiv-auf-
klärerische Entwicklung der Erfurter Universität. Nahtlos kann er
jetzt die aus Biberach als Fragment mitgebrachte Versdichtung *Die
Grazien* vollenden, in der er Verse mit Prosa mischt sowie – bei unübersehbarer Resignation hinsichtlich aller Weltverbesserung – Leben und Dichtung, Realität und Ideales auf für ihn seltene Art aus-

einanderrückt. Daß er aber gleichzeitig gegenüber offenkundigen sozialen Spannungen und Konflikten, wie sie auch im territorialstaatlich zerrissenen ›Heiligen Römischen Reich Deutscher Nation‹ unübersehbar aufbrachen, nicht blind war, bezeugt der *Diogenes*, in dem er darauf mit verblüffender Offenheit eingeht – ohne jetzt oder später daraus unmittelbare politisch-ästhetische Konsequenzen zu ziehen. Im Unterschied zu radikal-demokratischen Theoretikern und Dichtern – bis hin zur Zeit der Französischen Revolution und danach – wird er sich immer veranlaßt sehen, ›Ungleichheit‹ als staatlich-juristisches Problem beziehungsweise als Frage der Bildung zu begreifen und Kontinuität in der historisch-kulturellen Entwicklung vor Diskontinuität zu setzen. Mit alldem grenzt sich Wieland vom ›Sturm und Drang‹ ab und repräsentiert die Interessen und Erfahrungen breitgefächerter reformerischer aufgeklärter Schichten des deutschen Bürgertums und Adels – sie spricht er an, und sie gewinnt er als Leser. Die Erfurter Zeit markiert für Wieland den Beginn einer längeren Phase von Überlegungen beziehungsweise auch künstlerischen Experimenten zum künstlerischen Menschenbild und zu zentralen gesellschafts- sowie geschichtsphilosophischen Fragestellungen. (Hartung, 1985,S.20ff.; Schaefer, 1985,S.29ff.)

Weithin gilt er unbestritten als der größte lebende Dichter deutscher Sprache, wobei naturgemäß die literarischen Leistungen der Biberacher Jahre großen Anteil an seinem wachsenden Ruhm beanspruchen dürfen. Die Verleger reißen sich um ihn; Wieland wechselt vom Züricher Verlag Geßners zur Weidmannschen Buchhandlung in Leipzig, die von Philipp Erasmus Reich geführt wird. Er kann erstmalig als deutscher Autor nennenswerte, für damalige Verhältnisse geradezu unerhörte Honorare einfordern und hat einen maßgeblichen Anteil an der Schaffung und Sicherung sozialer Voraussetzungen für den freien Schriftstellerberuf. Wieland nutzt seine Erfahrungen und seinen Einfluß auch, um das von ihm betreute Roman-Manuskript der *Geschichte des Fräuleins von Sternheim* der Sophie La Roche 1771 anonym in seinem Verlag erscheinen zu lassen (Stern, 1984; Becker-Cantarino, 1984) und der Freundin damit den Weg in die literarische Öffentlichkeit zu bahnen.

So überschneiden sich in diesen Jahren Genuß an Bestätigung und Selbstbewußtsein im künstlerischen Bereich mit Enttäuschung und Desillusionierung in auffälliger Weise. Die Stadt Erfurt ist ihm verleidet:

»Niemals (...) haben die Grazien dieses freudeleere Chaos von alten Steinhauffen, wincklichten Gassen, verfallenen Kirchen, großen Gemüß-gärten, und kleinen Leimhäusern, welches die Hauptstadt des edlen Thüringerlandes vorstellet, angeblickt. (...) Doch kein Wort mehr von diesem verhaßten

Neste« – schreibt er am 27.4.1771 an Johann Wilhelm Ludwig Gleim (Starnes I,S.393).

Seine Isolierung sucht er durch einen ausgedehnten Briefwechsel sowie im Mai/Juni 1771 durch eine für ihn triumphale Reise nach Westdeutschland (Koblenz, Mainz, Darmstadt) zu kompensieren; und er setzt nun alle Hebel in Bewegung, um ein neues Betätigungsfeld zu finden. Dabei richtet sich sein Blick zunächst vor allem nach der Kaiserstadt Wien, von der er als möglicher nationaler Kulturmetropole träumt: Wien »sollte in Deutschland seyn, was Paris in Frankreich ist, (...) Das wäre eine herrliche Sache«; doch zu diesem Zeitpunkt (Juli 1772) weiß er bereits, daß »vor Ende des neunzehnten Jahrhunderts (...) wohl nichts daraus werden« wird – »dann nos habebit humus« (ebd., S.434). Die Denunziationen nämlich waren dort in einem Klima konservativer Reaktion auf fruchtbaren Boden gefallen; auch Riedel hat in Wien nie Fuß fassen können. Erst seit Ende 1771, als diese Tendenz sich für Wieland eindeutig abzeichnet, folgt er mehrmals den Besuchseinladungen der verwitweten Herzogin Anna Amalia von Sachsen-Weimar. Der sowohl persönliche wie auch schriftliche Umgang mit Wieland sowie die Lektüre des 1771/72 entstehenden *Goldenen Spiegels* hat diese geistig ungewöhnlich interessierte und aufgeschlossene Frau auf den Gedanken gebracht, den berühmten Schriftsteller als Erzieher für ihre beiden Söhne zu gewinnen und fest an ihren Hof zu binden: So liegt schließlich am 18. Juli 1772 ein offizielles Angebot vor. Nach mehreren – von Wieland selbstbewußt und hartnäckig geführten – Verhandlungsrunden um eine Verbesserung der Bedingungen akzeptiert er Ende August: Zugesagt sind ihm 1000 Taler Jahresgehalt, Erstattung der Umzugskosten, die Ernennung zum Hofrat auf Lebenszeit sowie die Unterstützung bei der Entlassung aus dem Dienst des Mainzer Kurfürsten – und für die Zeit nach der für drei Jahre geplanten Erziehertätigkeit eine lebenslängliche Pension von 600 Talern jährlich ohne Bindung an den Weimarer Hof (ebd., S.435). Am 31. August 1772 reist das Ehepaar mit den zwei Kindern Sophie (1768-1837) und Regina (1771-1779) aus Erfurt ab.

5. Weimar (1772 – 1797)

Die ›Hauptstadt‹ des bislang in jeder Hinsicht unbedeutenden Kleinstaates Sachsen-Weimar zählte knapp 6000, das Land insgesamt gerade rund 100 000 Einwohner. Wielands Ankunft war die

Geburtsstunde Weimars als zeitweilige Kulturhauptstadt ganz Deutschlands; ob es auch die der deutschen ›Klassik‹ war – Goethe folgte 1775, Herder 1776 und Schiller 1787 –, ist abhängig vom Verständnis des ›Klassik‹-Begriffs. Der Ankömmling gelangt zunächst planmäßig für drei Jahre – bis zur Mündigkeit des Erbprinzen Karl August – in den aktiven Hofdienst und dadurch erstmalig in unmittelbaren Kontakt mit einem feudalabsolutistischen Regierungszentrum. Der Lebensstil, mit dem er hier konfrontiert wird, ist der einer ihm zutiefst fernliegenden Welt und stößt ihn ab: »Die Hofluft soll mich, wie ich hoffe, nicht anstecken, und meine Feinde und Mißgönner sollen das Vergnügen nicht erleben, mich den Grundsätzen meines Danischmendes und Dschengis ungetreu werden zu sehen«. (Starnes I,S.438) Er nimmt sich denn auch das Recht heraus, den üblichen Eid auf das Herzogtum zu verweigern, und wird sich später auch nie adeln lassen. Hofintrigen gegen ihn, zumindest zeitweilige offene Spannungen und eine stets distanzierte Haltung Wielands zum Hof sind also vorprogrammiert. Er ist, auch wenn er die Herzogin persönlich immer verehrt und empfindlich auf Verletzungen seiner höfischen Rechte reagiert, so wenig ein Höfling, wie er auch kein Freund des realen Absolutismus ist. Halt findet er immer wieder in seiner Familie – nach dem Tod seines Vaters (1772) lebt die Mutter (gest. 1789) bei ihm in Weimar. Als Schriftsteller wird er stets die Überwindung despotischen Machtmißbrauchs, später des traditionellen, noch übermächtigen absolutistischen Herrschafts- und Ständesystems überhaupt diskutieren. Auch seine offizielle Lehr- und Erziehungsaufgabe begreift er als Chance, »einen künftigen Landesherren nach den Prinzipien eines Danischmend auszubilden und somit das Schicksal vieler Bürger zu beeinflussen (...)«. Sein Lehrplan umfaßt folglich Psychologie, Kosmologie, Moralphilosophie und die Theorie der schönen Wissenschaften sowie Naturrecht, Polizeiwissenschaften und Staatsökonomie« (McCarthy, 1994,S.95).

Erfolge als Hofmeister lassen allerdings sowohl aus Wielands eigener als auch aus höfischer Sicht auf sich warten. Dafür waren sicherlich auch seine alte Aversion gegenüber Systematik in der Lehre und unzureichendes pädagogisches Können verantwortlich; noch folgenreicher ist jedoch, daß er keinesfalls gewillt ist, seiner Aufgabe als Schriftsteller auch nur andeutungs- oder zeitweise zu entsagen, um sich mit vollem Engagement der Prinzenerziehung widmen zu können – ein durchaus verständlicher Grund für Vorbehalte seitens höfischer Kreise, die auch zum Ausgangspunkt etlicher Intrigen werden. Eher im Gegenteil hat er sich noch in Erfurt dazu entschieden, mit Beginn der Weimarer Zeit einen alten Wunsch zu verwirklichen, dessen Vorbereitung und Verwirklichung eigentlich seine ganze Kraft erfordern mußte: nach dem Vorbild des französischen *Mercure de France* (1724-1791) eine deutsche Zeitschrift, den *Deutschen Merkur*, herauszugeben. Mit ihr – ab 2. Jahrgang *Teutscher Merkur*, 1790-1810 *Neuer Teutscher Merkur* – will er überregional das kulturell interessierte deutschsprachige Publikum erreichen und sich selber damit eine zusätzliche kommerzielle Grundlage schaffen. (Zu Entstehung und Programm vgl. Sengle, 1949,S.407ff.; Stoll, 1978,S.52ff.; Werner, 1985; McCarthy, 1994,S.159ff.) Wieland übernimmt diese riskante und anstrengende Aufgabe zu diesem Zeitpunkt neben den Hofverpflichtungen und seinen künstlerischen Projekten, weil er angesichts einer zunehmend »zersplitternden« Aufklärungsgesellschaft (Erhart, 1991,S.230) ein Forum zur wirksamen Verbreitung der Aufklärungsideen und zur Positionsfindung beziehungsweise -verteidigung benötigt. In diesem Sinne sollte sich die Zeitschrift dann vor allem in den achtziger Jahren bewähren, als sich die Krise der Aufklärungsbewegung durch »Fraktionsbildungen, Polarisierungs- und Spaltungsprozesse (...) ohne produktive Neukonsolidierungen« (Dahnke, 1990,S.114) einerseits und massive antiaufklärerische Aktivitäten andererseits unverkennbar zuspitzte. Gleichzeitig ahnt Wieland wohl auch, daß dies der nicht nur günstigste, sondern wohl auch letzte Zeitpunkt für ein solches großangelegtes Unternehmen ist: Noch steht er im Zenit seines Ruhmes, und sein Name allein ist bereits Programm und Gewähr für Erfolg; doch die junge Dichtergeneration des ›Sturm und Drang‹ hat sich mit ihren neuartigen poetischen Ansprüchen bereits im Grundsätzlichen zusammengefunden – und wird nicht mehr lange mit respektlosen Angriffen auf Wieland warten. Da er keinesfalls eine nur eng spezialisierte, elitär gelehrte Leserschaft erreichen will, sondern ein aufgeschlossenes, gebildetes Publikum aus allen Ständen, dessen Ethik und Vernunft im aufklärerisch-kritischen Sinne beeinflußbar scheint, bietet er eine nahezu unbegrenzte Themen-Palette an (Starnes, 1994, legt erstmalig einen vollständigen chronologischen Überblick, eine systematische Auflistung sämtlicher Beiträge und verschiedene Register vor). Um laufend auf neueste literarische, theatralische, philosophische und musikalische Erscheinungen oder Probleme, auf die wichtigsten Ereignisse des Weltgeschehens (zur Französischen Revolution vgl. Kap. III.5.4.) bis hin zu aktuellen Erfindungen reagieren, neuentstandene Werke auch abdrucken zu können – viele seiner eigenen Texte sind hier (Romane in Serienform) zuerst erschienen –, knüpft Wieland aufwendige Kontakte zu Beiträgern in ganz Deutschland. Zunächst völlig auf sich alleine gestellt, nimmt er mit großem journalistischen Geschick in den ersten Jahren die vielfältigen Aufgaben eines Verlegers, Redakteurs und natürlich Autors wahr. Abgesehen davon, daß er durch das hieraus erwachsene Kommunikationsnetz die provinzielle Enge Weimars überwindet, »mit der größeren Welt europäischer Kultur und Politik stets in Kontakt« bleibt (McCarthy, 1994, S. 97), rechtfertigt vor allem der Erfolg rasch den großen Aufwand. Die Auflage der zunächst vierteljährlich, ab 1775 monatlich erscheinenden Zeitschrift ist insbesondere in den ersten Jahren für damalige Verhältnisse außerordentlich hoch, ja geradezu spektakulär: Sie beginnt beim 1. Band (1773) mit über 2 500 (sowie einem Raubdruck von 2 000) Exemplaren – und sinkt erst Ende der 90er Jahre auf schließlich rund 800 Exemplare. Erst seit 1776 gewinnt Wieland auch ständige Mitarbeiter: zunächst den Schriftsteller und Kritiker Johann Heinrich Merck, ab 1783 den Buchhändler und Autor Friedrich Justus Bertuch sowie 1791 den Altertumsforscher und Philologen Carl August Böttiger, der 1796 die Redaktion übernehmen wird, während Wieland dann nur noch formal seinen Namen zur Verfügung stellt. Die Jahre 1787 bis 1789 sind durch eine enge und fruchtbare Mitarbeit Friedrich Schillers an der Zeitschrift gekennzeichnet. Wieland schuf sich und der späten Aufklärung mit dem *Merkur* neben Friedrich Nicolais *Allgemeiner Deutscher Bibliothek* (1765-1806), die sein Schaffen insgesamt positiv bewertet und förderlich begleitet hat (Gaycken, 1982, S. 19-44, 61f., 68f.), das in seiner Zeit hinsichtlich Verbreitung und Erscheinungsdauer erfolgreichste Medium zur kritischen Reflexion, zur Popularisierung aufklärerischer Erkenntnisse, Ideale sowie Denkhaltungen – und damit zu einer unrevolutionären, aber sehr praktikablen »Ausbildung bürgerlich-vernünftiger Gesellschaftsverhältnisse« (Werner, 1985, S. 77). Immer sind ihm seine Adressaten wichtiger Garant für die erhoffte Evolution der ganzen Gesellschaft, wobei die wirklichen Leserschichten nicht mehr exakt rekonstruierbar sind; sie bestehen aus dem durchschnittlichen bürgerlichen Publikum der damaligen Lesegesellschaften, relativ mittellosen Intellektuellen bis hin zu gebildeten Angehörigen des Großbürgertums und des Adels (Stoll, 1978, S. 5ff., 10, 59f.). Ihnen will er »eine Therapie bzw. Prophylaxe gegen jene Denk- und Verhaltensweisen anbieten, die ihm als Ausdruck kollektiven Wahns erschienen« (Rotermund, 1978, S. 425), wie er es gleichzeitig poetisch zugespitzt in den *Abderiten* tut. Damit grenzt er sich entschieden von radikalen Positionen innerhalb der breitgefächerten modernen Emanzipationsbewegung ab; und somit sind Auseinandersetzungen mit orthodox-konservativen ideologischen oder politischen Fraktionen genauso zu erwarten wie etwa mit den Anhängern der ›Sturm-und-Drang‹-Bewegung. Wielands anthropologisches Konzept, sein nur der Vernunft, dem Humanismus, und zumindest ansatzweise dialektischen Prinzipien verpflichtetes Denken verwehrt ihm in den aktuellen gesellschaftspolitischen Streitfragen von vornherein weitgehend eine vorgefaßte, einseitige Parteinahme und fundiert seine immer wieder geübte Toleranz. Die ihm seit dem 19. Jahrhundert immer wieder unterstellte angebliche ›Standpunktlosigkeit‹ kann ihn nicht treffen – auch wenn er gerade in seiner exponierten Herausgeber-Funktion natürlich gelegentlich lavieren mußte. Ein solcher Vorwurf übersieht die Substanz seines Denkens und Schaffens: »Unparteiisch war Wieland im strengsten Sinne des Wortes nicht, denn er favorisierte stets die Partei der kühlen humanen Menschenvernunft« (Mc-Carthy, 1994,S.179). Die Veränderung von Positionen resultiert bei ihm in der Regel aus neuen Erkenntnissen und aus der – oft als bitter empfundenen – Akzeptanz gewandelter Bedingungen, also als Folge seines unablässigen und konsequenten aufklärerischen Engagements. Politisch sucht er nicht von ungefähr lebenslang die Frage nach einer gesellschaftlichen Struktur zu beantworten, die jenseits despotisch-absolutistischer Machtausübung dem Individuum humane Selbstverwirklichung gewährt, und in der Diskussion über die Französische Revolution waren ihm letztlich weder die Jakobiner und Sansculotten noch die Reaktionäre und Konterrevolutionäre geheuer. Es konnte nicht ausbleiben, daß der *Merkur* in der Öffentlichkeit nicht nur begrüßt, sondern auch erbittert abgelehnt wurde. Diese zwiespältige Beurteilung läßt sich im Grunde bis in die jüngste Wieland-Forschung verfolgen (Werner, 1985,S.62f.). Jene Blickwinkel, die Wielands kommunikative Leistungen im Gefolge der ›Sturm-und-Drang‹-Anwürfe kurzschrittig »auf die Bedürfnisse höfischer oder städtisch-patrizischer Gesellikeit im 18. Jahrhundert« reduzieren, verstellen dabei die Sicht auf ihre offenkundig darüber hinausreichenden Impulse für eine Literatur und Kommunikationskultur »europäisch-zivilisatorischen Charakters« (ebd.,S.68f.) auch künftiger sozialpolitischer Strukturen und Generationen. In seiner Gedenkrede zu Wielands Tod im Jahre 1813 wird Goethe, der dem *Merkur* anfänglich selber ablehnend gegenüberstand, über die Bedeutung dieser Zeitschrift folgende Worte finden:

»Dieses Unternehmen war nicht das erste in seiner Art, aber doch zu jener Zeit neu und bedeutend. Ihm verschaffte sogleich der Name des Herausgebers ein großes Zutrauen (...) Auch versammelten sich wertvolle Männer bald um ihn her, und dieser Verein vorzüglicher Literatoren wirkte so viel, daß man durch mehrere Jahre hin sich des *Merkurs* als Leitfadens in unserer Literaturgeschichte bedienen kann. Auf das Publikum überhaupt war die Wirkung groß und bedeutend; denn wenn auf der einen Seite das Lesen und Urteilen über eine größere Masse sich verbreitete, so ward auch die

Lust, sich augenblicklich mitzuteilen, bei einem jeden rege, der irgend etwas zu geben hatte. (...) Was den Wert und die Würde des *Teutschen Merkurs* viele Jahre durch erhielt, war die dem Herausgeber desselben angeborne Liberalität. Wieland war nicht zum Parteihaupt geschaffen; wer die Mäßigung als Hauptmaxime anerkennt, darf sich keiner Einseitigkeit schuldig machen. Was seinen regen Geist aufreizte, suchte er durch Menschenverstand und Geschmack bei sich selbst ins gleiche zu bringen.« (Goethes Schriften,Bd.1,S.215f.)

Während Wieland einerseits für sich selber den Literaturbegriff durch publizistische Genres erweitert, begreift er jetzt andererseits die Poesie stärker als eine von der »unmittelbaren Lebenswirklichkeit« abgehobene »Schöpfung der Phantasie«, als »heiteres Spiel, ein Werk der Grazien«; es sind dies Tendenzen seines Schaffens, die sich schließlich »in Wielands künstlerischer Erzählprosa, in seinen Romanen und Dialogen« wiederum vereinen (Dahnke, 1990,S.106). In den siebziger Jahren verfaßt er die *Sehr wahrscheinliche Geschichte* über die *Abderiten* (vgl. Kap.III.3.2.) und versucht sich auf dem Gebiet des Singspiels (Sengle, 1949,S.284-295; Stoll, 1978,S.166-178; Stellmacher, 1985,S.213-221; Erhart, 1991,S.227f.; Scheibe, 1994, S.97f.). Es entstehen die *Geschichte des Danischmend* (vgl. Kap.III.5.3.) und neben *Pervonte oder die Wünsche* (vgl. Kap.III.4.5.) sowie dem *Oberon* (vgl. Kap.III.4.4.) epische Versdichtungen.

Den Fehdehandschuh der ›Sturm-und-Drang‹-Generation hatten inzwischen längst Johann Gottfried Herder und vor allem der junge, aber bereits erfolgreiche Goethe geworfen – obwohl dieser bisher mit Wieland durch einen freundschaftlichen Briefwechsel und gegenseitige Wertschätzung verbunden war. Es herrscht heute weitgehend Einigkeit darüber, daß die Texte der ›Aufklärung‹ und des ›Sturm und Drang‹ nicht unbeschadet in einen unversöhnlichen Gegensatz gebracht werden können, der ›Sturm und Drang‹ also nicht einseitig als ›Gegen-Aufklärung‹ zu begreifen ist. Umstrittener ist dagegen der Umgang mit dem Terminus ›Spätaufklärung‹. Dieser wird im folgenden weder im Sinne einer von vornherein pejorativ als ›spätzeitlich‹ oder überlebt abgestempelten Auffassung noch als identisch mit ›Sturm und Drang‹ (z.B. Bahr, *Geschichte der deutschen Literatur*, Bd.2,Tübingen 1988,S.26,87ff.) benutzt. Vielmehr soll er eine bis in das 19. Jahrhundert hinein an Grundlagen der Aufklärung festhaltende Literatur bezeichnen, die sich in den siebziger Jahren des 18. Jahrhunderts als Antwort auf veränderte Bedingungen und neue Erfahrungen herauszubilden beginnt. Sie hebt sich gegenüber früheren Phasen der ›Aufklärung‹ ab und verschließt sich gleichzeitig wesentlichen Zügen neuer literarischer Strömungen bis hin zur ›Romantik‹. Dabei gehört zu ihren – nicht nur die Literatur betreffenden – charakteristischen Merkmalen insbesondere die »Orientierung aufs Gemeinnützig-Praktische und Reformerische«, das »weitläufige Gebiet praktischer sozialer und gemeinnütziger Reflexion wie auch Tätigkeit« (Albrecht, 1987,S.13). In diesem Sinne sind auf der Basis einer wesentlichen Zusammengehörigkeit von ›Aufklärung‹ und ›Sturm und Drang‹ dennoch gravierende ästhetische Unterschiede zu verzeichnen. Einheitlichkeit und Differenzen bergen potentiell – in der Regel subjektiv von den beteiligten Autoren als brisant empfundene – Positionen der Abstoßung, Aversion ebenso wie die einer späteren (Wieder-)Besinnung auf Gemeinsamkeiten beziehungsweise gegenseitige Bereicherung. Den Anlaß zum offenen Streit fand Goethe in Wielands Singspiel *Alceste* (Sengle, 1949, S.286ff.) aus dem Jahr 1773, das er mit der beißenden Satire *Götter, Helden und Wieland* (1774) bedachte. Öffentlich prallt hier ein neues, durch Spontaneität, Gefühl und den Bruch mit bislang gepflegten Traditionen gekennzeichnetes poetisches Menschenbild sowie eine veränderte Kunstauffassung auf die von den Jüngeren als überaltert und einengend begriffenen aufklärerischen Positionen Wielands; aufbrausender Veränderungswille rebelliert gegen Reformertum, die Suche nach einem Mittelweg und Harmonie. Wieland war gegenüber derartigen Ansprüchen nicht nur durch seinen Charakter, seine Aversion gegenüber Extremen, sondern auch aufgrund der eigenen Lebenserfahrungen und bisherigen literarischen Modellversuche gefeit. So reagiert er denn mit geradezu entwaffnender Souveränität auf diesen Angriff, der auch persönliche Injurien einschließt – Goethe verspottet ihn beispielsweise als »moralinsauren Pfaffen«: Ohne sich überhaupt gegen dessen Ausfälle zu verteidigen, empfiehlt er selber in seinem *Merkur* die Lektüre von *Götter, Helden und Wieland*, lobt den Text als Meisterwerk der Persiflage und eines sophistischen Witzes sowie den Verfasser als modernen Aristophanes. Er rezensiert anerkennend Goethes *Götz von Berlichingen* und erwartet künftig große dichterische Leistungen von diesem: »Wieland kämpft nicht gegen Goethe, sondern er gibt ihm, was so selten in der Literaturgeschichte geschieht, den Lorbeer des großen Dichters ohne Haß weiter! Er hat dadurch viel zur Veredelung des literaturkritischen Umgangstones in Deutschland beigetragen und Goethe tief beschämt.« (ebd.,S.306) Diese Konstellation macht es verständlich, daß sich schließlich nach der persönlichen Bekanntschaft Wielands mit dem seit 1775 ebenfalls in Weimar lebenden Goethe eine herzliche, wiederum von gegenseitiger Achtung geprägte Beziehung zwischen beiden entwickeln kann (McCarthy, 1994,S.100f.); und *Alceste* wird Goethes *Iphigenie* beeinflussen. Dennoch: Hat er bis anfangs der siebziger Jahre die vorerst gelegentlichen Angriffe gegen ihn mit unerschüttertem Selbstbewußtsein und mit Souveränität unbeschadet überstanden, so gerät er nun als Repräsentant der älteren deutschen Aufklärung zunehmend in ein von ihm schmerzlich empfundenes »Fegefeuer« der Kritik (Sengle, 1949,S.296ff.,305ff.). Er wehrt sich energisch (*Über eine Anekdote in Voltaires Universallexikon*, 1773; *Die Abderiten*, 1774ff.) und greift seinerseits offen die ›barbarische‹ ›Bardenpoesie‹ und ihren aus seiner Sicht beschränkten Patriotismus an. Zurückgezogen ins Privatleben übersteht er die rauschhafte ›Sturm-und-Drang‹-Phase zwischen 1775 und 1776 am Hofe des jungen Herzogs; dem 42jährigen wird es als ›Altem‹ gnädig erlassen, die ›Werther‹-Mode mitmachen zu müssen. Nach der Abreise von Friedrich Maximilian Klinger und Jakob Michael Reinhold Lenz aus Weimar begibt sich Wieland Neujahr 1777 gemeinsam mit Goethe auf eine kurze Reise in die Nähe von Erfurt. Erst mit dem persönlichen und künstlerischen Zusammenrücken Goethes und Schillers seit 1794 wird sich das seither gute und förderliche Verhältnis beider wieder etwas abkühlen und seinen Tiefpunkt nicht nur in Gesprächen sowie Briefen, sondern schließlich in den – Wieland tief treffenden, enttäuschenden – Ausfällen der *Xenien* (1797) auch gegen ihn finden. In Abgrenzung vom ›Sturm und Drang‹ und von Rousseau wendet sich Wieland dagegen, das erreichte Niveau der Zivilisation als wichtigstes Hindernis einer humanistischen Entwicklung der Menschheit anzusehen und »im Namen freier Individualität die Errungenschaften sozialer Kultur wie eine drückende Last abschütteln zu wollen« (Werner, 1985,S.65). Er verteidigt vielmehr den von der Menschheit erworbenen Grad des »in und durch Geselligkeit ›policirten‹ Lebens« als unumgängliche »Bedingung künftigen Fortschreitens« (ebd.,S.64). Dabei ist zu beachten, daß sich Wieland damit weder von Gesellschaftskritik entbunden fühlt, noch daß er jemals das Ideal progressiver Menschheitsentwicklung aus den Augen verliert. Sein kritisches politisches Engagement zielt auf ein Spektrum zwischen despotischem Machtmißbrauch und Intoleranz bis hin zur Dogmengläubigkeit beider Konfessionen (Albrecht, 1988,S.37); es schließt seinen unermüdlichen Einsatz für den öffentlichen Gebrauch der Vernunft und die Freiheit der Presse ein. Darüber hinaus wird sich erweisen, daß seine Prognosen hinsichtlich der kurz- und mittelfristigen politischen Entwicklung sowie der menschlichen Möglichkeiten zur wirklichen Veränderung im Vergleich mit den ›Stürmern und Drängern‹ von deutlich größerem Realitätssinn zeugen. Es ist daher offenbar verfehlt, Wieland ausgehend von einzelnen anscheinend oder auch real affirmativen Konsequenzen her pauschal abzuqualifizieren und die Unterschiedlichkeit zwischen ihm sowie den ›Stürmern und Drängern‹

»auf den Widerspruch zwischen einem mehr oder weniger revolutionären und einem mehr oder weniger konservativen (oder gar reaktionären, K.Sch.) Kulturkonzept zu reduzieren. Als Versuche, bürgerlichem Emanzipationsstreben eine ideelle Orientierung zu geben, gehören sie zunächst einmal zusammen, und sie gehören auch deshalb zusammen, weil beide Konzepte auf allerdings unterschiedliche Art dadurch geprägt sind, daß um 1770 für Deutschland keine politisch-praktikable Lösung der Emanzipationsprobleme abzusehen war« (Werner, 1985,S.66).

In einer Reihe von Aufsätzen seit Mitte der siebziger Jahre modifiziert Wieland explizit seine aufklärerischen Positionen, paßt sie den jüngsten Erfahrungen und damit den neuen Bedingungen an. Dieser Vorgang zeugt sowohl von seinem Festhalten an der aufklärerischen Grundstrategie als auch von Kreativität bei seinem steten Bemühen um zeitgemäße ästhetische Lösungen. Unter ihnen ragen heraus: *Gedanken über die Ideale der Alten* (1777) (Stoll, 1978, S.160ff.), *Was ist Wahrheit* (1778) (Schaefer, 1985,S.37) und *Briefe an einen jungen Dichter* (1782/84) (Stoll, 1978,S.165ff.; McCarthy, 1994,S.174ff.), mit denen er auch Friedrich II. von Preußen eine selbstbewußte Antwort auf dessen von Ignoranz gegenüber der modernen deutschen Literatur geprägte Schrift *De la littérature allemande* (1780) erteilt. In dem *Geheimnis des Kosmopolitenordens* (1788) schließlich zieht Wieland gewissermaßen ein Fazit. Er entwirft hier unter der Zielstellung einer Weiterentwicklung der Reformationsbewegung, unblutiger Revolutionen, der Gewinnung von Sicherheit für das Eigentum, für Ehre, Freiheit und Leben ein langfristiges Aufklärungsprogramm, das die Lebensinteressen vor allem der besitzenden, humanistisch orientierten Bildungsschichten anspricht und »außer auf unbehindertes öffentliches Räsonnement (Pressefreiheit) noch gestützt war auf gemeinsinnige (...) Aktivitäten der aufgeklärten Individuen (...) Diesen vernünftigen Individuen schrieb er nunmehr (gegenüber den ›aufgeklärten Monarchen‹, K.Sch.) Einfluß auf den Verlauf der Geschichte zu« (Albrecht, 1988,S.41f.). Die Hochzeit der ältesten Tochter mit dem Philosophen und Kantianer Karl Leonhard Reinhold (Erhart, 1991, S.365ff.) fördert seine Auseinandersetzung mit der Philosophie Immanuel Kants, dessen Kritizismus er substantiell »infolge seiner Skepsis (...) nicht so fern stand, wie es scheinen könnte« (Sengle, 1949,S.469), was aber entschiedene Vorbehalte diesem gegenüber sowie die grundsätzliche Antipathie Wielands gegenüber philosophischen Systemen und ihren Ansprüchen nicht erschüttern kann. Der in persönlicher Vereinsamung, immer sparsam und vorsichtig für das Wohl seiner inzwischen größer gewordenen Familie – hinzugekommen waren Charlotte (1776-1816), Ludwig (1777-1819), Carl

(1778-1856), Wilhelm (1781-1865) und Juliane (1782-1809) – lebende Wieland empfand den Umgang mit Reinhold neben dem mit Herder, der ihm längst freundschaftlich verbunden und seine zuverlässigste Stütze in Weimar war (ebd., S.457,467ff.; Hiller, WSt1991), auf jeden Fall als anregend und belebend.

Auf künstlerischem Gebiet arbeitet Wieland bis 1789 an der Märchensammlung *Dschinnistan* (vgl. Kap.III.6.1.) und von 1788 bis 1791 an dem Roman *Geheime Geschichte des Philosophen Peregrinus Proteus* (vgl. Kap.III.7.). Er übersetzt und kommentiert darüber hinaus Horaz sowie Lukian, läßt sich von diesem zu eigenen *Göttergesprächen* anregen (Dahnke, 1985); durch die »Kultivierung der Gesprächsform« findet nunmehr das undogmatische, dialektische Denken Wielands die größte Ausdrucksmöglichkeit« (Sengle, 1949,S.448). Wieland schreibt 1793/94 die Ergänzungen sowie Änderungen zu seiner 3. Fassung der *Geschichte des Agathon* (vgl. Kap.III.1.4.) und beginnt schließlich 1795 (nicht 1796, wie bisher allgemein angenommen: Starnes II,S.437) den Roman *Agathodämon*. Seine erst in diesem Jahrzehnt nachlassende, während der achtziger Jahre noch einmal stark anwachsende Resonanz im Publikum – 1787 ernennt ihn die Berliner Akademie zu ihrem Mitglied – wird sinnfällig in der seit 1794 bei dem Leipziger Verleger Göschen erscheinenden Ausgabe seiner *Sämtlichen Werke* in vier Preisbeziehungsweise Ausstattungsvarianten (C^{1-4}). Es ist die bisher aufwendigste Veröffentlichung von Texten eines lebenden Autors; die Prachtausgabe zählt bis heute zu den schönsten Leistungen der deutschen Buchdruckerkunst. Bei C^1 liegen von jedem Band bis zu sechs parallele Drucke vor ($^{C1a-1f}$). In der bisherigen Forschungsliteratur sind die Drucke C^{1b-1f} im Verhältnis zu der allein als authentisch angesehenen Ausgabe C^{1a} als im Prinzip unrechtmäßige Doppeldrucke seitens des Verlegers bezeichnet worden. Radspieler ist demgegenüber bei neuesten Untersuchungen über die Beziehungen zwischen Wieland und Verleger sowie über die Textunterschiede zu anderen Ergebnissen gelangt:

»Die Auflagenhöhe oder die Zahl der Drucke waren ohne Einfluß auf das Honorar, Göschen hatte kein Motiv, Wieland zu hintergehen, und die Texte der Drucke C^{1b} bis C^{1f} (...) enthalten im Durchschnitt nicht mehr oder weniger Fehler als C^{1a} oder C^2 bis C^4; ihre Varianten sind gleichermaßen zur Beurteilung der Textentwicklung heranzuziehen. Da der Ausdruck ›Doppeldrucke‹ sich im Buchwesen für unrechtmäßige Drucke eingebürgert hat, spricht man bei C^{1a} bis C^{1f} daher vielleicht besser von Paralleldrucken.« (*Aristipp*, »Zu Text und Textgestaltung«, 1993,S.933f.)

Die Fragen nach dem Verhältnis zwischen Wielands Schaffen einerseits und der ›Weimarer Klassik‹ andererseits sowie darüber hinaus nach der Integration des Schriftstellers in den komplizierten Literaturprozeß aus synchroner und diachroner Sicht sind vieldiskutiert. Da die inhaltlich bestimmenden Aspekte des ›Klassik‹-Begriffs gegenwärtig ohne überschaubaren Konsens diskutiert werden und der Terminus von der personellen als auch zeitlichen Zuordnung her sowohl in einem engeren als auch einem weiteren Sinne eingesetzt wird (Werner, 1993,S.115-128; McCarthy, 1994,S.97-104), bedürfen die möglichen Positionen hinsichtlich Wielands einer Verständigung über Voraussetzungen. Jede Theorie, die von einem linearen Entwicklungsablauf der bürgerlichen Emanzipationsliteratur in Richtung auf künstlerische ›Gipfel‹-Leistungen ausgeht, drängt Wieland folgerichtig in eine – mehr oder weniger auch noch bei Sengle (1949) deutliche – ›Vorstufen‹- oder ›Vorläufer‹-Rolle, deren Bedeutung sich im Grunde in ihrer Vorbereiter-Funktion erschöpft, und blockiert damit objektiv auch die wünschenswerte Sicht auf aktuelle Rezeptionsansätze. Demgegenüber sollte literarische Entwicklung als Prozeß begriffen werden, der zu jeder Zeit durch Kontinuität und Diskontinuität, durch ästhetische Gewinne und auch Verluste gekennzeichnet ist. Von diesem Ausgangspunkt her kommuniziert Wieland in seiner Zeit als »ernstzunehmende kulturelle Alternative innerhalb der bürgerlich emanzipatorischen Literaturbewegung« (Werner, 1985,S.81) mit Lesern, deren Gedanken und Gefühlen er Ausdruck verleiht und sie auch beeinflußt. Seine Beziehung zu Goethe und Schiller, deren Schaffen seit etwa 1794 jedenfalls im Zentrum ›klassischer‹ Literatur steht, ist durch Identität, Affinität und Differenz bestimmt; die Ermittlung der jeweiligen Akzentuierung bedarf gezielter Untersuchungen von Werk zu Werk. Wielands Festhalten an früher eroberten aufklärerischen Positionen in Verbindung mit seiner Ablehnung des ›Sturm-und-Drang‹-Konzepts, die daraus resultierende künstlerische Strategie sowie sein spezifisches Verhältnis zur Antike (Sahmland, 1990,S.307ff.; Erhart, 1991,S.275ff.) sind die Grundlage aller Differenzen. Die Verweigerung gegenüber dem ›Sturm und Drang‹ schützte ihn einerseits vor euphorischen, aber illusionären neuen Erwartungen, hatte aber andererseits auch das Fehlen solcher idealer und künstlerischer Elemente zur Folge, die – mehr oder weniger modifiziert – Goethes und Schillers Schaffen auch nach ihrer unmittelbaren ›Sturm-und-Drang‹-Zeit bereichert haben. Die künstlerische Begegnung oder zumindest Nähe, wie sie auch in der immer wieder dominierenden gegenseitigen Hochschätzung zum Ausdruck kommt (vgl. auch Goethe im Essay *Literarischer Sansculottismus*, 1795), und die durchaus einen erweiterten ›Klassik‹-Begriff unter Einschluß Wielands rechtfertigt, basiert auf grundlegenden Gemeinsamkeiten, die nicht zuletzt aus dem persönlichen Einfluß Wielands auf das Wirken der beiden jüngeren Dichter resultieren (Hinderer, 1977; McCarthy, 1994,S.100, 103; Dahnke, 1990). Zu ihnen zählen die Verwurzelung in der modernen humanistischen europäischen Emanzipationsbewegung, gemeinsame Erfahrungen mit den deutschen Realitäten, wesentliche identische Züge des idealen Menschen- und Gesellschaftsbildes, die Auffassung von der Kunst als eines Mittels zur Veredelung des Individuums und geselliger Humanität sowie vom ästhetischen Einsatz der Mythologie. Vorausgesetzt, die Bezeichnung ›Spätaufklärung‹ wird im bereits dargelegten Sinne begriffen, läßt sich mit diesem Terminus im Hinblick auf Wieland arbeiten (Schaefer, 1985,S.37ff.; Albrecht, 1987; ders., 1988,S.25ff.); dabei ist dann zu beachten, daß er die für die ›Spätaufklärung‹ allerdings wesentliche »Entwicklungstendenz (...) hin zu Institutionalisierung und Sozietätsbildung« nicht mitvollzog (Albrecht, 1988,S.41).

Mit einer der wenigen Reisen, die Wieland überhaupt unternommen hat, erfüllt er sich einen alten Traum: Sie führt ihn, seine Frau und drei der Kinder im Sommer 1796 für 13 Wochen noch einmal nach Zürich, in das Land seiner schwärmerischen Jugendjahre. Auf der Hin- und Rückfahrt fährt er an Biberach vorbei; und Zürich, das ihm trotz aller Begegnungen und Erinnerungen eher fremd erschien, bringt dem vorher das Thüringer Land sowie Weimar häufig scheltenden Schwaben die Erkenntnis, daß Thüringen inzwischen doch das ihm »vertrauteste Land, (...) das einzige Stück Heimat« war (Sengle, 1949,S.439).

6. Die Altersjahre in Oßmannstedt und Weimar (1797 – 1813)

So wird Wieland schließlich auch seine letzten Lebensjahre dort verbringen, wo er inzwischen heimisch geworden ist. Des Städtchens Weimar mit seinen steten gesellschaftlichen Anforderungen und der nun häufig verletzenden Behandlung durch den Hof jedoch ist er müde: Im März 1797 erwirbt er von der Gemeinde Oßmannstedt, rund acht Kilometer von Weimar entfernt gelegen, als idyllischen Fluchtort das dortige Erblehngut für 22 000 Taler – eine Summe, die seine finanziellen Möglichkeiten von vornherein weit übersteigt; er hofft jedoch, sie letztlich durch Einkünfte vor allem aus den *Sämtlichen Werken* aufbringen zu können. Für eine kurze Zeit gelingt es ihm, hier »eine Insel des Friedens und des Glücks um sich aufzubauen« (Sengle,1949, S.495), von der er sich eine langfristige Lebensbasis für seine Familie verspricht. Noch einmal wendet er sich intensiv dem Roman zu und zieht Bilanz: 1799 ist der bereits in Weimar begonnene *Agathodämon* beendet (vgl. Kap.III.7.), zwischen 1798 bis 1801 entsteht *Aristipp und einige seiner Zeitgenossen* (vgl. ebd.). In seinen großen Altersromanen entwickelt er kreativ ein neuartiges Erzählmodell, das seinen Erfahrungen mit den Widersprüchen und Krisenerscheinungen zur Jahrhundertwende ebenso wie seiner unverwechselbaren Beziehung zur Leserpersönlichkeit angemessen ist. Neben der schriftstellerischen Arbeit befaßt er sich jetzt – theoretisch und praktisch – auch mit der Landwirtschaft (Freitag, 1988,S.42-53), und er empfängt gelegentlich gute Bekannte oder prominente Gäste wie die Ehepaare Herder, Göschen und Böttiger, wie Goethe, Jean Paul oder auch die Herzoginwitwe Anna Amalia. Als ihn im Sommer 1799 für mehrere Wochen die Jugendliebe Sophie von La Roche besucht, wird diese von ihrer Enkelin Sophie Brentano, der Schwester Bettinas und Clemens', begleitet: »das Bild der Mutter und doch ganz sie selbst, eine junge Frau mit mädchenhaftem Charme, das Profil vom fehlenden Auge gezeichnet, aber nicht entstellt; lieblich und frauenhaft zugleich: es war wie ein Zauber« (Drude, 1989,S.53). Zwischen der sensiblen, 23 Jahre jungen Sophie und Wieland entwickelt sich eine zarte, beide beglükkende Beziehung, und sie kehrt im Juli 1800 wieder alleine zu ihrem väterlichen Freund und seiner Familie zurück. Am 20. September 1800 bereits stirbt Sophie hier an einer fiebrigen Nervenkrankheit und findet im Park an der Ilm ihre letzte Ruhestätte.

Rund zwei Jahre nur fühlt Wieland sich in Oßmannstedt wirklich wohl – dann beginnt die Idylle zusammenzubrechen, wobei mehrere Faktoren zusammenwirken. So wird es immer deutlicher, daß er – bereits hochverschuldet – die wachsenden finanziellen Nöte nicht bannen kann; und gleichzeitig eröffnen 1799 die Wortführer der Frühromantik im 2. Band ihrer Zeitschrift *Athenäum* eine vorsätzlich beleidigende Kampagne gegen den alternden Schriftsteller, der bis dahin seinerseits keinen Zündstoff zur öffentlichen Polemik geliefert, die jungen romantischen Autoren in seinem *Merkur* sogar abgedruckt und auch gelobt hat. Intern war die romantische Demontage von Wielands Ruf bereits seit 1797, nach den *Xenien* und dem Umzug nach Oßmannstedt, vorbereitet worden; seitens der Brüder Schlegel zielte sie auf den Repräsentanten einer von ihnen zu überwindenden konträren Poesie-Auffassung sowie offenbar auch darauf, der eigenen literarischen Zeitschrift Publizität zu verschaffen. Ihr Hauptstoß richtet sich – in einem Prosa-Xenion – gegen Wielands vielfältige stoffliche Beziehungen zur Weltliteratur und bezichtigt ihn von daher des Plagiats beziehungsweise poetischer Unselbständigkeit. (Gruber, SW,4.Teil,S.251ff.; Sengle, 1949,

S.509ff.) Wieland hat versucht, diesem Angriff so souverän standzu-
halten, wie es ihm schon einmal in der vergleichbaren Auseinandersetzung mit dem ›Sturm und Drang‹ während der siebziger Jahre gelungen war – aber seine Widerstandskraft war nicht nur durch eine
anfällige Gesundheit sowie durch Sorgen um die Zukunft seiner
Kinder geschwächt: Der Tod seiner Frau am 8. November 1801
stürzt ihn in tiefe Verzweiflung und Mutlosigkeit. Gleichzeitig wird
sein generelles Krisenbewußtsein durch die historischen Prozesse in
Europa geschürt: So muß er sich auseinandersetzen mit der für ihn
letztlich enttäuschenden Entwicklung der Französischen Revolution
(vgl. Kap.III.5.4.), dem Aufstieg und den Siegen Napoleon Bonapartes sowie der im Zerfall des ›Heiligen Römischen Reiches Deutscher Nation‹ sichtbaren tiefen Krise des feudalabsolutistischen
Herrschaftssystems, wie sie durch revolutionäre Volksbewegungen,
die Abtretung der linksrheinischen Gebiete an Frankreich, die Folgen der industriellen Revolution sowie verstärkt repressive Maßnah-
men der feudalen Regierungen signalisiert wird. Zugleich ist er –
zunehmend auf sich selbst zurückgeworfen – voller Skepsis, gerade
in diesen Umbruchsprozeß noch mit seinen Mitteln eingreifen zu
können. Seinem letzten Dichter-Gast in Oßmannstedt, dem ruhelo-
sen Heinrich von Kleist, bietet er einige glückliche Wochen in seinem Haus: Er erkennt dessen große dichterische Fähigkeiten, er-
muntert ihn und gewinnt Kleists tiefe Dankbarkeit. Als sich im
Frühjahr 1803 die Gelegenheit ergibt, das Gut ohne finanziellen
Verlust wieder zu veräußern, nimmt er sie wahr; Wieland erwirbt
dafür in Weimar nahe des Wittumpalais sowie des Theaters ein
Haus und zieht Anfang Mai 1803 wieder um.

Mit dem Niedergang des »Heiligen Römischen Reiches Deutscher Nation« und dem damit verbundenen Anwachsen ausländischen Einflusses restauriert sich zunächst noch einmal Wielands öffentliches Ansehen, »denn kein Schriftsteller hatte den gleichen europäischen Ruhm« (Sengle, 1949,S.528). Davon künden nicht nur
die internationale Verbreitung seiner Werke, sondern auch die bereits im Mai 1801 erfolgte Verleihung des Ehrenbürger-Titels der
›Helvetischen Republik‹ (Starnes III,S.62) sowie die Hochschätzung
seitens des russischen Zaren, der 1805 Weimar besucht. Nach der
Schlacht bei Jena und Auerstedt im Oktober 1806 werden sein
Haus und seine Familie demonstrativ durch französische Offiziere
vor den plündernden Soldaten geschützt. Während des Erfurter
Fürstentages (Oktober 1808) wird er wie Goethe mit dem französischen Orden der Ehrenlegion und dem russischen St.Annen-Orden
geehrt sowie von Napoleon Bonaparte, den er immer noch schätzt
und dessen Machtpolitik er erst später durchschauen wird, zu einem

Gespräch empfangen (Gruber, SW,Bd.XV,4.Teil,IX.Buch,S.420ff.; Sengle, 1949,S.531ff.). In allen Turbulenzen bleibt ihm die Arbeit: 1804 beziehungsweise 1805 erscheinen die inhaltlich wie formal zusammengehörenden – wiederum in der Antike angesiedelten – kleinen Romane *Menander und Glycerion* sowie *Krates und Hipparchia* (Jahn, 1985), die ebenso wie der *Aristipp* dialogisierende Briefromane sind. Wieland verzichtet nun durchaus mit Konsequenz auf weitreichende weltanschaulich-politische Themen; sein heiter-anmutiges Erzählen kreist vielmehr um das zentrale Problem individueller Glücksfindung, um Liebe und Ehe: »In beiden Werken bekennt sich Wieland zum Glück einer maßvollen, zufriedenen Zurückgezogenheit« (Sengle, 1949,S.542).

Wieland hat sich in seinem Gesamtschaffen immer wieder mit der Rolle der Frau auseinandergesetzt; die Beziehung der Geschlechter und damit die Frage, »welche Frau und welche Art von Liebe sich am besten eignen«, um in der von ihm ersehnten »Vereinigung freier Menschen das geglückte Leben« zu verwirklichen (H.u.W. Beutin, KTH 1988,S.197), hat stets – wenn auch mit jeweils unterschiedlichem Stellenwert – in das Zentrum seiner Überlegungen und poetischen Modelle gehört. Gestalten wie Danae (*Agathon*) über Musarion und Lais (*Aristipp*) bis hin zu Glycerion und Hipparchia werfen zwingend die Frage nach der Position des Schriftstellers im Rahmen der Frauenemanzipation auf. Wieland gilt zwar als Vorkämpfer von Frauenrechten (Starnes, 1994, S.221ff.), doch zu diesem Problemkomplex überwiegen die noch ungelösten Forschungsaufgaben. Immerhin bieten H.u.W. Beutin durch ihre Untersuchung der drei letzten Romane Wielands (ebd.,S.161-208) bereits eine aufschlußreiche Grundlage. Ihre Hypothesen lauten:

»1. Wieland schildert nicht eine unübersehbare Vielfalt weiblicher Individuen, sondern einige Typen von Frauen. (Hetäre, Mutter, Ehefrau; K.Sch.)
2. Bei ihrer Vergleichung geht er von ›festen Grundbegriffen‹ aus. (Grundgesinnung sei immer die Freiheit/Autonomie, K.Sch.)
3. Die drei spätesten Romane enthalten nicht verschiedene Antworten auf die ›Frauenfrage‹, sondern stets dieselbe in jeweils deutlicherer Annäherung, so daß der letzte davon das letzte – letztgültige – Wort des Dichters dazu enthält.« (Ebd.,S.173)

Die Verfasser ermitteln gleichzeitig Ansätze zu einer »Theorie der Erotik« bei Wieland, deren Leitgedanke es sei, eine Liebesbeziehung anzustreben, die es dem Menschen ermöglicht, »ohne Verzicht auf die Autonomie die Befriedigung seiner ›Sinnenlust‹ und häusliches Glück zu erlangen« (ebd.,S.184).

1805 veröffentlicht Wieland schließlich auch die Märchen- und Novellensammlung *Das Hexameron von Rosenhain* (vgl. Kap.III.6.2.). Daneben arbeitet er weiterhin an den Übersetzungen und Kommentaren antiker Schriftsteller: Nach Lukian folgen Aristophanes, Euripides, Xenophon und schließlich die Briefe Ciceros (Sengle, 1949,S.553ff.; Steinhorst, KTH 1988,S.69-76). Vernunftgläubigkeit, historische Erkenntnisse und desillusionierende Alterserfahrungen, die Konfrontation mit der ihm unerträglichen romantisch-religiösen Denkweise und einem blühenden esoterischen Zeitgeist reduzieren die eigenen bisher noch deistischen christlichen Positionen des greisen Aufklärers auf eine von persönlichem Vorsehungsglauben und Wundern befreite Identität zwischen Humanität und Religiosität. (Sengle, 1949,S.560ff.) Obwohl er sich noch bis in die Altersromane hinein immer wieder gegen Geheimgesellschaften ausgesprochen hatte (Ihlenburg, 1959,S.46ff,105), tritt er am 4. April 1809 der Weimarer Freimaurerloge »Anna Amalia« bei (Gruber, SW,4.Teil,S.434ff.; Starnes III,S.329), der seit längerem bereits Goethe, Herder und Herzog Karl August angehörten. Dabei hat sicher eine Rolle gespielt, daß auch Schwiegersohn Reinhold begeisterter Freimaurer und sein alter Mitarbeiter Bertuch gerade Meister vom Stuhl war. Als entscheidenden Grund macht Sengle sein »Bedürfnis nach einer Gemeinschaft, die geistiger als die Familie und tätiger, verbindlicher als die Salongesellschaft ist«, geltend (1949, S.569). Am 20. Januar 1813 erliegt er 79jährig einer fiebrigen Erkrankung und wird im Park von Oßmannstedt beigesetzt: zwischen seiner Frau und Sophie Brentano. Goethe hält bei der Gedächtnisfeier in der Loge am 18. Februar die Abschiedsrede *Zu brüderlichem Andenken Wielands*.

III. Werke und Schriften

1. Die Entstehung des deutschen Entwicklungsromans

1.1. Die Ausgangssituation

Der junge Wieland hatte frühzeitig den Anschluß an die modernen künstlerischen und philosophischen Strömungen gefunden; er hat die von den Aufklärern der Literatur in bisher ungekannter Intensität übertragene Funktion zur Diskussion und Formierung eines auf die derzeitig modernen Lebensbedingungen zielenden neuartigen Wertegefüges vielfältig an sich selber erfahren, kritisch diskutiert und mitgeprägt.

Bei der Durchsicht seiner eigenen Lektüre schöngeistiger Literatur bis Anfang der sechziger Jahre ist allerdings bemerkenswert, daß er auf dem Gebiet desjenigen Genres, das er bis zu seinem Lebensende vorrangig pflegen wird, nämlich des Romans, trotz aller Belesenheit bis dahin an bedeutenden Werken mit Sicherheit nur Richardsons *Pamela* (1740), *Clarissa* (1748) sowie *The History of Sir Charles Grandison* (1753), den *Don Quijote* (1605/1615) des Cervantes und wahrscheinlich auch die *History of Tom Jones* von Fielding (1749/50) gelesen hat; Richardson und Cervantes hatten dabei zunächst den nachhaltigsten Eindruck auf den jungen Wieland hinterlassen. Hinsichtlich der auffällig fehlenden deutschen Originalromane ist dies ein Tatbestand, der einerseits dazu verleitet, die außerordentlich differenzierten Vorgänge auf dem Romansektor im deutschsprachigen Bereich (vgl. Kimpel, 1977) zu unterschätzen, der andererseits jedoch insofern wenig erstaunlich ist, als er dem derzeit noch geringen öffentlichen Ansehen des Romans entsprach. Gleichzeitig ist dies bereits Ausdruck dessen, daß sich Wieland immer strikt an der internationalen Literaturentwicklung orientierte; es ist in vieler Hinsicht Voraussetzung dafür, daß er mit seinem eigenen Schaffen rasch und erfolgreich Anschluß an deren Niveau finden und es auch mitbestimmen wird.

Die Aufklärung förderte naturgemäß sowohl eine weltlich orientierte Buchproduktion als auch das Lesebedürfnis – und damit eine wachsende Lesefähigkeit, wobei die Lektüre von Romanen sich in der ersten Hälfte des 18. Jahrhunderts im wesentlichen noch auf die gebildeten Schichten an den Höfen und in den Städten begrenzte.

Gravierend wird sich das erst im letzten Drittel des Jahrhunderts ändern. Dabei ist eine große regionale Differenziertheit anzusetzen, und Schätzungen zur Lesefähigkeit unter der erwachsenen Gesamtbevölkerung gehen davon aus, daß generell mehr Menschen lesen als schreiben konnten und daß es schließlich um 1800 mindestens 50% Lesefähige gegeben habe (Siegert, 1978,S.591). Für 1786 statuiert ein Zeitgenosse:

»Viele (Bauern, K.Sch.) lesen wirklich – aber was lesen sie? Ihre ganze Lektüre sind etwa der Kalender, das Gesangbuch und einige (...) ererbte elende Tröster, womit sie ihre Winter- oder Sonntagsabende hinbringen – auch wol solche elende Scharteken, die auf den Jahrmärkten verkauft werden (...): Armesünder- und Liebeslieder, Wunderhistorien von verwünschten Schlössern und Prinzessinnen, vom gehörnten Siegfried, die schöne Magellone, der Eulenspiegel u.s.w. das ist so ungefähr des Bauern Bibliothek, wenn sie wohl besetzt ist.« (Ebd., S.607)

Das Ansehen des Romans, der sich dessenungeachtet im 18. Jahrhundert schließlich zum beliebtesten und am meisten verbreiteten literarischen Genre entwickeln wird – allein im Jahr 1790 werden 120 deutschsprachige Romane erscheinen –, ist bei Theoretikern, Kritikern und den Poeten selber zunächst verheerend. So formuliert Gottsched 1737 in seiner – damals grundlegenden – *Kritischen Dichtkunst*: »Ein Roman ist zwar (...) unter die Gattungen der Poesie zu rechnen, er erlangt aber bei derselben nur eine der untersten Stellen« (S.638). Wie schwer es der Roman hatte, ist deutlich daran zu ermessen, daß um 1740 im deutschsprachigen Raum auf ein im weitesten Sinne weltliches gedrucktes Buch immer noch etwa sechs geistliche Titel kamen. Noch für Schiller wird der Roman zu den ›halbpoetischen‹ Dichtformen zählen. Insbesondere christlich-orthodoxe Opponenten liefen Sturm gegen die unerwünschte, als ›regellos‹, ›unwahr‹ und ›unmoralisch‹ verketzerte diesseitig orientierte Konkurrenz zu der traditionellen Lektüre der Bibel und kirchlicher Erbauungsliteratur aller Art. Es galt also für jene Autoren, die der Roman-Schriftstellerei als Nebenbeschäftigung nachgingen, sich zu schützen: durch Anonymität ihrer Druckwerke, Pseudonyme und fingierte Verlagsorte ebenso wie durch die Pflege der stetig variierten Fiktion, lediglich authentische, belegbare ›Geschichten‹ wiederzuerzählen. In einem jahrzehntelangen Ringen um die Anerkennung fiktional gestalteter poetischer ›Wahrheit‹ auf dem Gebiet der großen Prosaepik bedurften die Verfechter der Romankunst noch des Schutzschildes einer von der öffentlichen Meinung akzeptierten , da – vorgeblich – belegbaren ›Wahrheit‹. So spiegeln die Begriffe ›Roman‹ (engl.: romance) und ›Geschichte‹, ›Historie‹ (engl.: novel) bis über die Mitte des Jahrhunderts die forcierte Auseinandersetzung um ein neues ästhetisches Struktur- und Funktionsverständnis wider; ihre Anwendung verschiebt sich mit der Entwicklung des Genres:

›Roman‹ bezeichnet den zunächst vorrangig pejorativ gewerteten fiktionalen prosaischen Text, der auf einer zugegeben künstlich erfundenen Fabel beruht und in der Regel als direkte Fortsetzung des sogenannten ›hohen‹, inhaltlich und formal höfisch bestimmten Romans des 17. Jahrhunderts begriffen wird; ›Geschichte‹ oder ›Historie‹ meinen in bewußter Anlehnung an die sogenannte ›niedere‹ Literatur mit positivem Akzent die prosaische Gestaltung vorgeblich wirklich abgelaufener individueller Lebensgeschichten aus dem Alltag abseits des in sich geschlossenen Hoflebens, außerhalb der Dynastien und der abenteuerlichen Schicksale ihrer Angehörigen.

Abgesehen davon, daß hinter diesem sehr komplexen und insgesamt differenzierten Problemkreis eine durchaus zeitlose Fragestellung menschlichen Kunstverständnisses überhaupt steht, handelt es sich hierbei also um eine Textauffassung, die ganz im Sinne der Aufklärung einerseits unmittelbar auf das reale Leben einwirken möchte – und andererseits dafür noch der Beglaubigung durch unbedingten Anspruch auf Lebensnähe, ja eigene Lebenswirklichkeit bedarf. Beträgt der Anteil des Genres an der Gesamtbuchproduktion im Jahr 1704 quantitativ nur 0,7%, wird er sich bis 1754 auf mehr als das Vierfache, nämlich immerhin auf 3% gesteigert haben (Spiegel, 1967,S.32). Gleichzeitig ist hinsichtlich der Romanrezeption zu beachten, daß die Lektüre ausländischer Romane im Original ebenso wie Übersetzungen vielfach noch im Vordergrund stand, was auch auf gravierende Beeinflussungen der Romanproduktion verweist. Hierbei spielten vor allem folgende Titel eine Rolle: *Don Quijote* (1605/14) von Cervantes, *Paradise lost* (1667) von Milton, Defoes *Robinson Crusoe* (1719), *Gil Blas* (1715/35) von Lesage; gegen Mitte des Jahrhunderts setzte dann die überragende Wirkung von Richardson (*Pamela*, 1740; *Clarissa*, 1748; *Charles Grandison*, 1754) sowie schließlich Fielding (*Jonathan Wild*, 1743; *Tom Jones*, 1749; *Amelia*, 1751) ein.

Während sich die skizzierte Entwicklung auch in einer umfangreichen romantheoretischen Debatte äußerte (Voßkamp, 1973, S.142-192; Kimpel, 1977, S.52ff.)), präsentiert sich das aktuelle deutschsprachige Romanschaffen während dieser Jahrzehnte dementsprechend in verschiedenen typologischen Ausprägungen, die wiederum auf jeweils unterschiedliche Art und Intensität mit der epischen Tradition und den ausländischen Anregungen umgehen. Initiiert durch den *Robinson Crusoe* des Engländers Defoe, von dem bereits 1720 in Hamburg die erste deutsche Übersetzung erschien und in dem wie kaum in einem anderen Werk insbesondere die neuen bürgerlichen Leserkreise selbst ihre Ideale und Sehnsüchte wiederfanden, war eine sich rasch ausbreitende Robinsonadenliteratur entstanden. Sie variierte das Motiv eines in die Einsamkeit verschlagenen Helden, bereicherte den traditionellen Zweig der Abenteuerliteratur und begründete mit der anspruchsvollsten deutschen Robinsonade dieser Jahrzehnte, Johann Gottfried Schnabels *Insel Felsenburg* (1731/43), gleichzeitig die Tradition des modernen Gesellschaftsromans. Ein wesentlicher Faktor von Defoes weltweiter Wirkung lag in der gelungenen unverwechselbaren Charaktergestaltung seines Helden, in seinem psychologisch ausgeloteten Profil begründet. Dem Autor war es dadurch gelungen, nicht nur dessen inneres Erleben als echten Spannungsfaktor neben dem abenteuerlichen äußeren Geschehen bloßzulegen und ästhetisch zu nutzen, sondern damit auch den entscheidenden Ansatz zur Gestaltung der geistigen Entwicklung einer literarischen Figur zu finden. Der die gesamte europäische Aufklärung durchziehende Anspruch auf Emanzipation des Individuums bedingte auch die vertiefte ästhetische Eroberung der Individualität, eines differenzierten psychischen Profils und Lebens der literarischen Figuren; das Vertrauen in die Macht der Vernunft und der moralischen Vorbildwirkung für eine Humanisierung des realen Lebens mußte darüber hinaus geradezu zwangsläufig auch die literarische Gestaltung von individuellen Veränderungs-, Entwicklungsprozessen auf die Tagesordnung setzen. Allerdings herrschte in der frühen Aufklärung das stark didaktische Konzept einer literarischen Wirkungsweise, das von der euphorisch verfochtenen Annahme ausging, daß der Leser entweder gestaltete Vorbilder im realen Leben nachzuahmen oder abschreckende Warnfiguren in ihren adäquaten Verkörperungen auch in der Wirklichkeit zu verachten bereit wäre. Die Folge waren daher in der Regel zunächst – trotz Defoe – statisch und normativ angelegte, schwarz-weiß-gezeichnete Figuren, wie sie uns repräsentativ in den seinerzeit weitverbreiteten Romanen des Engländers Samuel Richardson begegnen: Tugendbolde oder lasterhafte Bösewichte. Dies war vor allem auch der Ausdruck einer nur langsamen Überwindung des tief wurzelnden Glaubens an ein das menschliche Geschick willkürlich beherrschendes Fatum oder an die göttliche Vorsehung; solange das Individuum sich immer noch überwiegend als Spielball übermächtiger und nicht zu beeinflussender Mächte begriff, zu denen wenig oder gar keine echten Wechselwirkungen möglich waren, betrafen die – von den gestalteten Figuren lediglich zu erduldenden – Einwirkungen von außen zwar die zunehmend tiefer ausgeloteten psychischen Bereiche, hatten aber wirklich verändernde Auswirkungen vorrangig auf die äußeren Abläufe des Lebens. Individuelle Entwicklungsgänge, geistige Wandlungsprozesse wurden im Prinzip sowohl im fiktiven Handlungsgeschehen als auch im Rezeptionsprozeß zwar permanent unterstellt, aber – von Ansätzen bei Nebenfiguren einmal abgesehen – nicht gestaltet. Dies galt im deutschsprachigen Roman für den höfisch-orientierten ›galanten‹ Roman ebenso wie für den bürgerlich-moralischen ›Tendenz-‹ oder ›Bewährungsroman‹, dessen wirkungsvollster Repräsentant der von Sentimentalität, dem Vorsehungsglauben und vernunftbestimmter Gelassenheit geprägte Roman *Das Leben der schwedischen Gräfin von G....* (1748) des vor allem als Fabeldichter weit berühmten Christian Fürchtegott Gellert war.

1.2. »Die Geschichte des Agathon«

Nachdem Wieland im April 1760 zum Senator und Kanzleiverwalter seiner Heimatstadt Biberach gewählt worden und diesem Ruf im Mai auch gefolgt war, bedeutete das die Chance eines echten Neuanfangs, einer Überwindung der persönlichen und ästhetischen Krise, in die er während seiner letzten Schweizer Jahre geraten war. Zu dieser Neuorientierung gehörte freilich vor allem der von ihm entschlossen gewagte entschiedene Schritt auf künstlerischem Gebiet, der ihn in den nächsten Jahren voll in Anspruch nehmen wird: Er ist markiert durch die für ihn selber und die gesamte Literaturentwicklung folgenreiche Arbeit an der Shakespeare-Übersetzung und an dem ersten eigenen Romanprojekt, der *Geschichte des Agathon*. In einem Brief vom 1. März 1761 heißt es:

»Die Lebensgeschichte des Philosophen Chärephon ist eine andre Art von Amusement, womit ich im vorigen Jahre angefangen mich zu beschäftigen; aber schon seit 3 Monaten keine Zeit mehr gehabt damit fortzufahren; es soll in Form eines Romans das meiste von meinen Grundsätzen Erfahrungen und Gedanken enthalten.« (Starnes I,S.182)

Daß dieses leider nicht erhaltene Fragment im Zusammenhang mit der dann erst im Herbst 1761 begonnenen gültigen Niederschrift gestanden haben muß, belegt ein Schreiben, in dem der Autor am 11. Februar 1763 zunächst sein Biberacher Umfeld als der Poesie feindlichen »Anti-Parnaß« kennzeichnet und dann fortfährt: »Es sind schon viele Jahre daß ich mit einer *Philosophischen Geschichte*, nach einem besondern Plan, schwanger gehe ...« (Starnes I,S.234). Bis Ende Juni 1763 hatte er das Manuskript für den 1. Band seines Werkes, das er – dem Trend seiner Zeit folgend – nicht »Roman«, sondern »Geschichte« nannte, dem Verlag (Orell, Geßner und Compagnie in Zürich) übergeben. Danach stockte die Arbeit, und das Fragment blieb liegen: Offenbar Folge der eigenen Unsicherheit um den weiteren Weg seines Helden einerseits und den Ausgang seines eigenen verzweifelten, letztlich vergeblichen Ringens um persönliches Glück in Biberach andererseits.

Die von ihm immer wieder betonte Bindung seines *Agathon*-Planes an die eigenen Lebenserfahrungen und -positionen verlangten geradezu deren Abklärung und Stabilisierung, so daß es nicht verwundert, daß er in diesen für ihn so turbulenten Jahren zwar schriftstellerisch tätig bleibt, das Romanmanuskript aber zunächst beiseitelegt. Er greift diese Arbeit erst wieder auf, nachdem er in der Affäre um ›Bibi‹ Hagel von der konventionellen Übermacht seiner persönlichen Umwelt zur Resignation gezwungen und schließlich im Oktober 1765 die Ehe mit Anna Dorothea von Hillenbrand eingegangen war. Bereits im Februar 1766 kündigt er dem Verlag die letzten Seiten des 1. Teiles an, der dann schon im April gedruckt vorliegt. Der im gleichen Jahr erfolgende Abbruch seiner Beziehungen zu Warthausen mag ihm zusätzlich Muße und Konzentration, aber auch Einsichten für die weitere Arbeit am Roman gewährt haben: Schon im Mai 1767 ist der gesamte − vorerst abschließende − 2. Teil gedruckt. Da die kirchliche Züricher Zensur den *Agathon* bereits 1763 verboten hat, muß diese erste Fassung noch anonym sowie mit fingierten Druckorten − Frankfurt und Leipzig − erscheinen.

Das im Verhältnis zu allen anderen bisher und gleichzeitig entstandenen deutschen Romanen herausragende Format des *Agathon* wird entscheidend davon geprägt, daß Wieland auf dem Gebiet der epischen Großform nicht nur den Realitätswert philosophischer Konzeptionen und idealer Moralnormen der Aufklärung kritisch überprüft. In der widerspruchsvollen »Geschichte« eines um schöpferisches Menschentum, um Identitätsfindung ringenden Individuums durchspielt er gleichzeitig den Aktivitäts- und Glücksanspruch des modernen Menschen mit einer erstaunlich umfassenden Zielstellung. Auf der Suche nach den Chancen aktiven, gesellschaftsverändernden Handelns zur Gestaltung humanistischer sozialer Rahmenbedingungen läßt er Agathon nicht lediglich im privaten oder, wie es später weitverbreitet war, künstlerischen Umkreis agieren, sondern geradezu gezielt auch im politischen Raum (Schaefer, *WB* 16, 1970; Thomé, 1978). Wieland dringt dabei zu ganz zentralen zeitgenössischen, aber darüber hinaus allgemeinmenschlichen Lebensproblemen vor. Auch er arbeitet mit der Fiktion, daß seine Geschichte »aus einem alten Griechischen Manuscript gezogen sey«

(*Vorbericht*), ohne allerdings seinem Publikum zu unterstellen, daß es von dieser Behauptung noch generell zu überzeugen sei. Der Autor erweist sich ausgerüstet mit dem seinerzeit modernsten Gedankengut der Aufklärung, mit einer zu seiner Zeit herausragenden – an der französischen Dichtung geschulten – sprachlichen Ausdruckskraft und Geschmeidigkeit sowie mit einer ihn geradezu charakterisierenden Fähigkeit zur Darstellung innerer und äußerer geistiger Auseinandersetzungen.

Es tut der Originalität dieses Werkes keinen Abbruch, wenn hinsichtlich einzelner Aspekte immer wieder Bezüge zu Titeln der Weltliteratur – von Heliodor über Crébillon, Fénelon, Barthélemy bis hin zu Rousseau, Richardson und natürlich Fielding (*History of Tom Jones!*) – nachgewiesen werden können; dies ist durchaus normal für einen vielbelesenen Autor, dem Arroganz gegenüber den Leistungen anderer fremd war. Die Aktualität und Brisanz des Romans konnte auch nicht dadurch verdeckt werden, daß Wieland das Handlungsgeschehen trotz der verbreiteten Forderungen nach deutschen ›Originalromanen‹ in die Welt der nachklassischen Antike verlegte: Ein historischer Agathon war Dramatiker in Athen (etwa 446 bis etwa 401 v.Chr.), von dem nur wenige Daten überliefert sind; einige historisch verifizierbare Eckdaten beziehen sich auf das 4. Jahrhundert v.Chr., und das von ihm gezeichnete Bild von Athen ist »die von äußeren und inneren Kämpfen erschütterte Polis des ausgehenden 5. Jahrhunderts, in der Sokrates neben Euripides und den Sophisten lebte, wo er zum Schierlingsbecher verurteilt wurde« (Hartung, 1985,S.19). Diese Ansiedlung des Romans »in der Verfallszeit der sokratischen Philosophie« (ebd.) ist eine sinnvolle Entscheidung Wielands zur Gewährleistung möglichst objektiver, analoger Ansatzpunkte für Bezüge zwischen Griechentum und Neuzeit, ist als Ausdruck seines Spürsinns für die besten Möglichkeiten zur glaubhaften künstlerischen Debatte gerade der modernen geistigen Brüche im Bild der Antike gewertet worden (Sengle, 1949,S.191; Hartung, 1985,S.19); denn auch das 18. Jahrhundert demontierte eine geistige Kultur einschließlich der ihr zugrundeliegenden sozialen Strukturen. Dadurch, daß er die Handlung in einem für die Mehrheit der Leser historisch und geographisch doch weitgehend imaginären Raum ansiedelte, war ihm zudem angesichts der gerade in Biberach so qualvoll empfundenen Enge und Muffigkeit eine glaubhafte und großzügige Gestaltung und in hohem Grade poetische Freiheit möglich. Es galt schließlich, was Georg Christoph Lichtenberg noch 1775 feststellen mußte:

»Unsere Lebensart ist nun so simpel geworden und alle unsere Gebräuche so wenig mystisch, unsere Städte sind meistens so klein, das Land so offen, alles ist sich so einfältig treu, daß ein Mann, der einen deutschen Roman schreiben will, fast nicht weiß, wie er Leute zusammenbringen oder Knoten schürzen soll.« (Vermischte Schriften II, S. 215)

Weiterhin spielte eine wichtige Rolle, daß grundsätzliche Vertrautheit mit der Antike innerhalb der die Aufklärungsbewegung tragenden Schichten des Bildungsbürgertums und -adels seinerzeit ein Standard war, über den diese jederzeit ansprechbar waren (Sahmland, 1990, S. 306). Wielands Antike-Rezeption hat zeitlebens sein gesamtes Schaffen mehr oder weniger stark beeinflußt. Wie kaum ein anderer zeitgenössischer deutscher Dichter war er mit der Literatur der griechischen, aber auch der römischen Antike – und den dort vermittelten Lebensbildern – vertraut. In diesem Zusammenhang befaßte er sich insgesamt mit dem Zeitraum zwischen dem 5. Jahrhundert vor und dem 2. Jahrhundert n. Chr., wobei ihm als Höhepunkt der griechischen Kultur hinsichtlich ihrer menschheitlichen Anregungen für Humanität, soziales Verhalten, ästhetischen Geschmack und grundsätzliche philosophische Fragestellungen eben nicht das Perikleische Athen, sondern das 4. Jahrhundert v. Chr. galt (Sengle, 1949, S. 191; Bantel, 1952; Köppe, 1985). Seine genauen Kenntnisse verhalfen ihm in all jenen Werken, die in der Antike angesiedelt sind, also von *Agathon* und der *Musarion* bis hin zu den Altersromanen, zu hoher Glaubwürdigkeit bis ins alltägliche Detail. Zur Frage der Wandlungsfähigkeit und -bereitschaft des Menschen beeinflußte beziehungsweise beschäftigte ihn ständig auf Grund seiner eigenen Erfahrungen und Studien die anthropologische Auffassung von einer im Prinzip ahistorischen Natur des Menschen; sie unterstützte maßgeblich eine immer wieder verblüffend nahtlos wirkende Verbindung zwischen den aktuell-neuzeitlichen und antiken Anschauungen beziehungsweise Problemen. Da hierbei ›antike‹ Figuren entidealisiert, als glaubhafte widersprüchliche Menschen aus Fleisch und Blut dargestellt werden konnten, schlug Wieland damit im Rahmen der deutschen Antike-Rezeption gegenüber der durch Winckelmann geprägten Phase eine für die deutsche Klassik wegweisende neue Richtung ein. Letzterer hatte mit seiner Bewunderung für die ihm als vorbildlich geltende Kunst der griechischen Klassik die Antike-Rezeption im 18. Jahrhundert eingeleitet und dabei ein eher normatives Ideal vorgegeben. Der Schritt über Winckelmann hinaus war, wie es auch die folgenden Betrachtungen der Werke Wielands unterstreichen werden, gleichzeitig grundsätzlicher Natur:

»Während Winckelmann sicher vorrangig an die Deutschen denkt, betont Wieland demgegenüber ausdrücklich den europäischen Rahmen, was seinem kosmopolitischen Ansatz durchaus entspricht, dem jede Konzentration auf vorrangig nationale Aspekte als Einschränkung und tendenzieller Rückschritt erscheint, (...) das gesamte Abendland führt sich (für ihn, K.Sch.) auf die griechische Antike als seine Wurzel zurück.« (Sahmland, 1990, S.311)

Der Autor läßt Agathon bei dessen vielfältigen interessanten Versuchen, als Jüngling und reifer Mann Erfüllung zu finden, im Rahmen einer durchaus spannenden Fabel verschiedene aufschlußreiche weltanschauliche, ethische und politische Entwicklungsstufen durchlaufen. Auch wenn das Vordergrundgeschehen erst mit der Gefangennahme des etwa 25jährigen Agathon durch Seeräuber einsetzt, sind hinsichtlich dessen Persönlichkeit für Wieland gerade die frühen Jugenderfahrungen wegweisend, die er in einer großen Rückblende während Agathons Aufenthalt bei der schönen Danae in Smyrna entfaltet:

Agathon ist als Zögling im Tempel zu Delphi aufgewachsen und dort – vom wirklichen Leben isoliert – weltfremd im Geiste der Lehren Platos und des Pythagoras, der orphischen Theosophie erzogen worden. Von diesem Ausgangspunkt her sind nun alle Erlebnisse der zentralen Figur als Konfrontation des von Agathon verehrten und tief in ihm wurzelnden extremen Idealismus mit der Realität aufgebaut. Die äußerlichen Stationen sind: Ernüchternde Erlebnisse bereits im Tempel; Gefangennahme und Verkauf durch Sklavenhändler; aktive Teilnahme am politischen Leben der griechischen Stadtstaaten und Reisen durch die damalige zivilisierte Welt:

»Delphi, Athen, Smyrna, Syrakus, Tarent können jeweils gelesen werden als die allegorische Einkleidung eines abstrakten Prinzips von aktueller sozialer und politischer Bedeutung. Stets wird dieses Prinzip an der Natur des einen Helden und der eine Held an der Natur der vielen überprüft.« (Thomé, 1978,S.219)

Jede der Stationen stellt ein besonders akzentuiertes Bewährungsfeld dar, das für Agathons Zuwachs an Erfahrung und für das Gespräch mit der Leserschaft wesentlich ist: »Delphi steht für die religiöse Sozialisation, Athen für die Demokratie, Smyrna für den erotischen Bereich, Syrakus für den absolutistischen Hof, Tarent für die ideale Republik.« (Thomé, 1994,S.127)

Wieland führt seinen Helden dabei in tiefe, oft lebensbedrohende Auseinandersetzungen. Vor allem folgende Lebenskomplexe spielen auf der Grundlage jenes übergeordneten Konflikts zwischen Sehnsucht nach einem menschenwürdigen Dasein, dem Ideal einer funktionierenden, gesellschaftsgestaltenden Erziehung zu Vernunft, Moralität einerseits und einer idealfeindlichen Umwelt andererseits eine Rolle:

- die Funktion von Liebesbeziehungen für individuelles Glück, wobei das Spannungsfeld zwischen empfindsam-schwärmerischer Liebe und sinnlichem Begehren, Verführung (Tempelerlebnisse, Psyche, Danae) ausgemessen wird;
- das Aufeinandertreffen gegensätzlicher Grundkonzepte menschlicher Selbstverwirklichung wie dem Anspruch auf egoistischen Genuß, der Inanspruchnahme eines angeblichen Rechts auf hedonistische Übervorteilung anderer Menschen – fundiert durch einen zynischen, selbstsüchtigen und wertnihilistischen Vulgärmaterialismus – einerseits (Hippias) sowie idealistisch fundiertem altruistischem Denken und Handeln andererseits;
- der Versuch, eine Variante von ›Fürstenerziehung‹ als Weg zu einer humanen sozialpolitischen Ordnung, zur Humanisierung der ganzen Gesellschaft praktisch auszuprobieren, wobei mit Weitsicht und Differenziertheit das Verhältnis zwischen Despotie, ›aufgeklärter‹ Monarchie, aristokratischer Herrschaftsform und Republik diskutiert wird;
- und schließlich die über praktizierte und als unabdinglich vorausgesetzte ›Selbsterkenntnis‹ gewonnene drängende Frage nach dem wünschenswert harmonischen Verhältnis zwischen Sinnlichkeit, Triebhaftigkeit, Anforderungen des ›Herzens‹ einerseits und Vernunft, Tugend, moralischer Norm andererseits bei der Bewältigung menschlicher Entscheidungssituationen.

In der Auseinandersetzung zwischen Agathon und Hippias modelliert Wieland den Zusammenprall zwischen ideal-bürgerlicher und egoistisch-herrschaftssichernder, auf Mehrung des Besitzstandes zielender Moralität. Die Kompliziertheit dieses Diskurses resultiert nicht zuletzt daraus, daß er auf philosophischer Ebene als Gegensatz zwischen Idealismus und Empirismus, Sensualismus, Materialismus erscheint. Es ist Wielands Verdienst, daß hier »eine europäische Denkpolarität zum ersten Mal sinnliche Gestalt gewonnen hat« (Hartung, 1985, S. 13). Bei all diesen Fragen reagiert Wieland also bereits feinfühlig – und auch dies hebt den Roman aus der Zeitbedingtheit heraus – auf die für ihn bereits erkennbare Tatsache, daß der idealistische Moralismus der deutschen Aufklärung ebenso wie ihr verbreiteter linearer Zukunftsoptimismus vor allem wegen der Unvernunft und des Egoismus der Menschen nur einen recht zweifelhaften Realitätswert besaßen. Er löst nämlich alle entscheidenden Konflikte, in die er seinen Helden führt, so, wie sie realistisch auch nur zu lösen sind: Agathon muß in seinem Streben nach praktischer Sittlichkeit im individuellen und öffentlichen Leben, also auch im Bemühen um Gerechtigkeit und Vermenschlichung gesellschaftlicher Strukturen, um Rahmenbedingungen, die dem Individuum eine sinnvolle Anteilnahme gewährleisten, eine Niederlage nach der anderen erleiden. Seine idealistische Weltanschauung wird tief erschüttert, und der moralische Enthusiasmus des Helden wird empfindlich gedämpft; Thomé spricht in diesem Zusammenhang von »Verzweiflung« und einer »Wendung ins Pessimistische« (1978, S.228). Wieland hat das – die Menschheit nicht nur im 18. Jahrhundert bewegende – aufklärerische Konzept von der schöpferischen Kraft der Vernunft und der Tugend auf hohem Niveau im Modell durchgespielt und ist unerbittlich mit sich selber zu einem desillusionierenden Ergebnis gelangt. Wenn der Dichter und sein Held trotzdem nicht in Pessimismus verfallen, sondern eine hoffnungsvolle Perspektive vermitteln, so liegen dem Wielands Überzeugungen zugrunde, die in Modifikationen sein ganzes Werk prägen. Leibniz' und Shaftesburys Gedanken eines kosmischen Optimismus folgend, glaubt Wieland daran, daß es kein absolutes Übel in der Welt gäbe, sondern daß dieses immer eine letztendlich positive Funktion für die Menschen habe. Ohne die Ränke eines Hippias hätte Agathon weder die Erfahrung tiefer Liebe gewonnen, noch wäre er wieder in das für seine persönliche Entwicklung so wichtige ›große Leben‹ geraten. Er ist denn auch davon überzeugt,

»daß die Bemühungen der Bösen, so glüklich sie auch in der Ausführung seyn mögen, doch gemeiniglich ihren eigentlichen Zwek verfehlen, und das Gute durch eben die Maßregeln und Ränke, wodurch es hätte gehindert werden sollen, weit besser befördern, als wenn sie sich ganz gleichgültig dabey verhalten hätten«. (EP,S.226)

Hinzu kommt, daß Wieland ihn auch zu der Erkenntnis gelangen läßt, »daß sich in der moralischen Welt, wie in der materialischen, nichts in gerader Linie fortbewegt, und daß man selten anders als durch viele Krümmen und Wendungen zu einem guten Zwek gelangen kan« (EP,S.325). Er geht außerdem nicht mehr wie die Frühaufklärer davon aus, daß es nur schlechthin gute und/ oder böse Menschen gäbe, sondern orientiert sich und seine Leser auf den »mittleren« Charakter. Er weiß: »Allein ein Mensch der aus lauter schlimmen Eigenschaften zusammengesezt wäre, ist ein Ungeheuer, das nicht existiren kan.« (EP,S.266). Seine Gedanken über die Ursachen aller Übel kreisen daher auch immer wieder um die Subjekt-Objekt-Beziehungen – und damit um die Gesellschaftsstruktur, die Gesetzgebung und das Problem eines sozial bedingten egoistischen Privatinteresses. Und schließlich bewahrt er seine Überzeugung vom Wachstum eines sich seiner Macht und Pflichten immer bewußter werdenden, von Vernunft und Humanität geleiteten Weltbürgertums, das für ihn jedem Staatsbürgertum überzuordnen ist.

Zum poetischen Bild gerinnt sein im Kern unzerstörbarer humanistischer Optimismus im Schlußbild des Romans, in dem er Agathon in die Republik Tarent führt. Hier läßt er den aufgeklärten, weisen und rechtschaffenen Archytas – im 4. Jahrhundert v.Chr. herrschte ein mit Plato befreundeter gleichnamiger Staatsmann, Philosoph und Mathematiker in der damals griechischen Kolonie – sein zu Fleiß und Natürlichkeit erzogenes, hauptsächlich aus Fabrikanten und Händlern bestehendes Volk in Frieden und Wohlstand regieren. Archytas weist Agathon dann auch die ihm noch verbleibende sinnvolle Richtung seines künftigen Lebens, nämlich »an seiner eigenen Besserung und Vervollkommnung zu arbeiten« (E.P.,S.396). Mit Blick auf den ›klassischen‹ Humanismus der folgenden Jahrzehnte erweist sich der Weg Agathons damit als bahnbrechend und bereits symptomatisch. Daß dabei neben der Hoffnung auch eine spürbare Reduzierung ursprünglicher Ansprüche, daß auch Resignation im Spiele ist, macht der Dichter nirgendwo deutlicher, als gerade an der Tarent-Episode. Schließlich ist der ohne konkrete sozialpolitische Strukturierung vorgestellte ideale Vernunftstaat, in den er seine Titelfigur abschließend führt, ein offenkundiger Gegenentwurf zu der Realität despotisch regierter deutscher Territorialstaaten und damit in deutlichem Gegensatz zu der vorher modellierten fiktiven Welt eine reine Utopie: Die hier weitgehend ahistorische und anthropologisch fundierte Konstruierung eines sozialpolitischen Gebildes muß zwangsläufig in ein Dilemma führen (Thomé, 1978, S.230). Wieland ist sich dieses inneren Bruchs schmerzlich bewußt:

»Aber in diesem eilften Buch, wir müssen es gestehen, scheint der Autor aus dieser unsrer Welt (...) ein wenig in das Land der Ideen, der Wunder, der Begebenheiten, welche gerade so ausfallen, wie man sie hätte wünschen können, (...) in das Land der schönen Seelen, und der utopischen Republiken verirret zu seyn.« (E.P.,S.377)

1.3. Anstöße zur Genre-Entwicklung

Die *Geschichte des Agathon* zeugt von der Kreativität und dem künstlerischen Avantgardismus Wielands. Dafür spricht nicht nur die Figur-Umwelt-Konstellation mit der Fragestellung nach echten Verwirklichungsmöglichkeiten des Menschen; dafür spricht auch das vergleichsweise neuartige Bild vom Menschen überhaupt, das Wieland hier entwickelt – und dem Rezeptionsprozeß zugrundelegt. Gleichzeitig hat er sich insbesondere auch werkimmanent immer wieder selber theoretisch über seine neuartigen Prämissen und ihre Konsequenzen geäußert (Voßkamp, 1973,S.192-196). Erstmalig wird die breit angelegte ›Geschichte‹ von einer zentralen Gestalt getragen, die nicht mehr statisch, sondern in entscheidenden Aspekten dynamisch angelegt ist. Innerhalb eines Autorenkommentars rechtfertigt sich Wieland gegen die von ihm erwartete Kritik:

»Es ist noch nicht ausgemacht, ob diese Unveränderlichkeit der Denkungs-Art und Verhaltungs-Regeln, worauf manche ehrliche Leute sich so viel zu gute thun, eine so grosse Tugend ist, als sie sich vielleicht einbilden. Die Eigenliebe schmeichelt uns zwar sehr gerne, daß wir so wie wir sind, am besten sind; aber sie hat Unrecht uns so zu schmeicheln. Es ist unmöglich, daß indem alles um uns her sich verändert, wir allein unveränderlich seyn sollten; und wenn es auch nicht unmöglich wäre, so wär' es unschiklich. Andre Zeiten erfordern andre Sitten; andre Umstände, andre Bestimmungen und Wendungen unser Verhaltens.« (EP,S.320)

Dabei erwächst bei Wieland diese Dynamik aus der daraus folgenden Wechselbeziehung zwischen Figur und Umwelt, und letztere wird bereits umfassend begriffen: Er zielt nicht mehr nur auf ein didaktisches Mentor-Zögling-Verhältnis. Diesen Positionen liegen zweifellos eigene Lebenserfahrungen und Beobachtungen sowie unübersehbar seine gleichzeitige intensive Auseinandersetzung mit Shakespeare zugrunde, an dessen Werken er insbesondere die Natürlichkeit und Tiefe der Charaktergestaltung bewundert. Wichtig hierfür wurde jedoch auch die Auseinandersetzung mit den zeitgenössischen französischen Milieutheoretikern ebenso wie mit dem von Leibniz und Wolff in die deutsche Aufklärung hineingetragenen Gedanken des allseitigen Zusammenhangs aller Erscheinungen und ihrer ständigen Veränderung. Helvétius, auf den er sich mehrfach direkt bezieht, regt ihn an mit seiner empirisch fundierten Menschenkenntnis, mit seinem »Insistieren auf der Eigenliebe des Menschen als dem stärksten Motiv seiner Handlungen und (...) Rechtfertigung der Leidenschaften, der Sinnlichkeit« (Hartung, 1985,S.13f.). Auch die Rolle Shaftesburys ist in diesem Zusammenhang nicht zu übersehen: Insbesondere sein Ideal der Geselligkeit und des Ausgleichs zwischen Sinnlichkeit und Geist, seine Forderungen nach Selbsterkenntnis und – wichtig für den Künstler – nach Eindringen in das menschliche Innenleben. So ist für Wieland auch das den Menschen in seinem praktischen Handeln leitende Werte-System nicht angeboren, sondern es formt sich in der frühen Entwicklung des Menschen:

»So viel ich die Natur unsrer Seele kenne, däucht mich, daß sich in einer jeden, die zu einem gewissen Grade von Entwiklung gelangt, nach und nach ein gewisses i d e a l i s c h e s S c h ö n e bilde, welches (...) unsern Geschmak und unsre sittliche Urtheile bestimmt (...) Dieses idealische Modell formiert sich (...) aus der Beschaffenheit und dem Zusammenhang der Gegenstände, worinn wir zu leben anfangen. Daher (...) so viele besondere Denk- und Sinnesarten als man verschiedene Erziehungen und Stände in der menschlichen Gesellschaft antrift.« (EP,S.148)

Die Folge all dessen ist, daß der Schriftsteller ein künstlerisches Instrumentarium nutzen beziehungsweise erst selber entwickeln und erproben muß, mit dessen Hilfe er den Hauptakzent weniger auf die äußeren Wechselfälle des Lebens, sondern auf die Darstellung, Vermittlung der komplizierten inneren geistigen Aktionen und Reaktionen seiner Gestalten legen kann: »Es ist hier um eine Seelen-Mahlerey zu thun (...) es ist darum zu thun, daß uns das Innerste seiner (Agathons, K.Sch.) Seele aufgeschlossen werde; daß wir die geheimern Bewegungen seines Herzens, die verborgenern Triebfedern seiner Handlungen kennen lernen (...)« (EP,S.261)

Derartige Formulierungen ähneln sich zum Verwechseln mit solchen, in denen er die vorbildhafte Größe Shakespeares begründet. Wieland geht damit entschieden und grundsätzlich über bisher gültige ästhetische ›Nachahmungs‹-Postulate hinaus; er sucht nicht mehr ein Urbild, »irgendeine mögliche Welt«, sondern diese über »die mögliche subjektive Welterfassung eines Individuums« (Stoll, 1978,S.154) abzubilden – und gewinnt derart das Spannungsverhältnis zwischen objektiver und subjektiver Realität für den modernen Roman als neues Strukturprinzip (Preisendanz, 1964). Damit ist die prinzipielle Bindung seines ästhetischen Programms – einschließlich des für ihn immer wichtiger werdenden Wirkungsaspekts – an die für den Autor als unabdinglich beschworene Kenntnis der ›menschlichen Natur‹ begründet. Folgerichtig weist er in diesem Zusammenhang auch dem ständigen Ringen des Menschen um Selbsterkenntnis eine entscheidende Rolle zu und kultiviert hierfür die Formen des Dialogs und vor allem des Selbstgesprächs. Daß er damit seinen Lesern Ungewohntes, Beschwerliches zumutete, war ihm wohl bewußt:

»›Wie?‹ ruffen hier einige Leser, ›schon wieder Betrachtungen?‹ ›Allerdings, meine Herren; und in seiner Situation würde es ihm nicht zu vergeben gewesen seyn, wenn er keine angestellt hätte. Desto schlimmer für euch, wenn ihr, bey gewissen Gelegenheiten, nicht so gerne mit euch selbst redet als Agathon; vielleicht würdet ihr sehr wol thun, ihm diese kleine Gewohnheit abzulernen.‹« (EP,S.249)

Wieland faßt wesentliche Motive und Konsequenzen seiner ästhetischen Bemühungen 1775 theoretisch in seinen – vor allem durch die massive Kritik auf die *Komischen Erzählungen* provozierten – *Unterredungen mit dem Pfarrer von* *** zusammen, wobei er in dem zweiten Gespräch über die bis dahin dominierende Erörterung des Moralproblems in der Kunst hinausgeht. Ausgehend von der aufschlußreichen Frage nach der »Nützlichkeit«, fiktive Menschen künstlerisch zu gestalten, entweder »wie sie seyn sollten« oder »wie sie sind« (SW,Bd.30,S.490), bekennt er sich auch hier zu letzterem und damit zur Bemühung um »aufrichtige Gemählde der Menschheit« (S.513):

»Denn das erste und nöthigste, was Leute w i e   w i r zu thun haben, (...) ist, unsere Irrthümer und Unarten los zu werden; und dazu kann uns eine getreue Entwickelung des Ursprungs, Fortgangs und Ausgangs herrschender Leidenschaften, in einzelnen Fällen und unter gegebenen Umständen, mehr helfen, als die Geschichte des untadeligsten Lebenslaufs.« (S.514)

Die Funktionsstrategie des traditionellen aufklärerischen ›Bewährungsromans‹ suchte ›Entwicklungs‹-Prozesse als einfachen Nachvollzug durch die Rezipienten zu bewirken (s.S. 41f.). Dabei wurde in der Regel die Überzeugungskraft der Figuren durch eine stofflich-thematische Begrenzung auf das Leben in Familie und Freundeskreis bekräftigt. Diese Richtung hat jedoch in relativ kurzer Zeit ihre konzeptionellen Grenzen offenbart, da die Erfahrung lehrte, daß sie nicht die gewünschten Ergebnisse zeitigte, daß die wirklichen Mensch-Umwelt-Beziehungen entschieden komplizierter und widersprüchlicher waren. Unabhängig davon lief sie allerdings auf eine grundlegende ästhetische Bereicherung hinaus: auf die Hinwendung zur Psyche des Individuums und auf eine forcierte Sensibilisierung für die humanistischen Ideale der Aufklärungsbewegung. Damit waren wichtige Voraussetzungen dafür geschaffen, menschliche ›Entwicklung‹ über ein vergleichsweise neuartiges künstlerisches Verfahren zu provozieren. Wieland ging diesen entscheidenden und innerhalb der deutschen Literatur wegweisenden Schritt, indem er die folgenreiche Auseinandersetzung zwischen Ideal und Wirklichkeit am Beispiel eines zwangsläufig nicht mehr von vornherein überhöhten, sondern normalen ›mittleren‹ Charakters gestaltet. Die in sich widersprüchliche, als kausal begriffene Wechselwirkung zwischen subjektiven und objektiven Lebensfaktoren wird in das Textmodell selbst verlegt, womit das gestaltete Individuum sich auch geistig entwickelt, also dynamisch angelegt ist. Wielands Held steht dabei eindeutig im Mittelpunkt der dargestellten Welt. Wesentliche Anregungen hinsichtlich der hiermit verbundenen künstlerischen Fragen erhielt er durch das Werk des englischen Romanciers Henry Fielding, der ihm in der Ablösung jener durch Richardson verkörperten älteren Funktionsauffassung vorangegangen war. Für den die Literatur an seinen eigenen Lebenserfahrungen messenden Leser des 18. Jahrhunderts wuchsen damit zweifellos Wahrheitsgehalt und Überzeugungskraft, und er wurde gleichzeitig auf eine neue Art aktiviert. Bei diesem in die Zukunft weisenden Romantyp wird also nicht mehr eine blutleere, normativ konstruierte Gestalt, sondern eine bereits mit individuellen, widersprüchlichen Zügen ausgestattete Persönlichkeit über einen längeren Zeitraum hinweg verfolgt – und sie, nicht mehr das exponierte, vordergründig aufregende Geschehnis, steht im Mittelpunkt. Die ›Umwelt‹ drängt dabei weder dominierend in den Vordergrund noch bleibt sie sterile Kulisse.

Wenn in diesem Zusammenhang vom ›Entwicklungsroman‹ gesprochen wird, sei allerdings auf die durchaus kontrovers geführte wissenschaftliche Debatte verwiesen, hinter der sich sowohl ein noch unzureichender Forschungsstand gerade zur Genregeschichte als auch eine noch ausstehende Einigung über hierfür relevante Begriffsinhalte sowie unterschiedliche subjektive Lesarten und Prämissen der Interpreten verbergen. So wird die *Geschichte des Agathon* in der einschlägigen Literatur mehrheitlich als Beginn des ›Entwicklungsromans‹ oder des ›Bildungsromans‹, ›Erziehungsromans‹, aber auch des »programmatischen Romans« (Campe) und des »Identitätsromans« (Ratz) bezeichnet. (Zur Entstehung des Terminus ›Bildungsroman‹ und zu den traditionellen Varianten einer Abgrenzung gegenüber den anderen Begriffen siehe Mahoney (1988,S.46-56) und den Sammelband von Selbmann,1988).Wir gehen hier von einer Vorstellung über den Typ ›Entwicklungsroman‹ aus, die – an Gerhards grundlegende Arbeit (1926) anknüpfend – diesen begreift als die im Kontinuum einer biographisch verknüpften ›Geschichte‹ ästhetisch modellierte »Auseinandersetzung des Einzelnen mit der jeweils geltenden Welt« unter der Zielsetzung »seines allmählichen Reifens und Hineinwachsens in die Welt« (ebd.,S.1). Im Zentrum steht die Aufhellung der weltanschaulich-ethischen Genesis eines Charakters, bei der im Zusammenspiel zwischen inneren Anlagen und vielfältigen äußeren Umständen die Anpassung an die Welt, das ›Tauglicherwerden‹ für die Realitäten, also die Gewinnung einer insgesamt positiven Lebensstrategie, auch Verluste ursprünglicher Ideale und resignative Elemente einschließen kann. Eine Zuordnung zum ›Entwicklungsroman‹ muß demnach weder zwangsläufig einzelne äußere oder innere Entwicklungsfaktoren von vornherein ausschließen noch apriori mit einer solchen in sich abgeschlossenen Struktur verbunden sein, durch die eine am Schluß dem Ideal adäquate Lösung des Konflikts zwischen Held, idealer Norm und Welt zum Ausdruck gebracht wird. Natürlich bleibt es legitim und der Verständigung vorbehalten, darüber hinaus durch Heraushebung jeweils dominierender Faktoren auch terminologisch zu differenzieren. Wieland nutzte hierfür erfolgreich geeignete ästhetische Strukturelemente – nach Maßgabe seiner Kunst- und Lebenserfahrungen sowie seiner Vorstellungen zur Psychologie und zu den Chancen menschlichen Handelns, die aus seiner ernsthaften Auseinandersetzung mit der traditionellen sowie zeitgenössischen Moralistik und Naturwissenschaft, mit dem philosophischen Sensualismus und Determinismus resultierten. Er gelangt dabei zu einer Synthese der beiden seinerzeit diskutierten Entwicklungskonzeptionen: der auf Leibniz und Shaftesbury basierenden Präformationslehre und der von der französischen Aufklärung entwickelten Milieutheorie. Die Fabelkonstruktion konstituiert daher implizit sowohl eine intensiv moralphilosophisch akzentuierte, als auch eine sich gerade im Ganzen der ›Geschichte‹ darbietende übergreifende, auf die Frage nach menschlicher Selbstverwirklichung zielende Thematik. Somit ist es keineswegs verwunderlich, daß sich in diesem Roman hinsichtlich des Erzählmusters auf komplizierte Weise Innovation, die Nutzung traditioneller Elemente ebenso wie ihre Infragestellung durchaus überschneiden. Erhart (1991) interpretiert den *Agathon* vorrangig als ästhetische Reihung moralphilosophischer Experimente in der Tradition der ›conte philosophique‹. Er liest ihn von vornherein nicht als ›Geschichte‹ eines Lebens, sondern als einen bewußt Verunsicherung hinsichtlich überindividueller Lösungsangebote intendierenden Text; damit entfällt für ihn folgerichtig auch der Zusammenhang mit dem Typus des ›Entwicklungs-‹/›Bildungsromans‹.

Wenn der ›Entwicklungsroman‹ sich bis in die Neuzeit hinsichtlich seiner Grundstruktur als produktiv und flexibel erweisen sollte, so macht doch bereits der *Agathon* sichtbar, daß Erfolg und Akzeptanz dieses Romantyps außer an eine auf großer Menschenkenntnis beruhende Fähigkeit zur epischen Gestaltung dynamisch konzipierter Figuren an mehr oder weniger weltanschaulich fundierte Prämissen gebunden sind. Dazu zählen: mindestens ein »Restbestand von Vertrauen in die Harmonie und Gerechtigkeit der Weltordnung« (Gössl, 1987,S.36) und damit auch Bereitschaft zur Einordnung in die Gesellschaft; die Überzeugung einer Erkennbarkeit der Welt; die Anerkennung eines Entwicklungsprinzips im Leben und schließlich natürlich der grundlegende Glauben an eine mehr oder weniger verändernde Wirkungskraft der Kunst überhaupt. Im Jahr 1770 setzt sich Wieland gründlich mit diesen Fragen auseinander. In *Koxkox und Kikequetzel*, einem »Beytrag zur Naturgeschichte des sittlichen

Menschen«, formuliert er dazu in Abgrenzung von Rousseaus Verdammung der modernen Zivilisation:

»Der Mensch, so wie er der plastischen Hand der Natur entschlüpft,ist beynahe nichts als F ä h i g k e i t. Er muß sich selbst entwickeln (...) Die Natur selbst ist es, welche durch die Kunst ihr Geschäft in uns f o r t s e t z t (...) Was die K u n s t , oder, mit andern Worten, was die vereinigten Kräfte von Erfahrung, Witz, Unterricht, Beyspiel, Überredung und Zwang, an dem Menschen zu seinem Vortheil ändern können, sind entweder E r g ä n - z u n g e n der mangelhaften Seiten oder V e r s c h ö n e r u n g e n : welche letzteren, wenn sie ihren Nahmen mit Recht führen sollen, sehr wesentlich von bloßen Z i e r r a t h e n verschieden sind.« (SW, Bd.14, S.60ff.)

Und im *Goldenen Spiegel* (1772) läßt er Dschengis hinsichtlich der Formbarkeit des Menschen bekennen:

»Der Mensch (...) kommt u n v o l l e n d e t, aber mit einer A n l a g e zu bewundernswürdigen Vollkommenheiten aus den Händen der Natur. Die nehmliche Bildsamkeit macht ihn gleich fähig, sich die Form eines Gottes – oder die Mißgestalt eines Ungeheuers aufdrucken zu lassen. Alles hängt von den Umständen ab, in welche er beym Eintritt in die Welt versetzt wurde, und von den Eindrücken, die sein wächsernes Gehirn in der ersten Jugend empfing.« (SW,Bd.7,S.145f.)

Wielands Gesamtwerk spiegelt immer wieder das unentwegte Ringen mit den hieraus resultierenden Fragen nach dem Verhältnis zwischen Anlagen, äußeren Umständen und sittlicher Freiheit sowie nach dem wirklichen Spiel- und Funktionsrahmen der Kunst wider. Unabdingbarer Bestandteil der neuen ästhetischen Funktionsstrategie waren die veränderte Auffassung auch über die subjektive Rolle der Leserpersönlichkeit und die daraus resultierenden Folgen. Die Verabschiedung eines einschichtig-didaktischen Rezipientenbildes im künstlerischen Kommunikationsprozeß bedeutete, daß die erhoffte Beeinflussung weder über ein rein emotionales Miterleben noch als einfacher Nachvollzug der vom Autor sozusagen ›vorgefertigten‹ Einsichten vorstellbar war, sondern nur durch geistige Aktivierung, Einbeziehung der Leserinnen und Leser in einen kreativen ästhetischen Wertfindungs-Prozeß. Dies wiederum erforderte eine möglichst souveräne Distanz gegenüber den künstlerischen Figuren. Das derart entschieden komplizierter gewordene Wirkungsproblem nimmt daher auch nicht zufällig immer wieder einen zentralen Platz in Wielands kunsttheoretischen Überlegungen ein. Bereits wenige Seiten Lektüre seines Romans vermitteln, daß und wie der Schriftsteller eine fiktive Leserfigur in die Gestaltung einbezieht, über die er seine eigene Sicht, vor allem die für ihn aus der menschlichen

Natur resultierende innere Wahrheit des Geschehens zu übermitteln versteht, so daß die wirklichen Leser schließlich Gewinn und Vergnügen aus der Überschau des Gesamtvorganges zu ziehen vermögen. Dabei versucht Wielands Erzähler gezielt, diejenige Leserschicht zu erreichen, die ihm am Herzen liegt: Es ist »der verfeinerte, geschmacksbewußte« (Seiler, 1977,S.156) und gebildete, immer wieder als »verständig« beschworene Leser, mit dem er sich auf eine Stufe stellt, indem er als wichtigstes künstlerisches Bindeglied ständig die unmittelbare Leseransprache einsetzt. Derart herausgefordert wird dieser selber zum »Teil des Vorganges« (ebd.,S.159), wird ihm bewußt eine auffällige Rolle an der Werk-Produktion eingeräumt. Dies geht gleichzeitig mit der Eroberung eines neuen Stellenwertes von Menschenkenntnis und Einbildungskraft als »Vermittlerin zwischen innerer und äußerer Wirklichkeit des Helden« (Preisendanz, 1969,S.84), zwischen angeborenem Charakter und Milieu, einher. Nicht mehr ein als fertig begriffener Weltausschnitt steht für den Erzähler im Zentrum, sondern ein kompliziertes Spannungsverhältnis zwischen Erzählersubjektivität und Objektwelt, zwischen erzählter Subjektivität und einem als Subjekt ernstgenommenen Leser.

Wieland ist der erste deutsche Autor, der einen fiktiven, aber nicht persönlichen Erzähler in den Roman einführt. Ihn läßt er souverän unterschiedliche Rollen spielen: Er berichtet, fabuliert und kommentiert; er fordert Vernunft oder Einbildungskraft heraus – und verleugnet letztlich doch nie seine Allwissenheit (Seiler, 1977). Dadurch, daß Wieland nicht eingleisig als naiver Erzähler vorgeht, sondern das Verhältnis zwischen Dichter und Leser mehrfach gebrochen funktionieren läßt (angebliche Wiedergabe einer alten Handschrift; Autorenkommentar; direkte Leseransprache; Dialoge; analysierende Selbstgespräche Agathons), konstituiert der Autor ganz maßgeblich eine für ihn geradezu charakteristische Eigenart seines Schaffens: Jedes Problem nämlich möglichst immer distanziert sowie von mehreren Seiten her zu sehen beziehungsweise sehen zu lassen und mit erstaunlicher geistiger Flexibilität ohne jeden bornierten Weisheitsanspruch Alternativlösungen, das ›Sowohl als auch‹ anzubieten. Man kann durchaus bereits zu diesem Zeitpunkt vom ›Gesprächscharakter‹ seines Stils sprechen. Der Akzent liegt nicht auf dem mehr oder weniger farbigen Geschehen selbst, sondern auf dem Reiz der von diesem ausgelösten geistigen Auseinandersetzung, – nicht auf der Vermittlung irgendeiner ›Wahrheit‹, sondern auf dem Prozeß des Erkenntnisgewinnens. Der Autor unterstreicht das noch durch den Kunstgriff, daß er in der Regel das Hauptgeschehen im Text oder in den Kapitelüberschriften bereits vorwegnimmt oder mindestens andeutet – und dadurch die auf äußerlichem Geschehen beruhende Spannung bewußt reduziert. Der Bruch mit der Natur-Nachahmungspoetik der frühen Aufklärung war vollzogen: Die vom Künstler anzustrebende ›Naturwahrheit‹ realisierte sich jetzt für Wieland einmal über die Erfassung der kausalen Logik sowohl äußerer als vor allem auch innerer, psychischer Geschehnisse, zum anderen über die Forderung nach glaubhafter Wahrscheinlichkeit – ohne dabei das Überraschende, Seltene, Einmalige auszuschließen. Es versteht sich, daß er damit große Freiräume für kreatives Dichten öffnete.

Der ästhetische Kommunikationsprozeß wurde durch eine derartige wirkungsästhetisch bestimmte Erzählweise effektiviert und auf eine neue, anspruchsvolle Ebene gehoben. Es begann ein bisher unbekannter Prozeß in Richtung auf eine uns heute angemessen und modern anmutende Beziehung zwischen Autor, Werk und Leser. »Wieland ist der erste deutsche Erzähler, dessen Erzählweise das Erzählte dergestalt zum ununterbrochen Reflektierten macht. Er hat tatsächlich die ersten modernen Romane in deutscher Sprache geschrieben.« (Preisendanz, 1969,S.93) Ein entscheidender Wendepunkt in der Geschichte des deutschen Romans war markiert.

1.4. Spätere Fassungen

Der insgesamt innovative Charakter des Werkes, der ehrliche Umgang Wielands mit den Widersprüchen und Defiziten einer illusionären Moral, mit den schmerzhaften Brüchen bei seinem Versuch, den Helden zur »Harmonie von Weisheit und Tugend« (EP,S.376) zu führen, begründet die ästhetische Überzeugungskraft dieser ersten Fassung der *Geschichte des Agathon*. Auch die Untersuchung der zeitgenössischen Rezensionen unterstreicht eindeutig ihren Stellenwert für die Entwicklung der Aufklärung und insbesondere des deutschen Romans (vgl. z.B. Spiegel, 1967, S. 79f.). Dennoch entsprachen die Ergebnisse und Konsequenzen weder den ureigenen Überzeugungen beziehungsweise Hoffnungen Wielands während der Entstehungszeit noch denen seiner späteren geistigen Entwicklung. Dies, die notwendige Reaktion auf unbegründete und auch begründete Kritiken sowie der ausgeprägte Wunsch nach sprachlich-stilistischer Überarbeitung waren für Wieland Veranlassung genug, sich später immer wieder diesem Werk zuzuwenden, so daß der Nachwelt – abgesehen von einem wahrscheinlich ohne Wissen des Autors 1770 veranstalteten Druck – insgesamt drei autorisierte, selbständig publizierte Fassungen vorliegen: eine zweite aus dem Jahr 1773 und schließlich die Ausgabe letzter Hand, die im Dezember 1794 erschien. Der *Agathon* ist das zentrale Lebenswerk Wielands.

Der große Zeitraum des Ringens mit diesem Stoff und Thema umspannt nicht nur tiefgreifende Veränderungen in den eigenen Lebensbedingungen sowie weltanschaulichen und ästhetischen Anschauungen Wielands einschließlich seiner Kant-Auseinandersetzung, sondern auch solche im weiteren gesellschaftspolitischen Umfeld – Französische Revolution – ebenso wie hinsichtlich der Rezeptionsvoraussetzungen. Die Fassungen zwei und drei besitzen daher einen relativ hohen ästhetischen Eigenwert; in ihnen reflektieren sich die geistige Beweglichkeit und ästhetische Flexibilität des Dichters bei seinem Versuch, im bewußten Gegensatz zu vordergründig pragmatischen, illusionistisch-moralisierenden künstlerischen Verfahren und auch zum unbefriedigenden Schluß der ersten Fassung wirklich überzeugende, hilfreiche Impulse für die realitätsnahe Auseinandersetzung zwischen Individuum und Welt zu geben. Dies ist ein Prozeß, dem jedoch in diesem Rahmen nicht im einzelnen nachgegangen werden kann. Die wichtigsten inhaltlichen Änderungen der zweiten, 1772 erarbeiteten Fassung sind Ergänzungen durch eine Abhandlung *Über das Historische im Agathon*, durch die *Geschichte der Danae* und eine abschließende Reise der Titelfigur. Um Haupttendenzen sichtbar machen zu können, sei kurz auf die entscheidenden Neuerungen der dritten Fassung eingegangen.

Im *Vorbericht* umreißt Wieland seine Zielsetzung: Vor allem geht es ihm darum, gegenüber den bisherigen Fassungen den Zusammenhang der »Seelengeschichte« Agathons noch überzeugender zu gestalten und mit einem abschließenden Gespräch zwischen Agathon und Archytas dem »moralischen Plan« des Romans endlich die »Krone« aufzusetzen, ihn glaubhaft abzurunden (SW,Bd.1,S.XXVf.). So ergänzt er zunächst die Fabel, indem er in die Episode der Kerkerhaft Agathons nach dessen mißglücktem Reformexperiment in Syracus eine erneute Begegnung mit dem Sophisten und Lebenskünstler Hippias, seinem ehemaligen Herren, einschaltet. Er verschärft die – den Leser wiederum zum ernsthaften Nachdenken und eigenen Urteil provozierende – Brisanz dieser zweiten großen Auseinandersetzung zwischen unterschiedlichen Lebenskonzepten nicht nur dadurch, daß er Hippias keinesfalls vordergründig als abstoßend lasterhaft schildert, sondern daß er Agathon in eine Versuchungssituation versetzt: Hippias bietet Agathon, der die Lebensnähe und Effektivität von dessen egoistischen Lebensmaximen bestätigen muß, an, ihn als Erben seiner unermeßlichen Reichtümer einzusetzen. Hier ringen nicht zwei blutleere, abstrakte philosophische Systeme miteinander; Wieland stellt seine humanistischen Ideale auf den Prüfstand des Lebens – und gelangt dabei erneut zu ernüchternd desillusionierenden Ergebnissen. Genau diese Ehrlichkeit hatte ihm bereits anläßlich der ersten Fassung die borniert Kritik derer eingebracht, die – durchaus dem traditionellen frühaufklärerischen Funktionsverständnis entsprechend – den Neuerungen Wielands verständnislos gegenüberstanden und demgemäß in der Hippias-Figur eine Gefahr für die öffentliche Moral witterten. Wieland hatte dies seinerzeit vorhergesehen und sich bereits im *Vorbericht* aufwendig gegen den erwarteten Vorwurf verwahrt, sich mit Hippias zu identifizieren und diesen nicht entschieden genug zu widerlegen. Mit wenig Erfolg allerdings, wie beispielsweise ein Brief vom 26.10.1768 (an Riedel) zeigt: Hippias, formuliert er hier, sei »nicht allezeit Sophist (...). Entre nous, der Discurs dieses nämlichen H i p - p i a s ist nicht unwürdig, ein wenig s t u d i e r t zu werden; (...) es ist gar viel Wahres darin, das unsere guten Deutschen noch nicht recht verstehen« (WBW III,S.551). In der dritten Fassung nutzt er nun die Gelegenheit zu einer weiteren Rechtfertigung und Vertiefung; glaubt er doch inzwischen – vor allem durch sein intensives Reflektieren über die Französische Revolution (Schaefer, *Ztschr.f.Germanistik*,1991) – wesentlich mehr von den über das einzelne Individuum weit hinausreichenden fundamentalen Konsequenzen aus den beiden zur Diskussion gestellten menschlichen Haltungen zu wissen. Und so läßt er Agathon, der auf Grund seiner eigenen deprimierenden Erfahrungen dem Hippias rational wenig entgegensetzen kann, zu folgendem Resümee gelangen:

– Er stimmt der ernüchternden Einschätzung der Menschen durch Hippias als Grundlage von dessen Macht- und Bereicherungskonzeption weitgehend zu: »Meine Erfahrungen bestätigen das Ärgste was Hippias von ihnen sagte (...). O gewiß, Hippias, deine Begriffe, deine Maximen, deine Moral, deine Staatskunst, gründen sich auf die E r f a h r u n g aller Zeiten!« (SW,Bd.3, S.130ff.)

– Er erhält sich jedoch eine humanistische, altruistische Handlungsmotivation trotz alledem:

»Was für einen Reitz könnte der Gedanke, für das Glück des Menschengeschlechts zu arbeiten, für denjenigen haben, der in den Menschen nichts edleres sieht, als eine Herde halb vernünftiger Thiere, deren größter Theil den letzten Zweck aller seiner Bemühungen auf seine körperlichen Bedürfnisse einschränkt, in Befriedigung derselben seinen höchsten Genuß setzt, und dabey noch dumm genug ist, durch feigherzige Unterwürfigkeit unter eine kleine Anzahl der schlimmsten seiner Gattung, sich in den Fall zu setzen, auch dieses armseligen Lebensgenusses nur unter den härtesten Bedingungen und im kärglichsten Maße habhaft zu werden?« (SW,ebd.,S.133)

– Und er bekennt sich schließlich in trotziger Selbstbesinnung dazu,

»immer das Gute zu wollen und zu thun; unbekümmert ob es erkannt oder verkannt, mit Dank oder Undank, mit Ruhm oder Schande belohnt werde; unbekümmert was es fruchte, wie lang' es dauern, und von wem es wieder zerstört werden könne. Dieß, Hippias, ist es, was ich T u g e n d nenne; und dieser Tugend schwöre ich hier, in deiner Gegenwart, von neuem unverbrüchliche Treue (...)« (SW,ebd.,S.170).

Damit resultiert diese Rettung des Ideals unverkennbar aus einer Akzentverlagerung auf die eigene Wahrnehmung sittlicher Freiheit des Menschen gegenüber seinen natürlichen Anlagen und äußeren Umständen, die endgültig jeden mechanischen Determinismus ausschließt; sie beinhaltet gleichzeitig deutliche Abstriche am Wahrheitsanspruch des Platonischen Systems ebenso wie in der Konsequenz eine unübersehbare Tendenz zum Leben mit sich selbst und verweist hinsichtlich einer unmittelbar wirklichkeitsverändernden Realitätsbeziehung auf begrenzte kleine Wirkungskreise.

Zu dieser Zeit war die ursprüngliche Freude über den als Triumph der Aufklärung gefeierten Ausbruch der Französischen Revolution großer Ernüchterung gewichen: Das revolutionäre Geschehen im Nachbarland hatte sich für Wieland und die meisten der deutschen Aufklärer denn doch als eher zerstörerisch und unvernünftig erwiesen; die unteren Volksschichten hatten sich ihm als unreif für die Ideale von Freiheit und Gleichheit dargestellt. Während Wieland in diesem Prozeß einerseits statt des aufgeklärten Absolutismus die konstitutionelle Monarchie zu favorisieren begann, verschob er nun andererseits den Schwerpunkt aufklärerischen Wirkens – wieder »anknüpfend an frühere allgemeinaufklärerische und eigene Vorstellungen« – auf die sittlich-ästhetische Erziehung, eine »langfristige Humanisierung der Individuen« (Albrecht, 1988,S.48). Noch deutlicher als in den vorigen Fassungen wird der utopische Fluchtraum »Tarent« jetzt zum Ort einer von sozialen Ordnungen befreiten idealen Gesprächsgemeinschaft, in dem Agathon – aber auch Archytas (*Lebensweisheit des Archytas*) und Danae/Chariklea (*Geheime Geschichte der Danae*) – in der schonungslosen Darstellung und Interpretation der eigenen Vergangenheit ihre innere Ruhe, ihre verlorene oder zumindest gefährdete Identität wiederfinden. Der in der Erstfassung noch dominierende Einfluß von Anlage und allgemeinem Milieu auf die Persönlichkeitsentwicklung wird zugunsten bewußter erzieherischer Einflüsse und des Bemühens um aktive Selbstgestaltung zurückgedrängt; »anstelle des Prozesses der Desillusionierung (...) tritt jetzt die Tendenz zur Darstellung der Genese eines wohlproportionierten, autonomen moralischen Charakters« (Mayer,

1992,S.41). Neben der an die stufenweise Vervollkommnung aller Wesen glaubenden, auf Pflichterfüllung im bürgerlichen Leben orientierenden pythagoreischen Ethik des weisen Archytas werden das ›Erkenne Dich selbst‹, die Mobilisierung der Widerstandskräfte »im eigenen Ich (...) gegen den Verlust der Außenorientierung« (Erhart, 1991,S.389) und eben »bewußt gestaltende Eingriffe« (Mayer, 1992,S.35) zu wichtigen Elementen der neu aufzubauenden Lebensstrategie. Dabei gewinnt für den intimen Kenner der hellenistisch-römischen Philosophie und Literatur sowie des antiken Milieus die Lebensphilosophie vor allem der stoizistischen Tradition nun Vorbildcharakter. Unübersehbar sind auch die strukturellen Folgen: »Der Erzähler hat jetzt, im Unterschied zur ersten Fassung, eine erstaunliche Sicherheit gewonnen. Er überblickt Agathons gesamten Lebensweg und ordnet seine Darstellung zielgerichtet auf den Akt der Selbstfindung und den Romanschluß hin.« (Mayer, ebd.,S.40) Die konzentrierte Reflexion über ein vorhergegangenes Geschehen erhält in diesem Zusammenhang einen besonderen Stellenwert, der unverkennbar auf Wielands neuartiges Erzählverfahren in den drei großen Altersromanen verweist (vgl. Kap.III.7.). Allerdings ist diese Form der inneren Auseinandersetzung mit sich selbst im Prinzip von der Titelfigur schon in der Erstfassung am Abschluß jeder vorhergehenden Lebensstation geübt und insofern vom Autor auch vorbereitet worden. Mit seinem Einpendeln auf den Grundsatz der sittlichen Autonomie sucht sich Wieland aus den geistigen Nöten und ästhetischen Skrupeln früherer Jahrzehnte zu befreien: Die hierfür charakteristischen Passagen aus der Erstfassung werden nun getilgt, der Agathon des Spätaufklärers Wieland kehrt tendenziell wieder in die Nähe seiner platonisch geprägten Ausgangssituation zurück, und der Roman verliert unübersehbar an reizvoller, provozierender Offenheit. Die konfliktreiche Spannung zwischen Ideal und Realitätserfahrung wird durch die Orientierung auf die Selbsterkenntnis, auf tägliches altruistisches Handeln im kleinen, auf die Verantwortung von weiser Gesetzgebung und Kunst und eine betonte Verschiebung des Idealzustandes in eine ferne Zukunft zwar nicht aufgelöst, aber gewissermaßen entschärft; im Streit zwischen den Ansprüchen von Ratio und Sinnlichkeit bekennt sich Wieland zu einem möglichst ausgewogenen, letztlich jedoch von der Vernunft dominierten Verhältnis. Die Suche nach Harmonie durch Mäßigung extrem gegensätzlicher Kräfte, wie sie bereits in der deutschen Frühaufklärung (Thomasius) und auch bei Shaftesbury vorgeprägt war, gehört für Wieland zu den unverzichtbaren Lebensvoraussetzungen.

1.5. Die Rezeption des Romans

Es war zu erwarten, daß die *Geschichte des Agathon* in der frühzeitig einsetzenden öffentlichen Kritik, – die erste Rezension erschien bereits 1766 in den *Göttingischen Anzeigen von gelehrten Sachen* –, sowohl Unverständnis als auch Lob und Begeisterung auslösen würde (einen detaillierten Überblick vermitteln sowohl Manger, 1986, als auch Kurth-Voigt, 1991). Allerdings vermochten selbst jene Rezensenten, die Zustimmung formulierten, zum mehrfach geäußerten Ärger Wielands zunächst gar nicht oder nur ansatzweise dem Werk wirklich gerecht zu werden und zum Wesen der ästhetischen Neuerungen vorzudringen. Noch im Juni 1768 fordert Wieland die Rezensenten auf, sein Buch wiederholt, »mit kaltem Blut« zu lesen »und in der Absicht: de saisir l'esprit de l'ouvrage zu kritisieren; denn diesen haben, wie mich däucht, alle bisherigen Recensenten übersehen« (WBW III,S.520). Eine überlieferte Subskriptionsliste zur Fassung von 1773 ist literatursoziologisch zwar durchaus interessant (44,6% Adlige; 48,5% Bürgerliche), aber letztlich für Wielands wirkliches Lesepublikum leider doch wenig aufschlußreich – schon deshalb, weil die Besitzer der ersten Fassung sich nicht zwangsläufig auch die zweite gekauft haben werden (Ungern-Sternberg, 1974, Sp.1446f.).

Als Gründe für deutlich ablehnende Einschätzungen werden in den zeitgenössischen Besprechungen immer wieder folgende Aspekte benannt:

- Die Gestaltung ›gemischter Charaktere‹, die zur Folge hätte, daß moralisch negative Figuren/Charakterzüge (Hippias, Danae) für den Leser nicht abstoßend genug gezeichnet und daher – insbesondere für arglose und jugendliche Rezipienten – gefährlich wären. Angeblich mangelnde Sittlichkeit war im übrigen bereits das Hauptmotiv für das Verbot des Romans durch die Zensur in Zürich und Wien; es führte auch zum Vorwurf der ›Unchristlichkeit‹ Wielands durch die konservativen kirchlichen Würdenträger in seiner Umgebung. Hiermit begann ein bis weit in das 19. Jahrhundert wirkendes Abwertungs-Klischee.
- Die neuartigen Anforderungen an den Leser, die den seinerzeit etablierten Erwartungen – Identifikation, Sentimentalität, Unterhaltung – in der Tat eindeutig entgegenwirkten.
- Die Wahl des griechischen Schauplatzes, der den aktuellen Forderungen nach einem deutschen ›Originalroman‹ auf den ersten Blick zu widersprechen schien; dieser Vorwurf wie auch der nächste stammt vorrangig von Seiten einiger ›Stürmer und Dränger‹.

– Die angeblich unschöpferische Nachahmung ausländischer Autoren. Diesem ihm von seinen Gegnern auch in der Folgezeit unterstellten – nun auf das Gesamtwerk bezogenen – Vorwurf hielt Wieland stets entgegen, daß für ihn »die Bearbeitung des Stoffs (...) die wahre Erfindung« des Künstlers sei (17.1.1800, Starnes III,S.3).

Der Autor war über solche Kritik zwar enttäuscht; er hat seine künstlerischen Positionen jedoch – ungeachtet einzelner Zugeständnisse in der zweiten und in der dritten Fassung – prinzipiell verteidigt. Dabei kam ihm entgegen, daß es eben gleichzeitig auch einhellig zustimmende Meinungsäußerungen gab. So hat beispielsweise Lessing – ohne auf konkrete Fragen des Inhalts oder der Gestaltung einzugehen – in seinem 69. Stück der *Hamburgischen Dramaturgie* (29.12.1767) den Roman hoch gerühmt und treffend in die deutsche Literaturlandschaft eingeordnet: Er charakterisiert ihn als Werk,

»welches unstreitig unter die vortrefflichsten unsers Jahrhunderts gehört, aber für das deutsche Publikum noch viel zu früh geschrieben zu sein scheinet. In Frankreich und England würde es das äußerste Aufsehen gemacht haben (...) Es ist der erste und einzige Roman für den denkenden Kopf, von klassischem Geschmacke.« (Werke,Teil 5,S.293f.)

Und der von Wieland persönlich geförderte – daher ihm allerdings auch dankbar verbundene – Johann Jakob Wilhelm Heinse bestätigt am 12.4.1775:

»Agathon ist das Werk, worinn sich Ihr Herz in seiner stärksten Fülle ergossen, uns Ihr Geist in seinem höchsten Glanze gezeigt, und Ihre Phantasie am meisten gezaubert hat; ein Werk, das immer unter den ersten seinen Rang behaupten wird, die die vollkommenste Composition von Mensch hervorzubringen fähig ist (...)« (Starnes I,S.539f.).

Wieland selber spricht nach einem Bericht von Matthisson 1794 davon, daß der *Agathon* »das *Archetypon* alles dessen (sei) was er je gedacht und geschrieben« (Starnes II,S.354) – und weist ihm folgerichtig die Spitzenposition in seinen *Sämtlichen Werken* zu.

Besondere Bestätigung findet er auch durch ausländische Kritiker und vor allem durch Übersetzungen: Bereits seit 1768 erscheint eine französische, seit 1773 eine englische Fassung des *Agathon*, mit denen er schlagartig auf eine künstlerische Ebene mit den großen Epikern dieser Nationen gestellt wird. Daß Wieland zu einem Dichter von europäischem Rang avanciert, verdeutlichen eindrucksvoll die weiteren Übertragungen seines Werkes seit 1780 ins Niederländische, 1783 ins Russische, 1789 ins Italienische, 1800 ins Dänische, 1814 ins Griechische, 1820 ins Serbokroatische und ins Ungarische sowie 1844 ins Polnische.

Das aussagekräftigste Dokument seiner unmittelbaren Wirkung auf die Geschichte des modernen deutschen Romans ist Christian Friedrich von Blankenburgs – an junge, angehende Dichter gerichteter – *Versuch über den Roman* aus dem Jahr 1774 (Voßkamp, 1973,S.200-205). In diesem zu den Höhepunkten der aufklärerischen Ästhetik zählenden Werk, dessen Bedeutung für die große Epik vergleichbar ist mit der von Lessings theoretischen Darlegungen für die Dramatik, »geschah etwas Unerhörtes: es wies dem Roman, wie er sich neuerdings herausgebildet hatte, die S t e l l e d e s a n t i k e n E p o s zu, und das große Beispiel war dabei Wielands ›Agathon‹« (Sengle, 1949,S.199). Ausgehend von dem vorausgesetzten »Trieb zur Vollkommenheit« (S.30) und der Annahme eines künstlerischen Auftrags, immer solche Vorstellungen beziehungsweise Empfindungen zu erzeugen, die diesen menschlichen Trieb befördern können sowie gleichzeitig »auf die angenehmste Art unterhalten« (S.24), plädiert der Verfasser für einen Roman, in dem die »Begebenheiten (...) der Natur der Sachen gemäß« den »Charakteren« untergeordnet werden (S.337), also »das Seyn des Menschen, sein innrer Zustand das Hauptwerk« darstelle (S.18). Zu diesem Zwecke

»führe (der Dichter) uns von der Wiege des Helden, bis zu seiner fertigen Ausbildung, wie Fielding; oder bringe einen Theil dieser Begebenheiten, wie Wieland, in Erzählung; – er zeige uns einen ganzen werdenden Menschen; oder nehme ihn, so zu sagen, bey einer gewissen Periode, in einem gewissen innern Zustande, auf, um ihn in einen andern zu bringen (...)« (S.519).

Damit rücken für Blankenburg das Problem der Entwicklung von Geist und Charakter, von »Denkungsart und Sitten« (S.10) einer Romanfigur, die Forderung nach gemischten Charakteren sowie aus milieutheoretischer Sicht die künstlerische Bewältigung »von Ursach und Wirkung« (S.10) ebenso wie die Zurückweisung vordergründiger moralisch-didaktischer Funktionszuweisungen an Dichtung ins Zentrum seines Anliegens. Als Vorbilder hat er dabei immer die erste Fassung des *Agathon* und Fieldings *Tom Jones* vor Augen, ohne allerdings deren strukturelle Unterschiede zu berücksichtigen; philosophisch-ästhetisch stützt er sich vor allem auf Shaftesbury, Lessing und Moses Mendelssohn. Die künstlerische Leistung Wielands avanciert damit zum Kronzeugen weitreichender Überlegungen und Orientierungen, die richtungweisend für den modernen realistischen Individual- und Entwicklungsroman waren, wie er vor allem durch Goethe mit dem *Wilhelm Meister* (1796/1829) weitergeführt worden ist.

2. Die Shakespeare-Übersetzung

Das deutschsprachige Lese- und Theaterpublikum verdankt dem Übersetzer Wieland seit Anfang der sechziger Jahre des 18. Jahrhunderts die Begegnung mit wichtigen Werken der Weltliteratur. Er hat damit – unabhängig von allen Grenzen in der Auswahl und der künstlerischen Bewältigung – einen entscheidenden Anteil daran, daß die traditionelle Begrenzung der Wirkung großer fremdsprachiger Literatur auf die Schicht der Gelehrten und sprachlich Gebildeten durchbrochen wurde und sich ein neues Publikum entwickeln konnte. Wielands Übersetzungen gehören ebenso wie seine im eigenen Werk zum Ausdruck kommenden künstlerischen Beziehungen zu ausländischer – insbesondere griechischer, römischer, französischer, englischer – Literatur der Vergangenheit und Gegenwart zum Gesamtbild seines unentwegten Bemühens um ein produktives Verhältnis zwischen dieser und der modernen deutschen Literatur. Hinter seiner Übersetzertätigkeit stand für ihn neben dem Wunsch, seine jeweilige finanzielle Situation zu verbessern, immer eine relativ breit gefächerte Zielsetzung: Sie umspannt die subjektive Befriedigung und Bewältigung eigener Schaffensprobleme durch die Besinnung auf Erfahrungen und Leistungen anderer über die Vermittlung anregender Lebenspositionen oder -modelle für die aktuelle Kulturdebatte bis hin zu dem ausgeprägten Wunsch, durch die an internationalen Vorbildern orientierte Schaffung und Umsetzung einer modernen Literaturkonzeption der deutschen Literatur Weltgeltung und ihr gleichzeitig ein – notwendigerweise moralisch-ästhetisch umorientiertes – Publikum zu verschaffen.

Als besonders repräsentativ und folgenreich sollten sich Wielands – am Beginn seiner Übersetzertätigkeit stehenden – Bemühungen um das Werk von William Shakespeare (1564-1616) erweisen. In seinen Biberacher Jahren überträgt er zwischen 1761 und 1766 22 Dramen des Engländers – gut zwei Drittel von dessen Gesamtwerk – erstmalig ins Deutsche und veröffentlicht sie seit 1762 in insgesamt acht Bänden (*Theatralische Werke*). Als erster Titel erscheint der *Sommernachtstraum* (*Ein St. Johannis Nachts-Traum*) in Blankversen; alle anderen Stücke überträgt er in Prosaform (*Das Leben und der Tod des Königs Lear*, 1762; *Wie es euch gefällt, Maß für Maß, Der Sturm, Der Kaufmann von Venedig, Timon von Athen, Leben und Tod des Königs Johann*, alle 1763; *Julius Caesar, Antonius und Cleopatra, Die Irrungen, Leben und Tod Königs Richard des zweiten, König Heinrich der vierte*, alle 1764; *Viel Lärm um Nichts, Das Trauerspiel vom Macbeth, Die zwei edle Veroneser*, alle 1765; *Romeo und Julia, Othello, Was ihr wollt, Hamlet, Das Winter-Märchen*, alle 1766). Von den wesentlichen Werken Shakespeares fehlen also lediglich *Coriolan, Richard III.*, *Die lustigen Weiber von Windsor, Der Widerspenstigen Zähmung* sowie *Troilus und Cressida*. Johann Joachim Eschenburg wird dann zwischen 1775 und 1782 auf der Grundlage von Wielands Arbeit eine revidierte und ergänzte, also erstmalig vollständige Ausgabe von Shakespeares Dramen in deutscher Sprache vorlegen.

Von Wieland erfordert diese forcierte Zuwendung – neben der täglichen Arbeit, dem Ringen um eigene Werke wie der *Geschichte des Agathon* sowie dann auch den *Abenteuern des Don Sylvio von Rosalva* und nicht zuletzt neben mannigfaltigen persönlichen Querelen – eine kaum vorstellbare Kraftanstrengung. Er hat, auch wenn er damit ein angemesseneres Honorar einzufordern sucht, guten Grund, im Juni 1762 dem Züricher Verleger Geßner gegenüber zu konstatieren, daß er sich vorher »nicht den zehnten Theil der Mühe vorgestellt« habe und nicht glaube, »daß irgend eine Art von gelehrter Arbeit der GaleerenSclaven-Arbeit ähnlicher sey als diese« (Starnes I,S.217). Das Gesamthonorar beträgt dann übrigens 960 Gulden, ein knappes Jahresgehalt (1000 Gulden) des Kanzleiverwalters Wieland (Ottenbacher/Bock, 1991,S.13). Seine Leistung wird letztlich nur verständlich aus ihrem Zusammenhang mit dem für den Künstler Wieland existentiellen Ringen um einen ästhetischen Neuanfang nach dem Ende der 50er Jahre erlittenen Zusammenbruch seiner vorherigen, in der Schweiz verfolgten dichterischen und beruflichen Ambitionen. Diese Krise hatte »das Gefühl einer Unentschiedenheit und Leere« hinterlassen (Sengle, 1949,S.157; hier werden auch Parallelen zu Lessings Entwicklung dargestellt, die den überpersönlichen Charakter dieser Prozesse verdeutlichen). Der *Agathon* und die Shakespeare-Übersetzung markieren für Wieland selber den »originalen Neuanfang« (ebd.,S.159) und setzen darüber hinaus Zeichen für die nationalliterarische Entwicklung.

Während der Anfänge aufklärerischen Dichtens und Theoretisierens galt Shakespeare, bis dahin vermittelt durch die bei Gottsched und seinen Anhängern ohnehin verrufenen Wanderbühnen der englischen Komödianten und ihrer deutschen Nachfolger (1620 war die erste Sammlung formlos bearbeiteter *Englischer Comedien und Tragedien* in deutscher Sprache erschienen), geradezu als verdammenswürdiges Synonym für Regel- und Disziplinlosigkeit in der Kunst. Als der preußische Aristokrat C.W.v. Borck, ein literarischer Dilettant ohne theoretische Fundierung und weiterreichende Überlegungen, eine Alexandriner-Übersetzung des *Julius Cäsar* veröffentlichte, wurde er umgehend von dem über die Wahl der Vorlage empörten Gottsched abgestraft:

»Die elendeste Haupt- und Staatsaction unsrer gemeinen Comödianten ist kaum so voll Schnitzer und Fehler wider die Regeln der Schaubühne und gesunden Vernunft, als dieses Stück Schakespeares ist. Der Herr Uebersetzer also, wenn er, wie er drohet, noch mehr übersetzen will, beliebe sich unmaßgeblich, bessere Urschriften zu wählen, womit er unsre Schaubühne bereichern will (...)«. (Stellmacher, 1976,S.38)

Erst die sich um die moderneren Auffassungen der Schweizer Bodmer und Breitinger scharenden jüngeren Aufklärer, die das noch feudalständisch geprägte alte Menschenbild und Gottscheds normative, am Regelkodex des französischen Klassizismus orientierte, vordergründig moraldidaktische Literaturauffassung sprengten, fanden in der englischen Literatur – und insbesondere auch bei Shakespeare – eine überzeugende Bestätigung. Dieser sich verstärkende und intensivierende Prozeß der Inanspruchnahme Shakespeares als ›Kronzeugen‹ für die eigenen Forderungen nach Originalität, tieferer Menschenkenntnis und Wahrhaftigkeit in der Dichtung seit Anfang der vierziger Jahre ist deutlich ablesbar an Bekenntnissen und eigenen Werken von Johann Elias Schlegel über Nicolai, Mendelssohn bis schließlich hin zu Wieland und zu Lessing. Letzterer wird dann seinen profilierten künstlerischen Funktionsbegriff sowie seine Theorie einer operativen bürgerlichen Tragödie aus dem Beispiel des Aristoteles und maßgeblich auch eines neuartig historisch profilierten Shakespeare ableiten (vgl. hierzu ebd.,S.41-83). An Shakespeares Werk »wurden die aktuellen Epochenprobleme diskutiert und die jeweils historisch angemessenen weltanschaulichen und ästhetischen Gesichtspunkte entwickelt« (ebd.,S.11). Vor allem die Anfänge dieser produktiven ShakespeareRezeption sind maßgeblich geprägt von den – insbesondere durch den *Spectator* auf dem Kontinent verbreiteten – Positionen der führenden englischen Kritiker wie Dryden, Addison, Pope und Home gegenüber dem Dramatiker. Dies gilt im Prinzip auch noch für Wieland: Es betrifft die Bewunderung von Shakespeares differenzierter Charakterdarstellung einerseits sowie die »mehr oder weniger ausgeprägten Vorbehalte gegenüber dem Gesamtwerk Shakespeares, das sorgfältige Trennen der sogenannten ›Schönheiten‹ und ›Fehler‹ in dessen Stücken« andererseits, wobei zu letzteren vorrangig die formalen Aspekte und der Hang zu allzu groben Derbheiten zählten (ebd.S.19; Stadler, 1981,S.39f.). Bemerkenswert und richtungweisend ist, daß – anknüpfend an Überlegungen von Hamann und Young – der Befund ästhetischer Regellosigkeit in Deutschland durch den ›Genie‹-Gedanken neutralisiert und damit gleichzeitig der moderne Anspruch auf originales, kreatives Dichten abgesichert wird. Vom ›Sturm und Drang‹ wird dieser Gedanke dann lediglich zugespitzt, der Begriff selber zum periodentypischen Modewort entwickelt werden.

Wieland selber hatte Anfang der fünfziger Jahre begonnen, auto-didaktisch die englische Sprache zu erlernen; die Annahme ist begründet, daß er bereits in Bodmers Haus dem Werk Shakespeares begegnet ist. Ein erstes Zeugnis dafür, daß er »von Shakespeare viel schwazte«, ihn bewunderte, »ohnerachtet er manchmal *gigantesques* Vorstellungen hat u. alle *Teufel* aus der Hölle aufs Theater bringt«, findet sich allerdings erst im März 1755 (Starnes I,S.93). Danach jedoch häufen sich die Belege, in denen von vornherein seine im Prinzip auch künftig vertretenen Grundanschauungen gegenüber Shakespeare zum Ausdruck kommen. Charakteristisch hierfür ist die bereits 1757 in Zürich gehaltene Vorlesung über *Theorie und Geschichte der Red-Kunst und Dicht-Kunst*, in der er formuliert:

»Niemals hat einer den Namen eines Originals mehr verdient als er. Die Natur war die einzige Quelle, woraus er schöpfte. (...) Der weite Umfang, die Stärke und die Delicatesse seines Genie sind fast unbegreiflich; (...) es ist kein Character so außerordentlich, keine Leidenschaft, keine Situation so schwer und delicat, daß er sich nicht mit der bewunderungswürdigsten Richtigkeit zu schildern wisse. (...) Niemals hat ein Poet die Welt und das menschliche Herz, welches gleichsam eine kleine Welt ist, besser gekannt, noch tiefer in die geheimsten Triebfedern der menschlichen Handlungen hineingesehen als er. (...) Es scheint ihm gleichviel Mühe zu kosten, einen König oder einen Baur, einen Herkules oder eine Venus zu mahlen. (...) Die größten Bewundrer des Shakespeare müssen zugeben, daß er (...) beynahe ebenso viel Fehler hat, die durch den Contrast, den sie mit den Schönheiten machen, desto größer werden. Diese Fehler sind von verschiedner Art; einige betreffen die Erfindung, andre die Einrichtung und Ordonnanz, andre die Ausführung seiner Stücke.« (AdW,I.Abt.,Bd.4, S.389f.)

Im Mai 1760 als Kanzleiverwalter und Senator nach Biberach zurückgekehrt, wurde dem jungen Wieland am 7. Januar 1761 vom evangelischen Rat der Stadt auch das »Directorium der Evangelischen Comödianten Gesellschaft« übertragen (s.hierzu Ottenbacher/ Bock, 1991). Das von ihm übersetzte, hier inszenierte und im September erfolgreich präsentierte Shakespeare-Drama *Der Sturm* war die erste dem Original wirklich verpflichtete Aufführung auf einer deutschen Bühne. Sie gilt allgemein als entscheidender und letzter Anlaß für Wielands weiterführende Übertragungen; jedenfalls gab sie ihm »die erste Idee zur Übersetzung des ganzen Shakspeare« (Starnes II,S.508). Am 8. März 1766 signalisiert er schließlich seinen Verlegern den Abschluß dieser »Herculischen Arbeit« (Stadler, 1981,S.37f.). Auf eine eigene Einleitung für seine Ausgabe verzichtet er und übernimmt stattdessen Alexander Popes »Vorrede« zu dessen Shakespeare-Augabe aus dem Jahr 1725 (Huber, 1991,S.77-80).

Man kann Wieland – wie häufig direkt oder unterschwellig geschehen – weder aus der Sicht des ›Sturm und Drang‹ noch aus der
einer romantischen oder gar neuzeitlichen Übertragungspraxis einen
Vorwurf daraus machen, daß er natürlich unter den Bedingungen
und im Geiste seiner Zeit übersetzt hat. Zu diesen Voraussetzungen
gehörten sowohl die aus philologischer Sicht noch wenig zuverlässi-
ge Shakespeare-Edition von 1747 (Hrsg. Pope und Warburton) als
auch die aus späterer Sicht in der Tat völlig unzureichenden eigenen
Hilfsmittel: Es waren lediglich ein französisch-englisches »Dictionai-
re« aus dem Jahr 1756 und ein kleines Shakespeare-Wörterbuch.
Wielands Entscheidung für die Prosaform könnte nach Stadler
(1981,S.39) durch eine bekannte französische Shakespeare-Übertragung von 1745 beeinflußt worden sein; sie entsprach sicherlich insofern seinem Anliegen, der Substanz des Originals möglichst nahe-
zukommen, als er ja ohnehin davon überzeugt war, »daß die formale
Seite von Shakespeares Kunst (...) Nebensächliches, ja Minderwerti-
ges und Fehlerhaftes bedeute« (ebd.). Mit gutem Grund ist immer
wieder der generelle Einfluß gerade der von Wieland angebotenen
Prosaform auf die Dramatik der ›Stürmer und Dränger‹, auf ihre
Auffassung von Shakespeare als einem form- und regellos wirkenden
Genie unterstrichen worden (ebd.,S.33; Schröder, 1991,S.59). Die
kritische Seite von Wielands Verhältnis zu Shakespeare wird – im
wesentlichen übereinstimmend mit den englischen Rezensenten –
besonders konzentriert in den Anmerkungen zu seiner Übersetzung
sichtbar:

»Die Kritik der Noten zielt in erster Linie auf Form und Stil, sie trifft zwei
Eigenschaften der Shakespeareschen Rede, die auch englische Kritik immer
wieder bemängelnd hervorhob, den unechten Witz sowie das falsche Pa-
thos, den übertriebenen Bilderschmuck seiner Diktion. Das Derb-Burleske
(...), die Absurditäten der Clowns, die später das ganze Entzücken des jungen Goethe und der Straßburger Shakespeare-Gemeinde ausmachen, finden
(...) keine Gnade.« (Stadler,ebd.,S.40)

Daß sich gerade davon besondere Eigenheiten von Wielands Übersetzung herleiten lassen, liegt auf der Hand. Die folgenden charakteristischen Merkmale werden übereinstimmend hervorgehoben (vgl.
insbesondere ebd.,S.38f.; Böhm, 1985,S.165ff.):

– Wieland kürzte oder tilgte solche Narrenszenen, die er als zu aus-
  gelassen und als Zugeständnis an einen sittenlosen ›Pöbel‹ ansah;
  allzu grobe Derbheiten umging oder milderte er, derb-komische
  Partien werden ihm aber immer als gelungen bestätigt.
– Seine eigene Unkenntnis des älteren Sprachgebrauchs im Englischen ebenso wie mangelnde Vertrautheit mit der lebendigen

Umgangssprache führte gelegentlich zu Verwechslungen ebenso wie zu Schwierigkeiten bei idiomatischen Wendungen des täglichen Lebens und bei Wortspielen.

- Den pathetischen und leidenschaftlichen Situationen bei Shakespeare vermochte er nicht voll gerecht zu werden.
- Als herausragend geglückt gilt seine Übertragung aller heiter-anmutigen Szenen und der ruhig bewegten Gesprächsformen.
- Während Wielands sprachschöpferische Verdienste noch weitgehend unerforscht sind, wurde zumindest bereits der Nachweis erbracht, daß die deutsche Sprache ihm eine erstaunliche Fülle von heute noch lebendigen Wortbildungen und Titelprägungen verdankt (Itkonen, 1971). In diesem Zusammenhang ist auch das Urteil eines modernen und kompetenten Schriftstellers und Shakespeare-Übersetzers aufschlußreich: Erich Fried befand, daß August Wilhelm Schlegel den Shakespeare zwar »wesentlich genauer und gewissenhafter« übersetzt habe als Wieland, dieser ihn jedoch »freilich oft an Sprachkraft übertraf« (Böhm, 1985,S.173).

Während sich Lessing im 15. Stück seiner *Hamburgischen Dramaturgie* (1767) erwartungsgemäß zu Wielands Übersetzung bekennt – »(...) noch immer ein Buch, das man unter uns nicht genug empfehlen kann« –, formuliert etwa zur gleichen Zeit Heinrich Wilhelm v. Gerstenberg in seinen 14.-18. *Briefen über Merkwürdigkeiten der Litteratur* (1766/70) das für die rebellische junge Generation richtungweisende Verdammungsurteil über Wielands Arbeit. Er spricht ihm die Fähigkeit ab, das »Genie« des Engländers begreifen und übersetzen zu können, da es ihm selber an »dramatischem Genie« mangele; und er wirft ihm »Unweisheit und Mishandlung« Shakespeares sowie »Verdrossenheit« bei der Übersetzertätigkeit vor (s. Stellmacher, 1976,S.84-103). Die ›Stürmer und Dränger‹ reklamierten Shakespeare mit Emphase für ihren Geniekult und entdeckten zweifellos auch wesentliche neue Seiten – so vor allem die Verarbeitung beziehungsweise Vorbildhaftigkeit volksliterarischer Traditionen – am Werk des großen Engländers; dem deutschen Shakespeare-Übersetzer allerdings dankten sie in der Regel »mit höhnischer und leidenschaftlicher Ablehnung (...) schlecht für die erste Einführung in die Welt ihres Abgottes« (Stadler, 1981,S.43). Goethe dagegen wird – auch nach dem Erscheinen von A.W. Schlegels neuer Übertragung (1797-1810) – immer wieder gerne und lobend zu Wielands Ausgabe zurückkehren, deren große Natürlichkeit er schätzte; und er erwähnt sie sowohl im *Wilhelm Meister* (vgl. die *Hamlet*-Aufführung in den *Lehrjahren*) als auch in seiner Logenrede 1813 *Zu brüderlichem Andenken Wielands*. In letzterer charakterisiert er zwei mögliche Übersetzungsmaximen:

Die »eine verlangt, daß der Autor einer fremden Nation zu uns herüberge- bracht werde, dergestalt, daß wir ihn als den unsrigen ansehen können; die andre hingegen macht an uns die Forderung, daß wir uns zu dem Fremden hinüberbegeben und uns in seine Zustände, seine Sprachweise, seine Eigen- heiten finden sollen. (...) Unser Freund, der auch hier den Mittelweg such- te, war beide zu verbinden bemüht; doch zog er als Mann von Gefühl und Geschmack in zweifelhaften Fällen die erste Maxime vor«. (Schriften, 1.Bd.,S.212)

A.W. Schlegel schließlich nutzte Wielands Arbeit durchaus produk- tiv für seine eigene Übertragung – »kritisch aneignend und öfters einzelne Prägungen bis Passagen übernehmend« (Böhm, 1985, S.169). Den 1. Band übersandte der Mitbegründer der romantischen Schule noch als Zeichen von Verehrung und Bewunderung an den Vorgän- ger. Als Wieland es jedoch unterließ, sich persönlich dafür zu be- danken (vgl. Starnes II,S.584), bewertete Schlegel dies als Affront: Der sich in Kürze zur unversöhnlichen Konfrontation zuspitzende Konflikt zwischen den Romantikern und dem Aufklärer Wieland wirft seine Schatten voraus.

Noch dreimal äußert sich Wieland zusammenhängend theore- tisch über Shakespeare, ohne seine bisherigen Positionen wesentlich zu verändern. Alle diese Beiträge erscheinen im *Teutschen Merkur: Der Geist Shakespeares* (1773), *Über eine Stelle in Shakespeares ›Mac- beth‹* (1777) und der dritte der *Briefe an einen jungen Dichter* (1784) (Steinhorst, 1983). Von einer späteren Revision oder Neuausgabe hat sich Wieland ferngehalten, »gekränkt durch die unbillige Kritik und verstimmt durch den lauten Shakespearekult der Geniezeit, der im Grunde nur lärmend für sich zu entdecken schien, was ihm selbst längst gesicherter Besitz geworden war« (Stadler, 1981,S.44). Doch nichtsdestoweniger: Shakespeare hat Wieland selber – und ganz maßgeblich gerade durch sowie über Wieland der gesamten deutschen Literaturgesellschaft – neue Horizonte erschlossen.

Seit 1979 verleiht das Ministerium für Wissenschaft und Kunst in Baden-Württemberg im Zusammenwirken mit dem »Freundes- kreis zur internationalen Förderung literarischer und wissenschaftli- cher Übersetzungen e.V.«, Stuttgart, alle zwei Jahre einen »Wieland- Übersetzerpreis«, der auf nationaler Ebene für besonders gelungene Übertragungen von ausländischen Werken jeweils unterschiedlicher literarischer Genres ausgeschrieben wird.

3. Roman-Dichtung zwischen Humor und Satire

3.1. »Der Sieg der Natur über die Schwärmerei oder die Abenteuer des Don Sylvio von Rosalva«

Bereits der Titel läßt keinen Zweifel daran, wie sich auch dieser 1764 – also erste – veröffentlichte Roman Wielands in sein ästhetisches Gesamtvorhaben einordnet; und der Untertitel möchte jedes Mißverständnis von vornherein ausschließen: »Eine Geschichte, worin alles Wunderbare natürlich zugeht«. Sie entstand innerhalb relativ kurzer Zeit: Wieland datiert den Beginn in das Frühjahr 1763 (Starnes I,1987,S.239). Er begründet die Unterbrechung seiner Arbeit am *Agathon* und an der Shakespeare-Übersetzung sowohl mit dem glücklichen Einfall, der ihn »selbst amüsirte« (ebd.), als auch mit dem Wunsch zur »nöthigen Abwechslung« von der beschwerlichen Übersetzungsarbeit (ebd.,S.242) und mit dem Zwang, im Zusammenhang seiner verzweifelten Bemühungen um ›Bibi‹ Hagel rasch Geld verdienen zu müssen (ebd.,S.246). Rückblickend statuiert er 1795, daß er hiermit »das erste und das letzte Mal absichtlich *um ein Honorar*« geschrieben habe (Starnes II,1987,S.459). Am 6. Oktober 1763 kündigt er anläßlich der Übersendung des ersten Teils seinen Züricher Verlegern selbstsicher an:

»Wehe dem Don Silvio, wenn er Dero allerseitige Zwerchfelle unerschüttert lassen wird! In diesem Falle wäre ihm allerdings besser daß er nie geboren wäre; denn so hätte er seine wahre Bestimmung verfehlt, und sein Theil würde im Kamin seyn, wo Feuer und Schwefel brennt. Wenn Ihnen dieser Theil gefällt, (...) so kann ich Sie versichern, daß der andere in allen Stükken noch interessanter seyn wird.« (WBW III,S.177)

In der Tat resultieren Interesse und Komik aus einer seltsamen, märchenhaft anmutenden Figuren- und Fabelkonstruktion. Die in Wirklichkeit aber immer »vollkommen mit dem ordentlichen Laufe der Natur« übereinstimmenden (SW,Bd.12,S.6) Geschehnisse wandeln sich lediglich im Bewußtsein der von Wieland souverän komisch gezeichneten Titelfigur zum fehlgedeuteten, wunderbaren Abenteuer:

Der junge Don Sylvio nimmt nämlich die fiktive Welt der von ihm geliebten alten Ritterbücher und Feenmärchen für bare Münze, und er ist demzufolge von der wirklichen Existenz der dort agierenden Zauberer, Feen und Geister überzeugt, so daß ihn seine überspannte Phantasie ständig zu Trugschlüssen im realen Leben führt. Derart glaubt er auch Indizien zu besitzen, im »blauen Sommervogel« seine ihm bestimmte, aber verzauberte Geliebte zu finden. Die

Suche nach ihr läßt ihn von einem komischen Mißgeschick in das andere stolpern und gipfelt in der wunderbar-abenteuerlichen *Geschichte des Prinzen Biribinker*, die ein in sich abgerundetes, wahrhaft einmaliges Kabinettstück deutscher Literatur ist, in dem Wieland seine Erfindungslaune und seinen Spielwitz zum Ausdruck bringt. Letztlich alle, insbesondere aber die hier auf die Spitze getriebenen phantastischen Begebenheiten sowie nicht zuletzt auch die Erfahrung wahrer Liebe haben eine den Helden schließlich ›normalisierende‹ Wirkung.

Der »Sieg der Natur« ist primär ein Sieg der Vernunft als des menschlichen Instruments zur Erkenntnis und adäquaten Wertung der realen Welt – aber auch der Sieg eines erst auf dieser Grundlage funktionierenden Gefühls. Wieland unterzieht den »Schwärmer einer Spottprobe« (Heinz, 1994,S.39); der Roman ist eine aufklärerische Zurückweisung alles der Vernunft in Erziehung sowie Lebenspraxis Widersprechenden – und damit gleichzeitig eine Abrechnung mit Wielands eigener ehemaliger schwärmerisch-übersinnlicher Schaffensphase. Dabei plädiert der Autor für das Recht auf Phantasie und das Wunderbare in der Kunst; er wendet sich nur gegen Deutungen, die der Erfahrung sowie der Vernunft widersprechen – und zwangsläufig menschliches Tun fehlleiten, wenn sie in den Rang von Handlungsmotivationen erhoben werden. Wieland selber hat seit seinen Schweizer Jahren ein prinzipiell konstruktives Verhältnis zum ›Wunderbaren‹ in der Dichtung. Die gegenüber Gottsched durch Bodmer und Breitinger in die ästhetische Debatte eingebrachte Auffassung hatte bereits eine spürbare Erweiterung des ›poetisch Wahren‹ in Richtung auf eine Freisetzung der Subjektivität bedeutet. Wenn dabei in jedem Fall die von der Vernunft eingeforderte ›Wahrscheinlichkeit‹ als unabdinglicher Bezug zur Wirklichkeit durch die künstlerische Behandlungsweise innerhalb des Kontextes zu sichern war, so trifft das durchaus auch noch auf *Don Sylvio* zu. Gleichzeitig greift Wieland in diesem Roman auf originelle Weise insofern bereits über die Schweizer hinaus, als er – vor allem vermittelt über den Wechsel der Erzählperspektive – einen entscheidenden Schritt auf das Bewußtsein über die Eigenberechtigung des ›Wunderbaren‹ im Leben zugeht (Apel, 1978,S.87). Damit bereitet er immanent die Anerkennung und Modifizierung der literarischen Form des Märchens durch die Aufklärung vor (vgl. seine eigene *Dschinnistan*-Sammlung): »Die besondere Bedeutung der impliziten Theorie des Märchens, bzw. des Wunderbaren im *Don Sylvio* besteht darin, daß es ihr gelingt, die Überführung des geglaubten ins poetische Wunderbare als Bildungserlebnis des Helden, als historischen Prozeß plastisch zu machen« (ebd.,S.88).

Wieland macht keinen Hehl aus seinen künstlerischen Beweggründen beim Einsatz der Komik: Es geht ihm dabei um

»Bücher, in denen die Wahrheit mit Lachen gesagt würde; welche der Dummheit, Schwärmerey und Schelmerey ihre betrüglichen Masken abziehen, die Menschen mit ihren Leidenschaften und Thorheiten, in ihrer wahren Gestalt, weder vergrößert noch verkleinert, abschilderten, und von ihren Handlungen diesen Firniß wegwischten, womit Stolz, Selbstbetrug oder geheime Absichten sie zu überziehen pflegten; Bücher, die mit desto besserm Erfolg unterrichten und bessern würden, da sie bloß zu belustigen schienen (…)« (SW,Bd.12,S.9f.)

Thematisch und auch hinsichtlich einzelner künstlerischer Verfahren wurde Wieland damit einerseits deutlich von Werken der europäischen Moralistik angeregt (siehe hierzu Erhart, 1991,S.73ff.); gleichzeitig stellt er sich mit Grundstruktur und Anliegen ganz bewußt in die weltliterarisch von Cervantes' *Don Quijote* geprägte Traditionslinie; mehrfach beruft er sich im Text direkt auf diesen von ihm außerordentlich geschätzten Roman, der seit 1621 (unvollständig) beziehungsweise 1682 (vollständig) in deutscher Übersetzung vorlag.

Während die den jungen Don Sylvio erziehende Donna Mencia mit beißender Satire dargestellt ist, wird die Titelgestalt – als Voraussetzung für die angestrebte Wandlung zur Normalität – durchweg mit Humor gezeichnet. Dabei unterstützt Wieland die Glaubwürdigkeit dieses närrischen Sonderlings dadurch, daß er dessen Denken und Verhalten nicht als angeboren vorgibt, sondern aus einem glaubhaften Zusammenspiel zwischen inneren Eigenschaften und äußeren Einflüssen erwachsen läßt. So besitzt Don Sylvio bereits von Natur aus eine »ungemeine Empfindlichkeit, und (...) eine starke Anlage zur Zärtlichkeit« (SW,Bd.11,S.13), die seine Einbildungskraft befördern. Hinzu kommen als prägende äußere Faktoren die Erziehungsbemühungen Donna Mencias, aus ihm einen »vollkommenen Edelmann« nach dem Vorbild der alten Ritterbücher zu machen, und nicht zuletzt auch seine soziale Position als Landjunker: Einerseits fördern Einsamkeit und Natur seine Empfänglichkeit für den Aberglauben, andererseits begründet das Leben auf dem abgelegenen und verfallenden Schloß auch die Weltferne und Unerfahrenheit dieser im Grunde liebenswerten Figur. Die innovativen Züge hinsichtlich des Aufbaus komplizierter Figur- Umwelt- ebenso wie Erzähler-Leser-Beziehungen liegen auf derselben Ebene, wie sie auch in der *Geschichte des Agathon* zu beobachten sind. Direkte Leseransprachen, erläuternde oder korrigierende Anmerkungen, die Relativierung beziehungsweise Zurücknahme seiner eigenen Allwissenheit durch die Einführung eines fiktiven spanischen Verfassers

und den Rückzug auf eine vorgebliche Herausgeberrolle sowie durch
ständigen Wechsel der Blickrichtung und Erzählerfunktion tragen
dazu bei, den Leser aktiv in den Erzählvorgang einzubeziehen und
seine geistige Aufmerksamkeit zu provozieren. Gerade die derart angestrebte Distanz sowohl zwischen Erzähler und Leser als auch zwischen erzähltem Geschehen und Leser erweist sich als maßgebliche
Voraussetzung für die ›komische‹ Gestaltung von Figuren oder Situationen, die ja immer auch eine akzentuierte Bewertung einschließt. (Erhart, 1991,S.62f.,69f.)

Auch in diesem Fall mußte Wieland mit dem Unverständnis der
noch in einer traditionellen Literaturprogrammatik verhafteten Teile
seines potentiellen deutschen Publikums und auch der Kenner und
Liebhaber seiner frühen Dichtungen rechnen:

»Ich gestehe Ihnen ganz gern, daß der Absatz, den der Geist und der Ton,
der in diesem Dinge herrscht, mit den feierlichen Schriften meiner jüngern
Jahre macht, einem beträchtlichen Theil des Publici anstößig seyn würde.
Man muß die Vorurtheile nicht respectiren, aber man muß ihnen, wie ei-
nem Ochsen, der Heu auf den Hörnern trägt, aus dem Wege gehen.« (An
Geßner, 7.11.1763; WBW III,S.206)

Dennoch wurde der Roman nicht nur relativ kurzfristig ins Französische und Englische übersetzt; es finden sich schon frühzeitig begei-
stert zustimmende Kritiken, die einen Eindruck von dem rasch
wachsenden Ansehen Wielands vermitteln, wie zum Beispiel in den
Göttingischen Anzeigen von gelehrten Sachen:

»So ist dieser Roman im übrigen, was Ausführung und Einkleidung anbe-
langt, ein wirkliches Original, und ein Original, das den Deutschen Ehre
macht (...) wir finden durch und durch einen feinen und fruchtbaren Witz,
eine spottende Satire, und an sehr vielen Stellen etwas, das uns Deutschen
nicht so sehr eigen ist, einen wirklichen *Humor*. Zu dem allen bemerken
wir noch zwei den deutschen Schriftstellern, zumal in dieser Gattung
Schriften, noch nicht ganz so geläufige Eigenschaften, einmal daß, ungeachtet die ganze Handlung komisch (...) ist, gleichwohl die Sprache und
der Ausdruck einen so feinen und anständigen Charakter behält, daß kein
pöbelhafter Zug leicht eine widerwärtige Empfindung erregt; und zweitens, daß sich in diesem Roman Welt, Kenntnis des Menschen, scharfsinni-
ge Beobachtung und eine Philosophie äußert, die nicht bloß in einem
Compendio erlernt worden sein mag (...)« (2.Bd.,1764,S.993).

> »Der Erfolg bewies, daß ich unschuldiger Wei-
> se A b b i l d u n g e n gemacht hatte, da ich
> nur F a n t a s i e n zu mahlen glaubte.«
> (SW,Bd.20,S.300)

Dieser komische Narrenroman gehört zu den seltenen seiner Art
und Qualität in der gesamten deutschsprachigen Literatur (zuerst
erschienen 1774 als *Die Abderiten. Eine sehr wahrscheinliche Geschichte*, 1781 als *Geschichte der Abderiten* vervollständigt und ergänzt durch einen *Schlüssel zur Abderitengeschichte*). Der irgend-
wann im Herbst 1773 gefaßte Entschluß, ihn zu schreiben, war sicherlich nur vom letzten Anlaß her die Frucht »einer Stunde des
Unmuths«, als Wieland aus seinem Weimarer »Mansardenfenster
herab die ganze Welt voll Koth und Unrath« erblickte und sich »an
ihr zu rächen beschloß« (Starnes II,S.482); vom künstlerischen Ergebnis her war sie jedoch – nicht nur im Rahmen des Wielandschen
Gesamtschaffens – die einer Sternstunde. Die Berührungspunkte
und auch partiell vorhandene Identität der konzeptionellen Voraussetzungen beziehungsweise Konsequenzen im Verhältnis zur *Geschichte des Agathon* sind – ungeachtet aller Unterschiede – nicht zu
übersehen: Wie der *Agathon* ist es eine *Geschichte* – den ersten Ge-
dankengang seines *Vorberichts* widmet Wieland der Versicherung,
daß der Gewährsmann für die »W a h r h e i t der bey dieser Geschichte zum Grunde liegenden Thatsachen und karakteristischen
Züge« die » N a t u r s e l b s t« sei (SW,Bd.19,S.3ff.); und beide
Romanhandlungen sind in die Antike verlegt – Abdera war im 6.
Jahrhundert v.Chr. das griechische Schilda. Allerdings geht Wieland
hierbei einen neuen Weg, indem er die seit Winckelmann aktuelle
»Wiedererweckung des Griechentums als Urbild humaner Vollendung« durch ein Griechentum »als Modell der Schwächen und Frag-
würdigkeiten seiner Zeitgenossen« ergänzt (Martini, 1981,S.166).
Der gravierende Unterschied besteht also in dem hier von Anfang
an komischen Grundgestus. Insbesondere die Schaffung eines neuen
ironischen Erzählstils fügt für Martini »der geistes- und gesell-
schaftsgeschichtlichen Bedeutung dieses Romans einen künstlerischen Wertrang hinzu« (ebd.,S.153). Daraus erwächst eine originelle
Romanstruktur, bei der sich Einflüsse des Lustspielschemas ebenso
nachweisen lassen wie die der traditionellen Schwank- und Narrenli-
teratur. (Zu Quellen, Einflüssen und Tradition vgl. ebd.,S.159ff.)
Wielands unerbittlich kritischer Blick und seine Menschenkenntnis
bringen insbesondere vom 3. Buch an eine Satire hervor, die seine

zeitgenössische philisterhafte Umwelt in vielen Lebensformen und -situationen an den Pranger stellt, aber damit auch zeitlose menschliche Gebrechen bloßlegt, während die ersten beiden Bücher noch stärker humoristisch geprägt sind.

1773 hat er nicht nur die insgesamt deprimierenden Erfahrungen in Biberach und Erfurt hinter sich; seit einem Jahr wachsen nun auch die Enttäuschungen über sein Leben als Prinzenerzieher in Weimar, von dem er sich so viel versprochen hatte. Die Diskrepanzen über sein pädagogisches Vorgehen, Hofintrigen und das schmerzliche Vermissen von Freiräumen für seine umfangreichen literarischen Ambitionen – seit 1773 ist er auch Verleger und Herausgeber des *Teutschen Merkurs* – vergällen ihm zusehends das Leben. Gleichzeitig hat er sich respektloser, ja höhnischer Angriffe der sich gegenüber dem Repräsentanten der älteren Generation profilierenden jungen ›Stürmer und Dränger‹ zu erwehren, sich mit deren ästhetischen Positionen einschließlich ihrer politischen Prämissen beziehungsweise Konsequenzen auseinanderzusetzen und seine Erfahrungen am Mannheimer Theater 1777 im Zusammenhang mit der Aufführung des Singspiels *Rosemunde* zu verarbeiten (Sengle, 1949, S.293f.). Wieland hat selber später immer Wert darauf gelegt zu erklären, daß den *Abderiten* nicht »die Reichsstadt Biberach zu Grunde liege. Den ersten Stoff dazu hätten die Residenzstädter gegeben« (Starnes II,S.604). Daneben gilt es für ihn nach wie vor, sich weiterhin mit grundsätzlicher aufklärerischer Ideologie-Kritik zu befassen. Während sich die geistigen Debatten generell verschärften, überschnitt sich sein wachsender Ruhm als Schriftsteller in den siebziger Jahren mit Enttäuschung und Desillusionierung in vielfältiger Weise: im persönlichen Leben, aber auch in ästhetisch konzeptioneller Hinsicht. Um der Selbstbehauptung und künftigen Orientierung willen war eine kritische Bilanz unabdinglich. So verabschiedet beziehungsweise distanziert er sich in diesem Werk über eine launige, aber unerbittliche künstlerische Analyse der Psychologie des Spießbürgertums, der gegenüber die Vernunft machtlos ist, weitgehend nicht nur von den euphorischen aufklärerischen, sondern auch neuzeitlichen (›Sturm-und-Drang‹-) Humanisierungsideologien. Unabhängig davon, daß viele der von Wieland gestalteten Figuren, Situationen und Details durchaus ihr unmittelbares, für die Zeitgenossen ohne Schwierigkeiten erkennbares oder zumindest vermutbares Vorbild hatten: Wesentlich für das Werk ist, daß er gleichzeitig mittels Ironie sowie überwiegend satirischer Überhöhung angriffslustig und souverän ins Zentrum menschlichen Fehldenkens und -verhaltens traf, daß er niemals den Anspruch aufgab, »nach dem Allgemeinmenschlichen gestrebt zu haben« (Sengle, ebd.S.336). Abdera und

Abderiten seien überall, gibt er im September 1778 auf eine Klage Bescheid, in der die Satire über das Theaterwesen (3. Buch) auf die spezielle Situation in Mannheim bezogen wird (Starnes I,S.644); und 1781 schreibt er im abschließenden *Schlüssel zur Abderitengeschichte*: »Sie sind ein u n z e r s t ö r b a r e s, u n s t e r b l i c h e s Völkchen: ohne irgendwo einen festen Sitz zu haben, findet man sie a l l e n t h a l b e n; (...) haben sie sich doch bis auf diesen Tag rein und unvermischt erhalten (...)« (SW,Bd.19,S.302). So verbinden sich bei Wieland aktuelle Kritik mit einer zu Resignation tendierenden anthropologisch erklärenden Sichtweise; es ergibt sich ein ästhetisches »Ineinander zwischen einer satirischen Ironie, die das Mißverhältnis von Schein und Sein aufdeckt, und einem Humor, der sich mit dem mißlichen Sein aussöhnt, indem er es erkennt« (Thomé, 1994,S.144f.).

Wieland entfaltet das Wesen der Abderiten in fünf Büchern, die jeweils unterschiedliche Lebensbereiche akzentuieren. Im 1. Buch charakterisiert er sie als Menschen, deren Einbildung »einen so großen Vorsprung über ihre Vernunft« gewann, »daß es dieser niemahls wieder möglich war, sie einzuhohlen«, und ihre Einfälle selten auf die Gelegenheit paßten, »wo sie angebracht wurden (...) Die natürliche Folge hiervon war, daß sie selten den Mund aufthaten, ohne etwas a l b e r n e s zu sagen. Zum Unglück erstreckte sich diese schlimme Gewohnheit auch auf ihre Handlungen« (SW,Bd.19, S.9f.). Zunächst setzen sich die Philister mit ihrem einsamen Ausnahmebürger, dem Naturwissenschaftler und Philosophen Demokrit, auseinander und beschließen im 2. Buch folgerichtig, diesen als Irren zu entmündigen. Der zu diesem Zweck herbeigerufene berühmte Arzt Hippokrates durchschaut jedoch die Situation und erklärt nicht Demokrit, sondern die Abderiten für krank. Demokrit, aber auch die Gestalten des Hippokrates und Euripides stellen nicht nur Kontrastfiguren dar; Wieland setzt sie als Medien seines eigenen kritischen Blicks, als »objektivierende Verdoppelung(en) des Autors« ein und erzielt damit eine ästhetisch reizvolle »Mehrstimmigkeit, auf die sein zwischen Identifikation und Distanzierung schwebender Erzählstil eingerichtet war« (Martini, 1981,S.173). In diesem Buch entwickelt er auch ausführlich seine humanistische Vorstellung vom ›Orden der Kosmopoliten‹ (6.Kap.). Das 3. Buch – *Euripides unter den Abderiten* – rechnet mit der Beziehung der Philister zur Kunst und unmißverständlich mit Wielands eigenen literarischen Gegenspielern ab. Berühmt geworden ist das spannungsvoll komponierte 4. Buch *Der Prozeß um des Esels Schatten*, in dem ein nichtiger juristischer Streit der Anlaß zu einem ruinösen, religiös verbrämten Machtkampf wird – von Ludwig Fulda 1920 zu einer Komödie und von Friedrich Dürrenmatt 1951 als Hörspiel verarbeitet. Im 5. Buch schließlich geht die Stadtrepublik am Streit über die sich ungehemmt vermehrenden ›heiligen Frösche‹ der Schutzgöttin Latona zugrunde; zusammen mit Mäusen vertreiben sie die hilflosen und leicht manipulierbaren Abderiten aus ihrer Stadt. Dabei zielt Wieland nicht nur auf ein Mönchswesen, wie es ihm spätestens seit Erfurt fragwürdig und unheimlich geworden war; auch die ›Gegenfröschler‹ werden als Pseudo-Aufklärer parodiert.

War es im *Don Sylvio* der einzelne liebenswerte Schwärmer, der mit Humor letztendlich zur Vernunft gewandelt wurde, rechnet Wieland hier akzentuiert ironisch-satirisch mit einem ›Gruppen-Narren‹ ab, dessen Torheit durch den Wechsel der Bewährungssituationen immer gründlicher manifest wird. Der Roman gewinnt damit in mehrfacher Hinsicht eine Schlüsselfunktion.

Indem Wieland Phänomene der »Genese und Erscheinungsformen kollektiven Wahns« künstlerisch darstellt, vermittelt er Einsichten, die bereits »weitgehend« den Gesetzen entsprechen, »welche die spätere Massenpsychologie aufzustellen versuchte«, und »darüber hinaus schon auf Einsichten der neueren Sozialpsychologie« verweisen (Rotermund, 1978,S.439). Zu den hierfür aufschlußreichen und auch aktuell relevanten Vorgängen im Roman zählen kollektive Aggressivität, die Rolle konkurrierender Namensgebung für die Entstehung rivalisierender Gruppen sowie ihrer Anführer, aber auch das vom Autor angebotene Verlachen sozialen Fehlverhaltens als therapeutische Möglichkeit der Konfliktbewältigung (ebd.,S.419ff., 440). Von dieser Beobachtung her kann das Werk als »erster massenpsychologischer Roman« in der deutschen Literatur begriffen werden (ebd.,S.417). Wieland verfolgt damit sein grundsätzliches künstlerisches Anliegen, den Menschen als Zentrum des poetischen Kommunikationsprozesses psychologisch tief zu durchdringen, wobei ihm eben bereits bewußt ist, daß für Individuum und Gemeinschaft unterschiedliche Regeln gelten. Die anthropologische Ausrichtung seiner literarischen Bemühungen ist also in aufschlußreicher Weise ›sozialpsychologisch‹ akzentuiert (vgl.ebd.,S.440). Nachdem das Stadtbürgertum in seiner Komplexität bereits im *Agathon* eine Rolle als desillusionierender Faktor gespielt hat, rückt es – ursprünglich ein wesentlicher Hoffnungsträger der Aufklärung – aus soziologischer Sicht nun in das ästhetische Zentrum, wobei der Schwerpunkt von Wielands Kritik auf den Angehörigen der patrizischen, im Wohlstand lebenden Oberschicht liegt (Rudolph, 1985,S.222f.). Die von Wieland vorgenommene Differenzierung der unterschiedlichen Schichten umspannt den

»harmlos-selbstzufriedenen, albern-naiven Spießer über den superklugen äs-thetisierenden Bildungsbürger (...) über den egoistischen, parvenühaften Bourgeois bis zu der bösartigen Abart des geld- und machtlüsternen Spie-ßers, des sturen Fanatikers und des gewissenlosen Intriganten, in denen das Inhumane aufbricht (...)« (Martini, 1981,S.171f.),

bis hin zu den seltenen aufgeklärt-vernünftigen, kosmopolitischen, aber machtlosen Antipoden. Damit hat diese Darstellung als Wider-spiegelung des zeitgenössischen bürgerlichen Differenzierungspro-zesses einen konkreten sozialhistorischen Hintergrund; das Werk ist der erste gesellschaftskritische Roman in der deutschen Literatur des 18. Jahrhunderts,

»der durch seine panoramaartige Weitung auf alle Gebiete – vom Eroti-schen, Ästhetischen, Philosophischen bis zum Politischen und Religiösen – der voraufgegangenen satirischen Zeitliteratur (...) überlegen war. Er bedeu-tet die erste, künstlerisch durchgestaltete Dokumentation einer bürgerli-chen Selbstkritik, die ihre Voraussetzungen in der Struktur der bürgerlichen Mentalität seit der Aufklärung besitzt« (ebd.,S.167).

Gleichzeitig kann diese zeitgenössische Bedeutung jedoch nicht die allgemeingültige Komponente überdecken: Wieland diskutiert hier keinesfalls nur reale Gesellschaftsstrukturen; es geht gleichzeitig um die offenbar intensive Grunderfahrung, daß das Zusammenspiel zwischen humanistischer geistiger Elite und der Mehrzahl der Bür-ger wegen deren weithin vorherrschender Unfähigkeit zur individu-ellen geistig-moralischen Wandlung nur wenig Hoffnung auf Erfolg bietet. Ganz spezifisch aufklärerische Hoffnungen werden damit ge-radezu programmatisch auf ein Minimum reduziert. Aufschlußreich für Wielands Verhältnis zu Religion und Kirchen ist die Darstellung der ›Froschreligion‹. Eine generalisierende Deutung würde hier zu Mißverständnissen führen: Religion wird, wenn sie Seelsorge und sittliche Erziehung wirklich in den Mittelpunkt ihrer Tätigkeit stellt, für ihn bis ins Alter hinein immer ein wichtiger Partner men-schenbildender und auch staatserhaltender Aufklärung sein; gerade dieser hohe Anspruch jedoch läßt ihn umso erbitterter gegen alle Ausartungen der institutionellen Kirchen in Vergangenheit und Ge-genwart zu Felde ziehen, wie er sie ja auch ganz persönlich beispiels-weise während seiner Erfurter Jahre erfahren mußte.

Hinsichtlich einer für ihn noch verbleibenden ›aufgeklärten‹ Per-spektivegewißheit vermittelt Wieland – vor allem über die Erfah-rungen seiner Demokrit-Figur – folgende Denkanstöße:

– Vorbedingung sei ein illusionsloser Verzicht auf nicht einlösbare paradiesische Zukunftsbilder:

»Ein Land, wo ewiger Friede herrscht, und wo alle Menschen in gleichem Grade frey und glücklich sind; wo das Gute nicht mit dem Bösen vermischt ist, (...) wo lauter Schönheit, lauter Ordnung, lauter Harmonie ist, – mit Einem Wort, ein Land, w i e I h r e M o r a l i s t e n d e n g a n z e n E r d b o d e n h a b e n w o l l e n, ist (...) ein Land, wo die Leute k e i n e n M a g e n u n d k e i n e n U n t e r -l e i b haben, (...) w o m a n k e i n e B e d ü r f n i s s e h a t.« (SW,Bd.19,S.111f.)

— Das, was den »Moralisten« wirklich zu tun bleibe, sei, die »Natur erst ein wenig k e n n e n lernen«, »durch Beyspiele bessern, statt durch frostiges Gewäsche zu ermüden« und »keine Wirkungen fordern, wovon die Ursachen noch nicht da sind, und nicht verlangen daß wir die Spitze eines Berges erreicht haben sollen, ehe wir hinauf gestiegen sind« (SW,Bd.19,S.113). Da sich die in der Überzahl befindlichen Philister humanistischen Idealen, einer vernunftbetonten altruistischen Ethik verschließen, wird das von Demokrit, Hippokrates und Euripides verkörperte Denken und Handeln zum Einzelfall – und der Widerspruch zwischen idealem Anspruch und realem Ergebnis offenbar. Er ist die Ursache für den Unterton von Resignation, für die Skepsis und Ironie, womit Wielands Erzähler den Roman auch abschließt:

Der »glückliche Zeitpunkt (...), wo die Abderiten n i e m a n d m e h r ä h n l i c h sehen«, könne dann »nicht mehr weit entfernt seyn (...), wenn (...) alle die Erziehungsbücher, womit wir seit zwanzig Jahren so reichlich beschenkt worden sind (...), nur den zwanzigsten Theil der herrlichen Wirkungen thun, die uns die wohlmeinenden Verfasser hoffen lassen.« (SW,Bd.20,S.287f.)

— Wenn Wieland seiner »Skepsis gegenüber der Erziehbarkeit der bürgerlichen Masse« Ausdruck verleiht (Martini, 1981,S.168), akzentuiert er gleichzeitig hier – und noch eindeutiger in seinen späteren Werken – die prägende Rolle natürlicher Anlagen stärker als die äußerlicher Einwirkungen: Individuelle ›Entwicklung‹ wird zwar nicht ausschließlich, aber doch vorrangig als ›Auswicklung‹ angeborener, unveränderlicher Persönlichkeitskomponenten begriffen. Somit verdeutlichen die *Abderiten*, weshalb Wieland nicht mehr dazu bereit ist, die von ihm mit der *Geschichte des Agathon* eingeleitete Linie des Entwicklungsromans, wie sie sich ansatzweise auch noch im *Don Sylvio* findet, künftig selber weiterzuführen.

— Indem Wieland als charakteristisches Element ›abderitischer‹ Narrheit einen borniertem Lokalpatriotismus ermittelt und diesem programmatisch den Kosmopolitismus gegenüberstellt, bekennt er sich zu einer für ihn überhaupt kennzeichnenden Grundhaltung: Er ist einer der Väter des modernen Kosmopolitismus. Sengle bemerkt, daß die entsprechende Passage bei Wieland an Lessings *Gespräch für Freimaurer* (1778) erinnere »und in der deutschen Geistesaristokratie wahrscheinlich noch mehr Wirkung tat als jenes Werk« (1949,S.333). Gleichwohl hat gerade dieser Grundzug seines Schaffens immer wieder seinem Ansehen und der Verbreitung seiner Werke während der nationalistisch geprägten Phasen unserer Geschichte im 19. und 20. Jahrhundert Abbruch getan.

Schließlich ist der Roman nicht nur Ausdruck von Wielands Tageskämpfen mit dem ›Sturm und Drang‹; er zeigt auch weiterreichende Gründe dafür, weshalb sich Wieland in diesen Jahren dem neuen ästhetischen Konzept und vor allem auch dessen politisch-sozialen Implikationen verschließt: Seine Einsichten verwehren ihm euphorischen Aktivismus und Zukunftsglauben ebenso wie eine akzentuierte Orientiertheit auf nationale sowie plebejische, den Gedanken der Volkssouveränität favorisierende Tendenzen beziehungsweise Traditionen. Wielands Roman ist mit gutem Grund als »Präludium des Humanitätsideals der deutschen Klassik und als ein übergeschichtliches Leitbild einer durch Vernunft, Sitte und Geschmack erzogenen Liberalität der Welterfahrung« gewertet worden (Martini,1981, S.156). Er gilt übereinstimmend als eine »Gipfelung seiner Erzähl- und Stilkunst« (ebd.,S.154) – und damit als einer der Glanzpunkte deutschsprachiger komischer Romanliteratur überhaupt. Auch international zählen die *Abderiten* – sie sind in 12 europäische Sprachen übersetzt worden – neben *Oberon* und *Agathon* zu den am weitesten verbreiteten Werken Wielands.

4. Epische Versdichtung

4.1. Blütezeit von Verserzählung und kleinem Versepos

Als die Gottschedin 1744 Alexander Popes *The rape of the locke* (1714) in einer deutschen Versfassung vorlegte und Justus Friedrich Wilhelm Zachariä im selben Jahr sein komisches Heldengedicht *Der Renommist* veröffentlichte, leiteten sie damit eine auffällig konzentrierte Blütezeit der Verserzählung und des kleinen Versepos ein. Die Höhepunkte dieser neuen poetischen Textsorte innerhalb der deutschsprachigen Literatur des 18. Jahrhunderts schuf seit 1762, dem Entstehungsjahr der ersten *Komischen Erzählungen*, Wieland,

der 1796 mit *Pervonte oder die Wünsche* (3. Teil) auch den Schluß-
punkt setzte (vgl. Preisendanz, 1962,S.17). Es handelt sich hierbei
um literarische Formen, deren Wurzeln in der deutschsprachigen
Dichtung weit zurückreichen: über die gereimten Schwankdichtun-
gen des 16. Jahrhunderts, die mittelalterlichen Versepen bis hin zum
altgermanischen Heldenlied. Die Autoren der Aufklärungszeit gehen
allerdings völlig frei und originell mit der Tradition um. Dort, wo
sie unmittelbar auf bereits vorgeformte Sujets aus der deutschen
oder ausländischen Literatur zurückgreifen, heben sie diese auf eine
völlig andere – in der Regel komische – Stilebene, so daß insbesondere Wieland geradezu als Begründer der modernen deutschen Travestie gelten kann (Craig, 1970). Sie lassen sich dabei auch nicht auf
eine bestimmte Versform festlegen, sondern nutzen den Knittelvers
ebenso wie den Alexandriner oder beispielsweise die Stanze, und sie
entwickeln vor allem eine durchaus neuartige und spezifische Text-
struktur. Man hat das Auftreten insbesondere der Verserzählung gerade in jenen rund fünfzig Jahren in einen Zusammenhang mit dem
›Rokoko‹ gebracht und dementsprechend Wieland häufig als Repräsentanten einer späten ›Rokoko‹-Dichtung in Deutschland bezeichnet (z.B. Teesing, 1946,S.166ff.; Sengle, 1949,S.209ff.). Dafür sprechen im Vergleich mit der französischen höfisch-galanten und auch
englischen Literatur dieser Richtung gemeinsame Kennzeichen –
von der Kultur einer stimmungsvollen Atmosphäre, des Verspielten,
Vieldeutigen sowie der Verbindung zwischen sinnlichem Reiz und
Geist bis hin zur dominierenden kunsttheoretischen Grundlage,
nämlich der Kalokagathie (griech.: Einheit von Schönheit und Gut-
sein). Allerdings läßt sich die literarische Spezifik mit dem ursprünglich aus der bildenden Kunst entlehnten ›Rokoko‹-Klischee
wohl doch nur unzureichend erfassen (vgl. hierzu auch Preisendanz,
1962,S.17f.). Das Aufblühen dieser poetischen Genres – und damit
auch ihre Rolle innerhalb des Gesamtschaffens von Wieland – hängt
zweifellos mit einer Reihe gravierender, untereinander verwobener
literarhistorischer Prozesse zusammen.

Aus der Sicht von Wieland gehört dazu sein bereits in anderem
Zusammenhang erörtertes Anliegen, das enge ›Naturnachahmungs‹-
Konzept zu überwinden und seine Leser aktiv in den künstlerischen
Kommunikationsprozeß einzubeziehen: Daraus resultieren die hier
immer wieder zu beobachtende neuartige Rolle des Subjektiven und
damit der Phantasie, die betonte Anwendung von Techniken mittel-
bar künstlerischer Darstellung, eine bisher weitgehend unbekannte
Kunst atmosphärischer Gestaltung sowie auch die generelle Veränderung in der Gewichtung des poetischen Erzählvorganges, der gegenüber dem Erzählgegenstand entschieden an Eigenbedeutung ge-

winnt (Sengle, 1949,S.210; Preisendanz, 1962,S.25f.,30). Dazu gehört ebenfalls die Erfahrung des Scheiterns der poetischen Bemühungen um die Gestaltung eines harmonischen und zugleich humanistischen, von rationaler Weltsicht getragenen Lebensmodells, was ganz zwangsläufig eine ständige Auseinandersetzung mit der Problematik des Fragments hervorrufen mußte: Nicht nur im *Agathon* zeitigt das Folgen, sondern auch in Wielands Versdichtungen, wo das Fragmentarische (z.B. *Idris und Zenide*) neben der gelungenen Gestaltung einer in sich geschlossenen Welt steht (*Musarion*). Bei alldem ist es nicht erstaunlich, daß Wieland stets nur Worte der Bewunderung für Sternes Romanschaffen fand, der ihn gerade wegen seines planvoll fragmentarischen Charakters, seiner subjektiven Unmittelbarkeit und seiner großartigen Komik tief beeindruckte und von dem er sich auch immer wieder künstlerisch anregen ließ (vgl. Sengle,1966,S.16). Nachdem er den – ihm 1763 durch Julie von Bondeli empfohlenen – Roman *The Life and the Opinions of Tristram Shandy* (1760) gelesen hatte, erklärte er spontan diesen Autor geradezu als den »beinahe einzigen« in der Welt, den er »mit einer Art von ehrfurchtvoller Bewunderung ansehe«: »Ich werde sein Buch s t u d i e r e n, so lang ich lebe (...)«. (WBW III,S.479)

Und nicht zuletzt sind die Versdichtungen Wielands auch unverwechselbar geprägt durch seine für ihn so charakteristische Auffassung von ›Wahrheit‹, wie er sie prägnant in dem Aufsatz *Was ist Wahrheit?* (1774) fixiert hat:

»Die Wahrheit ist, wie alles Gute, etwas v e r h ä l t n i s m ä ß i g e s (...) Keinem offenbart sie sich g a n z; jeder sieht sie nur s t ü c k w e i s e, (...) aus einem andern Punkt, in einem andern Lichte; jeder vernimmt nur e i n i g e Laute ihres Göttermundes, keiner die n e h m l i c h e n – (...)« (SW,Bd.24,S.42,50).

Zu den ästhetischen Konsequenzen daraus gehören in den Versdichtungen nicht nur die auch hier kultivierte Dialogform, sondern erstens auch die »Preisgabe jedes einheitlichen, eindeutigen, absoluten sprachlichen Bezugs zu allen gegenständlichen Elementen des Erzählens und zweitens die Ablösung der unmittelbaren Darstellung der Begebenheiten, Situationen und Figuren durch eine perspektivisch gebundene oder gebrochene Darstellung«, die Preisendanz als die »beiden entscheidenden Prinzipien seiner Erzählstruktur« benennt (1962,S.27).

Mit zunehmender Erfahrung und im Zusammenhang mit den journalistischen Anforderungen des von ihm seit 1773 herausgegebenen *Teutschen Merkurs* äußert sich Wieland auch theoretisch über seine Vorstellungen von wirkungsvoller moderner Versdichtung. Er legt dabei immer hohe Anforderungen beim Schaffensprozeß zugrunde, um die wünschenswerte künstlerische Perfektion zu erzielen. So setzt er sich unter anderem sowohl mit der spezifischen Eignung und den Besonderheiten der deutschen Sprache als auch mit den poetischen Techniken auseinander. Besonders aufschlußreich sind in diesem Zusammenhang seine erstmalig 1782 im *Teutschen Merkur* veröffentlichten Aufsätze *Was ist Hochdeutsch?* und *Sendschreiben an einen jungen Dichter*. In ihnen steckt er das Problemfeld ab und sucht sein Publikum ästhetisch zu erziehen, von dem er weiß:

»Unter tausend Lesern hat kaum Einer einen deutlichen und bestimmten Begriff von den S c h w i e r i g k e i t e n und von dem H ö c h s t e n d e r K u n s t. Die Leser oder Zuhörer fühlen wohl, ob man sie i n t e r - e s s i e r t oder g ä h n e n m a c h t: aber das ist auch alles!« (SW,Bd.24,S.21f.)

Im *Sendschreiben* werden gleichzeitig die Kriterien sichtbar, um deren Erfüllung er selber stets ringt:

»(...) wenn die Sprache immer rein, der Ausdruck immer angemessen, der Rhythmus immer Musik ist, der Reim sich immer von selbst, und ohne daß man ihn kommen sah, an seinen Ort gestellt hat; wenn alles wie mit E i n e m G u ß g e g o s s e n (...) da steht, und nirgends einige Spur von Mühe und Arbeit zu sehen ist: so kann man sich sicher darauf verlassen, daß es dem Dichter, wie groß auch sein Talent seyn mag, u n e n d l i - c h e M ü h e gekostet hat. (...) da es vielleicht in keiner Europäischen Sprache schwerer ist schöne Verse zu machen als in der unsrigen, so muß auch der Fleiß und die Anstrengung (...) verhältnißmäßig desto größer seyn.« (SW,ebd., S.23)

Das komplizierte Verhältnis zwischen europäischer stilgeschichtlicher Tradition (Horaz, Lukian, Tasso, Ariost) und individueller Erneuerung durch Wieland stellt Sommer dar (1981,S.344ff.). Auf dem Gebiet der metrischen Form weist er dabei gegenüber bis heute immer wieder gängigen Meinungen nach, daß es Wieland – und nicht Lessing – war, der neben den italienischen Stanzen als erster den für das klassische Drama so wichtigen Blankvers in die deutsche Dichtung eingeführt hat (ebd.,S.351); als »durchgehendes metrisches Grundprinzip« in Wielands späteren Versdichtungen ermittelt er das jambische Alternieren (ebd.,S.361).

4.2. »Komische Erzählungen« und »Kombabus oder was ist Tugend«

Mit den zwischen 1762 und 1765 entstandenen *Komischen Erzählungen* verblüffte, erfreute oder entsetzte Wieland sein Publikum – funkelnde Schönheit wurde ihnen nachgesagt und unmoralische Schlüpfrigkeit. Sicherlich hat er sie geschrieben, um auch den Beifall des weltmännischen Schloßherren auf Warthausen und seines geselligen Salons zu gewinnen; aber die Spezifik der Texte und ihre Wirkungen offenbaren, daß diese frivol-burlesk anmutenden kleinen Versgeschichten nicht unwidersprochen das ihnen häufig verliehene Markenzeichen völlig unbedeutender Nebenprodukte an der »Peripherie von Wielands Werk« (Sengle, 1949,S.173) verdienen. Mehrere Faktoren förderten diesen künstlerischen Ausbruch aus der Konvention: Wesentliche Voraussetzung ist zweifellos generell die beruflich bedingte »Rollenvielfalt des Biberacher Kanzleidirektors«, die ihm einen völlig neuartigen »Spielraum der individuellen Handlungsoptionen sowie die Fähigkeit zur Rollendistanz« (Erhart, 1991,S.78) vermittelte; dazu gehören ferner das Liebeserlebnis mit ›Bibi‹ Hagel und die Querelen um die berufliche Existenz – ein verzweifeltes Ringen gegen Heuchelei, frömmelnde Scheintugend und Provinzialismus – ebenso wie die Erfahrungen seiner Besuche auf Schloß Warthausen, das ihm zeitweilig eine Gegenwelt zur kleinbürgerlichen Misere des Alltags in Biberach war und den französischen ›esprit‹ liebenswert machte.

Allen Erzählungen legt er erotisch-pikante Episoden aus den griechischen Göttersagen zugrunde, und insbesondere dem in Literatur und antiker Mythologie bewanderten Leser öffnet sich die häufig nur von Anspielungen lebende Komik; Wieland realisiert diese vornehmlich in Form der gegen Ende des 18. Jahrhunderts dann immer beliebter werdenden Travestie. In *Das Urtheil des Paris. Eine scherzhafte Erzählung nach Lucian* (1764) findet sich Wielands eigenes künstlerisches Credo für diese Werkgruppe – verbunden mit einer prophylaktischen Verteidigung:

> »Freund L u c i a n, der Spötter« diene ihm
> »(...) zum wahren Äskulap;
> Er treibt die Blähungen der Seele sanft uns ab,
> Und weiß die Kunst, mit Lächeln oder Lachen
> Uns klüger oft, vergnügter stets zu machen (...)«
> (SW,Bd.10,S.154)

Auf genüßlich-unterhaltsame Weise legt er in der für den jungen Hirten/Fürstensohn Paris, aber ebenso für die nach dem Schönheitspreis gierenden Göttinnen Juno, Venus und Pallas Athene zugespitzten Entscheidungssituation nicht nur ausgesprochen programmatisch den menschlichen Kern der ›Götter‹-Psyche bloß; er nutzt gleichzeitig das pikante Geschehen, um seinen Lesern selber spöttisch einen Spiegel vor Augen zu halten, indem er mit souveräner Menschenkenntnis eine breite Palette charakteristischer Denk- und Verhaltensweisen ›komisch‹ präsentiert.

Während hier der tragende Konflikt vorrangig im/vom handelnden Menschen (Paris) auszutragen ist und im Verlauf seiner Lösung vielfältige aufschlußreiche Reaktionen offengelegt werden, sind die anderen drei – von Wieland selber bevorzugten – *Komischen Erzählungen* einheitlich anders akzentuiert. In *Diana und Endymion* (1762) schmelzen der überlieferte, sprichwörtliche Stolz und die Sprödigkeit der Göttin Diana hilflos vor der Schönheit des jungen Hirten Endymion dahin; auch Verstand und Klugheit, die den Ruf der Göttin in Gefahr sehen, haben gegenüber der übermächtigen Neigung, den Jüngling zu lieben, keine Chance. Die beiden anderen Erzählungen – *Juno und Ganymed* (1762-65) sowie *Aurora und Cefalus* (1764) – zielen unmittelbar auf eine Konfrontation zwischen ›Tugend‹ als öffentlich sanktionierter Moralnorm und ›Natur‹. Hier ist es die – Tugend, Ehrbarkeit und strenge Moral repräsentierende und einfordernde – Gattin Juno des Götterfürsten Zeus, deren eigene Tugend hilflos versagt; dort ist es die ebenfalls als tugendhaft berühmte, mit dem alten Tithon verehelichte Göttin Aurora, die »verbotenen Trieben« folgt:

> »Mir ist es leid, daß ich gestehen muß:
> Ihr mögt nun was ihr könnt von ihrer Tugend halten,
> Allein, so war's! Sie schlich von ihrem Alten
> Sich heimlich weg, und sucht' den jüngern Kuß
> Des schönen C e f a l u s.« (SW,Bd.10,S.194)

Die Götterfiguren verkörpern den auf ein allgemeinmenschliches Problem zugespitzten Konflikt, wobei die übermächtige Kraft der ›Natur‹ gegenüber Stolz, Klugheit und offizieller Moral demonstriert wird. Wieland nutzt die von ihm zugespitzte – ›göttliche‹ – Situation immer, um Grundzüge seines Menschenbildes in sozusagen ›reiner‹ Form darzulegen, also seinen Lesern Varianten typischer menschlicher Motive oder Reaktionen vorzustellen und psychologisch zu begründen. Dabei werden die Göttergestalten augenzwinkernd entthront, aus ihrer sinnbildhaften Statik befreit; und durch sie wird die menschliche Sucht, Moralnormen scheinheilig verkörpern zu wollen, komisch entlarvt. Diese Komik erwächst immer wieder daraus, daß der Leser in ein reizendes Spiel zwischen moralischem Schein und wirklichem Sein hineingezogen wird, zu dem in der Regel auch die – bekanntlich bevorzugt komische Effekte bewirkende – Diskrepanz zwischen Absicht und Ergebnis gehört.

Diese kleinen Werke können neben den im gleichen Zeitabschnitt entstehenden Romanen ihr ganz spezifisches Gewicht, ihre für Wieland zweifellos wichtige Rolle im Rahmen des von ihm komplex vorangetriebenen ästhetischen Strategiewandels beanspruchen: Indem er Triebfedern und Abgründe des menschlichen Denkens und Handelns enthüllt, wobei er für Autor und Leser Distanz zu seinen Figuren beansprucht beziehungsweise einfordert, gewinnt sein Menschenbild gegenüber einer auf Rollenidentifikation setzenden schwärmerischen ›Empfindsamkeits‹-Literatur eine spürbar neue Qualität. Mit seinem akzentuierten Beitrag zur ›Tugend‹-Debatte macht er geradezu provokativ auch hier seine ernüchternde Realitätsnähe, seine Überwindung der ›moralischen Tendenzliteratur‹ deutlich. Für diese Erzählungen, in denen die Kunst des raffinierten Auslassens oder Nur-Andeutens eine große Rolle spielt, hat Wieland eine adäquate Darstellungsweise gefunden, die sich durch Eleganz sowie eine virtuose Vers- und Reimgestaltung auszeichnet. Es handelt sich in der Regel um vier- bis sechshebige Verse mit Auftakt, die unregelmäßig gereimt sind und damit den Eindruck des Unkonventionellen, aber auch die Eingängigkeit und Flüssigkeit des Textes zielstrebig befördern; Sengle sieht in der Arbeit Wielands am Vers geradezu die »vielleicht (...) wichtigste Funktion und die eigentliche Bedeutung« der *Komischen Erzählungen* (1949,S.174).

Wenn Wieland hier der ›Tugend‹ ebenso wie dem Verstand gegenüber dem Liebestrieb keine Chancen einräumt, so spielt er einerseits ganz im Sinne der Salonkultur höchst unterhaltsam mit dem Hang seiner potentiellen Leser zur Frivolität; andererseits liegt das jedoch durchaus auf der Grundlinie seines gerade in diesen Jahren verfolgten Anliegens, eine lebensferne und verabsolutierende ›Tugend‹-Gläubigkeit abzuwehren, die Kraft und Differenziertheit der menschlichen Natur nachzuweisen und – nicht zuletzt – die deutsche Literatur an internationale Trends, in diesem Fall verkörpert durch die französische Literatur, heranzuführen. Gleichzeitig darf das Fazit der Erzählungen weder isoliert vom Gesamtwerk bewertet noch die Erzählerposition etwa mit der persönlichen des Dichters identifiziert werden: Wieland selber rang immer um einen tragfähigen Kompromiß zwischen der ›Natur‹ des Menschen einerseits und Vernunft, Moral andererseits. Dies zu beachten ist vor allem deshalb wichtig, weil gerade nach Veröffentlichung der *Komischen Erzählungen* im Jahre 1766 eine zum Teil erbitterte öffentliche Kritik an Wieland einsetzte, die sich auf seine angebliche ›Unmoral‹ und ›Lüsternheit‹ konzentrierte, die immer wieder kolportiert wurde und ihre Wirkung nicht verfehlte. Der ihn noch durch das 19. Jahrhundert verfolgende rufschädigende Vorwurf einer angeblichen sittlichen Gefährdung der Jugend findet hier seinen Ausgangspunkt. Wieland, dem selbst seine erbittertsten Gegner allerdings immer wieder zugestehen mußten, daß er persönlich als Familienvater moralisch untadelig war, hat seine Dichtungen grundsätzlich gegen diesen Vorwurf verteidigt.

Die 1770 – bereits in seiner Erfurter Zeit – veröffentlichte Erzählung *Kombabus oder was ist Tugend* ist von ihm auch später nicht unter die *Komischen Erzählungen* aufgenommen worden; dennoch gehört sie stofflich (ihre Grundlage ist ein von Lukian bearbeitetes altes syrisches Märchen), thematisch und formal in ihre unmittelbare Nähe: Die Treue einer schönen, als besonders tugendhaft geltenden jungen Königin wird ebenso auf die Probe gestellt wie die des Kombabus, der sie im Auftrag des Königs beschützen soll. Da der treue Kombabus aber von vornherein davon überzeugt ist, daß der Schein immer gegen ihn sprechen wird, weiß er sich nur durch eine Entmannung das letztlich in der Tat dann auch lebensrettende Alibi zu sichern: »Die Welt erkennt die Tugend nur am Schein« (SW,Bd.10,S.278); der Konflikt des »armen Platonisten« zwischen Ideal und Realität, den Wieland auch im *Agathon* durchgespielt hat, kann nur auf eine im Grunde tragische Weise gelöst werden. Die Ausklammerung aus den *Komischen Erzählungen* ist daher naheliegend; auch wenn Wieland das kleine Werk letztlich wieder mit einem komischen Aspekt enden läßt. Die auf Kombabus neidischen Höflinge haben schließlich nichts Eiligeres zu tun haben, als diesen zu kopieren:

> »Die Wuth sich zu k o m b a b i s i e r e n
> ergriff sie insgesammt. In kurzer Zeit bestand
> Der ganze Hof aus einer Art von Thieren,
> Die durch die Stümm'lung just das einzige verlieren,
> Um dessentwillen man sie noch erträglich fand.«
> (SW,Bd.10,S.289)

Offenbar auch als Antwort auf die Einwände zu den *Komischen Erzählungen* bietet der *Kombabus* – neben zielsicherer Hofkritik – sowohl eine energische Selbstbehauptung als auch vom thematischen Anliegen her eine unübersehbare Vertiefung: Abstrakte Tugendideale sind unter den Bedingungen des wirklichen Lebens nicht nur unnatürlich, sondern können als individuelle Lebensleitlinie ebenso wie als gesellschaftliche Bewertungsnorm lebensgefährlich sein.

Da von Wieland immer wieder die Gestaltung moralischer Vorbildfiguren gefordert und ihm der Vorwurf einer Gefährdung der

Moral gemacht wurde, antwortete er schließlich 1775 mit einem grundsätzlichen Bekenntnis. In den für seine Methode des dialogischen Argumentierens exemplarischen *Unterredungen mit dem Pfarrer von xxx* rechnet er erbittert mit gehässigen Kritikern und scheinheiligen Tugendaposteln ab, und er bringt seine Bemühungen um eine neue ästhetische Strategie aufschlußreich theoretisch auf den Punkt. Aus wirkungsästhetischer Sicht besteht er hier klarsichtig auf einer Differenzierung des ›Leser‹-Begriffs und auf der Vorstellung von ästhetischer ›Wirkung‹ als des Ergebnisses eines echten, zweiseitigen Kommunikationsprozesses. Er gesteht zu, einige Passagen seiner *Komischen Erzählungen* »mit zu viel Wärme koloriert« zu haben (SW,Bd.30,S.479), verteidigt sie aber prinzipiell gerade unter dem Aspekt moralischer »Nützlichkeit« und bekennt sich zu einem Aufbrechen des konventionellen Tugend-Laster-Schemas in der künstlerischen Gestaltung.

Wieland hatte sich inzwischen nicht nur mit den Vertretern älterer Fraktionen aus der Aufklärungsliteratur, sondern auch mit der ihn respektlos attackierenden jungen Generation der ›Stürmer und Dränger‹ auseinanderzusetzen. So auch mit dem ihm gegenüber voreingenommenen Lenz, der Wieland im Frühjahr 1776 in Weimar besuchte – und bei der ersten Begegnung ausgerufen haben soll: »Sind Sie Wieland? Ich dachte Sie mir mit Hörnern, Krallen, dem Pferdefuß« (Starnes I,S.578). Es ist bewegend, wie gerade Lenz dann die Argumentation Wielands gegenüber seinen eigenen Vorhaltungen über die *Komischen Erzählungen* selber als ihn überzeugend überliefert:

»(Es) ist ein wesentlicher Unterschied unter einem *schlüpfrigen* und einem *komischen* Gedicht, wie Wielands Erzehlungen und Ritterromane sind. In den ersten werden die Unordnungen der Gesellschaft ohne Zurückhaltung mit bachantischer Frechheit gefeiert (...) in diesen werden die Schwachheiten und Thorheiten der Menschen mit dem Licht der Wahrheit beleuchtet und (...) dem Gelächter weiserer Menschen Preiß gegeben. (...) Man wirft ihm vor, daß seine komischen Erzehlungen zu reitzend, gewiße Scenen darinn zu ausgemahlt sind. Ein besonderer Vorwurf! Eben darinn bestand sein größtes Verdienst, und der höchste Reitz seiner Gemälde ist *der ächteste Probierstein für die Tugend seiner Leser.* Tugend ohne Widerstand ist keine (...) Eine solche furchtsame träge ohnmächtige Tugend ist bey der ersten Versuchung geliefert (...) Überhaupt schweigt der thierische Trieb je höher wir die Reitze auch der körperlichen Schönheit spannen, und verliert sich unvermerkt in die seelige Unruhe und Wonne des Herzens, das alsdenn von neuen menschenwürdigern entzückendern Gefühlen schwillt wohin ihn Wieland an hundert Stellen seiner komischen Gedichte so geschickt hinaufzubegleiten wußte.« (Starnes I,S.579)

4.3. »Musarion oder die Philosophie der Grazien«

Während Wieland jahrzehntelang um eine wenigstens annähernd befriedigende, abrundende Lösung der in seinem großen *Agathon*-Roman aufgeworfenen anspruchsvollen inhaltlichen Problemkomplexe und um deren formale Bewältigung rang, gelingt ihm in seiner Biberacher Zeit der große künstlerisch in sich vollendete Wurf dort, wo er ein Sujet formt, das in überzeugender Weise von vornherein gerade auf jene geschichtsphilosophische Vertiefung, auf ein geschlossenes Weltbild zugunsten einer sich beschränkenden Lebensphilosophie verzichtet. Man muß dem nicht zustimmen, aber man kann es verstehen, wenn Sengle urteilt,

»daß die Dichtung *Musarion*, gerade in der Begrenzung ihres Anspruchs, die vollendetste von Wieland geworden ist. Es gibt inhaltlich tiefere und formal virtuosere Werke des Dichters, hier aber fügen sich Inhalt und Form zu einem makellosen Gebilde.« (Sengle, 1949,S.203)

Bereits im August 1764 spricht Wieland über das Projekt einer »Art von comischem Lehrgedicht«, das er *Musarion* nannte; es entstand neben seiner poetischen Hauptarbeit an der *Geschichte des Agathon* und wurde – nachdem es zunächst längere Zeit als Fragment liegengeblieben war – spätestens Anfang August 1766 beendet und 1768 erstmalig veröffentlicht. Seinem Verleger Geßner beschreibt er *Musarion* als »ein Gedicht in drey Gesängen, (...) welches ein ziemlich systematisches Gemisch von Philosophie, Moral und Satyre ist« (Starnes I,S.268,297,310; II,S.478). Anregungen hierzu hat Wieland von Lukian erhalten, der sich in seiner Novellensammlung *Der Lügenfreund* (um 165 n.Chr.) kritisch mit einzelnen Philosophenschulen auseinandergesetzt hat und dessen Gesamtwerk er bis 1789 übersetzen wird (vgl.Köppe, 1983,S.148). Zwischen 1795 und 1800 wird er in diesem Zusammenhang auch auf Briefe der Griechen Aristainetos (4.Jahrhundert n.Chr.; der wirkliche Verfasser der von Wieland ihm noch zugeschriebenen Briefe lebte erst im 5.Jahrhundert n.Chr.) und Alkiphron (2.Jahrhundert n.Chr.) verweisen (Starnes II,S.405; III,S.21). Aufschlußreicher jedoch ist, daß er gerade dieses Werk gegenüber den sich in diesen Jahren häufenden Angriffen »der nunmehr emporstrebenden Jugend« wegen angeblicher Unselbständigkeit stolz als »reines Eigenthum«, als Beispiel für die ihm abgesprochene Originalität ins Feld führt (Starnes III,S.208). Gleichzeitig hält er es auch selber für eines seiner gelungensten Werke und plaziert es bei der Planung seiner Gesamtausgabe entsprechend (Starnes II,S.289).

Im 1. Buch wird Fanias vorgestellt, einst ein in Reichtum lebender »Günstling des Geschicks« aus Athen, der nun, nachdem das Glück ihn verlassen hat, verarmt in seiner Hütte auf dem Lande lebt. Durch den unvermuteten Besuch seiner ehemaligen Freundin Musarion verliert er seine innere Ausgeglichenheit und wird in Versuchung geführt: »(...) Nie sahe man die Musen/ Und Grazien in einem schönern Bund;/ Nie scherzte die Vernunft aus einem schönern Mund;/ Und Amor nie um einen schönern Busen.« (SW,Bd.9,S.10) Fanias hat sie einst lange Zeit vergeblich geliebt; jetzt sucht er zunächst, vor ihr zu fliehen und sie – auch unter dem Einfluß zweier bei ihm wohnender befreundeter Philosophen, eines Stoikers und eines Pythagoräers, – zurückzustoßen. Ihr liebenswürdiger Charme, ihre Schönheit und ihre Zuneigung bekehren ihn jedoch rasch und wecken die alten Gefühle. Im 2. Buch überrascht das Liebespaar nun die beiden Philosophen dabei, wie sie sich um die Wahrheit ihrer Dogmen prügeln. Mit List führt Musarion auf überzeugende und komische Weise die unterschiedlichen Auffassungen der beiden Antipoden schließlich augenzwinkernd ad absurdum: sowohl die wollustverachtende, auf das »Glück der Apathie«, auf Tugend und Armut pochende als auch die zwar ebenfalls den »Schlamm der Sinnlichkeit« programmatisch höhnende, jedoch Ekstase und das übersinnlich Schöne verehrende Variante. Das 3. Buch erzählt schließlich davon, wie es Musarion gelingt, Fanias durch die Vereinigung von »Weisheit und Natur« glücklich und aus seiner Hütte einen »Tempel der Grazien« zu machen. Sie lehrt ihn erfolgreich ihre »reizende Philosophie«:

> »Die, was Natur und Schicksal uns gewährt,
> Vergnügt genießt, und gern den Rest entbehrt;
> Die Dinge dieser Welt gern von der schönen Seite
> Betrachtet; dem Geschick sich unterwürfig macht,
> Nicht wissen will was alles das bedeute,
> Was Zeus aus Huld in räthselhafte Nacht
> Vor uns verbarg, (...)
> Den Irrenden bedau'rt, und nur den Gleißner flieht;
> Nicht stets von Tugend spricht, noch, von ihr sprechend, g l ü h t ,
> Doch, ohne Sold und aus Geschmack, sie ü b e t ;
> Und, glücklich oder nicht, die Welt
> Für kein Elysium, für keine Hölle hält (...)«
> (SW,Bd.9,S.99f.)

In dem der Aufklärung insgesamt vertrauten Gewand einer Parabel verurteilt Wieland »lächelnd die Kathederweisheiten der Schulphilosophie« (Reuter, 1981,S.254). Gegenüber Riedel hat er bereits im Juni 1768 gestanden, daß dieses »kleine Gedicht (...) die tournure

meines Kopfs und Herzens, meinen Geschmack und meine Philosophie besser schildern kann, als irgend ein anderes meiner Werke«
und daß er es gerade daher »mit einer Art von Prädilektion« ansehe
(WBW III,S.519). Andererseits kommt jene innere Vollendung
auch zustande, weil er sich von vornherein – über eine kluge Figu-
ren- und Motivwahl glaubhaft vermittelt – hinsichtlich der philosophischen Dimensionen beschränkte. Sengle nennt die »Idee der
Mitte, des Maßes«, also des Maßhaltens, überhaupt als zentrale
Kennzeichnung des Werkes (1949,S.205). Wenn es Wieland wiederum gelingt, bewegende aktuelle Fragen seiner eigenen Zeit glaubhaft
und nahtlos mit der Gedankenwelt der Griechen zu verbinden, verweist dies erneut, aber besonders sinnfällig auf die Eigenheiten seiner Antikerezeption. Durch seine detailgenaue, intime Kenntnis
griechischer Literatur wußte er einerseits die vorhandenen philoso-
phisch-moralischen Analogien treffsicher zu nutzen; die Überzeugung von der Rolle allgemeinmenschlicher Züge innerhalb seines
Menschenbildes führte ihn andererseits dazu, in antiken Gestalten –
im Unterschied zu Winckelmann und Lavater – von vornherein weniger statische Idealverkörperungen, sondern »vor allem Menschen«
(Köppe, ebd.,S.145) zu sehen.

Nach Wielands eindeutigem Bekenntnis sind die Philosophie
und die Lebensart der Titelfigur völlig deckungsgleich mit seinen eigenen Positionen (*Vorwort*, 2. Auflage); bemerkenswert ist darüber
hinaus auch die Musarion gegenüber den Vertretern des männlichen
Geschlechts und der Schulphilosophie verliehene Souveränität. Letztere resultiert bei ihr aus der Harmonie von geistvoller Bildung,
Schönheit, Charme, Sinnlichkeit sowie moralischer Integrität – und
ist die Voraussetzung einer von wunderbarem Humor und heiter-
graziöser Ironie bis hin zur Satire reichenden Komik. Er entwickelt
»zum ersten Mal eine ›hohe‹ Ironie im deutschen Sprachraum« (Papior, 1988,S.86), die wesentliches Kennzeichen seiner künftigen
Texte sein wird:

»Es ist die Form der rhetorischen Ironie, sowohl als Trope wie auch Figur
angewendet, nach der Gegensätzliches zum Ausgesagten intendiert wird;
auch eine Ironie die – in den Begriffsbestimmungen von Aristoteles als
Übertreibung und Untertreibung definiert wird. Es ist aber auch die Form
einer philosophischen Ironie, nach der eine Verhaltensweise, ein Lebensstil
intendiert wird, deren Ergebnisse ausstehen und erst aus der dargestellten
literarischen Wirklichkeit hervorgehen« (ebd.,1988,S.80).

Die Gestalt der Musarion steht in einer Reihe mit Danae aus dem
Agathon, Lessings Minna von Barnhelm und den späteren großen
Frauengestalten der deutschen klassischen Literatur; nach Wielands

Überzeugung »verkörpert die Frau im höchsten Maße die Kraft des Lebens, der Liebe, der Anmut, der Toleranz« (Böhm, 1984,S.XXIII) und damit des Maßes. Sein bei der Figurenzeichnung erfolgter Rückgriff auf das – seinerzeit zweifellos auch sehr wirksame – kunsttheoretische Prinzip der Kalokagathie ist ein in diesem inhaltlich-formalen Zusammenhang adäquater Ausdruck des diese Dichtung konzeptionell bestimmenden Ideals der Harmonie. Wielands ›Philosophie der Grazien‹ – Shaftesburys ›moral grace‹ verbunden – basiert auf einer Form der freiwilligen Absonderung aus der Gesellschaft; nicht identisch mit dem ›Hütten‹-Symbol der ›Stürmer und Dränger‹ wählt auch er hierfür das Bild der ›Hütte‹. Aber dennoch sucht diese Lebensstrategie im Rahmen von Wielands humanistischem, bürgerlich-emanzipatorischem Anliegen Harmonie und Glück in heiterer Geselligkeit und eben durch Zurückweisung von Intoleranz und extremen Verhaltensweisen wie Weltverachtung, überspannter Schwärmerei oder auch wollüstiger Genußgier; sie markiert gleichzeitig jene schließlich im *Agathon* angemahnte ›natürliche‹ Mitte zwischen Sinnlichkeit und Vernunft. In seinem Roman *Dialoge des Diogenes von Sinope* (1770) wird Wieland den Aspekt der harmonischen Selbstverwirklichung durch eine ausgesprochene Sonderling-Existenz weiterverfolgen. Wieland bedient sich zwar einzelner Elemente erprobter tradierter epischer Formen, des Lustspiels und auch des Lehrgedichts; das Ergebnis jedoch ist die Schaffung einer originellen poetischen Gattung, »gewissermaßen eine neue Art von Gedichten« (Wieland an Geßner, Starnes I,S.299). Dem entspricht in adäquater Weise auch die Versform: Dort, wo er neben dem von Martin Opitz in die deutsche Dichtung eingeführten ›vers commun‹ noch den bei den Zeitgenossen beliebten Alexandriner zugrundelegt, löst er ihn immer wieder spielerisch auf, »lockert er die Ordnung der Reime, gleitet über die Pause hinweg, verlängert und verkürzt die Zeilen« (Staiger, 1981,S.101). Er trägt gerade damit wesentlich zu jener Leichtigkeit und Lockerheit bei, die sowohl Sicherheit und Lebenszuversicht ausstrahlen als auch letztlich gewichtige Fragen über das problematische Verhältnis zwischen Individuum und Umwelt in eine stimmungsvolle Atmosphäre heben. Insbesondere diese Merkmale legen nahe, Wieland auch als führenden Repräsentanten der sogenannten ›Rokoko‹-Dichtung in Deutschland zu bezeichnen.

Gegenüber der auf strenge Objektivität, Rationalität, Didaktik und ›Nachahmung‹ orientierten Literatur der Frühaufklärung war Wieland »der erste bedeutende deutsche Dichter der neueren Zeit, der eine entschieden weltliche Stimmung poetisch heraufzubeschwören versteht« (Staiger, 1981,S.99) – vergleichbar, aber nicht identisch mit den von Klopstock in die deutsche Lyrik eingeführten Neuerungen. Hatte er bereits im oben zitierten Brief an Riedel resümieren müssen, daß die »Deutschen (...) noch nicht zu fühlen (scheinen), was attisches Salz, sokratische Ironie, und ächte Grazie« sind, ist es nicht verwunderlich, daß er auch späterhin Anlaß bekam, sich über »pedantische (...) Boßheit« in Rezensionen über *Musarion* aus frühaufklärerischer Sicht – hier zum Beispiel aus der Feder Hallers (Starnes I,S.366) – zu erregen; und verständlicherweise stimmten insbesondere auch die Anhänger seiner früheren religiösschwärmerischen Schaffensphase in den Chor der Kritiker ein und empörten sich über sein gerade auch in der *Musarion* zum Ausdruck kommendes Bekenntnis zu einem individuellen irdischen Glücksanspruch, zu heiter-erotischer Gesellichkeit. Ungeachtet dessen jedoch begann das kleine Werk zunächst seinen Siegeszug; Wieland konnte sich der begeisterten Zustimmung von Lichtenberg, Heinse und Goethe, einer Neuauflage bereits nach einem Jahr sowie der Übersetzung ins Französische und Englische erfreuen. Es war schließlich nur die ihn nachweislich noch bis Ende 1810 grämende Kehrseite dieses offenkundigen Erfolges, daß auch eine seit Oktober 1769 zu vermerkende Vielzahl von Raubdrucken daran zu partizipieren suchte.

4.4. »Oberon – ein romantisches Heldengedicht«

> »Mit Göthen hab ich vergangene Woche einen gar guten Tag gehabt. (...) Tag meines Lebens hab ich Niemand über das Werk eines andern so vergnügt gesehen, als er es mit dem Oberon (...) war.«
>
> (Wieland,2.8.1779; Starnes I,S.661f.)
>
> »Sein Oberon wird so lang Poesie Poesie, Gold Gold und Crystall Crystall bleiben wird als ein Meisterstük poetischer Kunst geliebt und bewundert werden.«
>
> (Goethe am 3. Juli 1780 an Lavater)

Wenn Gottsched und selbst noch der modernere Bodmer, die beiden richtungweisenden Dichtungstheoretiker der frühen Aufklärung, einhellig darauf bestanden, daß das große ›Heldengedicht‹, das Epos, die am höchsten zu bewertende und daher von den Dichtern auch künftig anzustrebende Kunstform sei, blieben sie in dieser speziellen Frage der Vergangenheit verhaftet und unterlagen einem Irrtum. Der Zusammenbruch des einst relativ streng in sich geschlossenen Weltbildes der ›Barock‹-Zeit sowie der schrittweise Aufbau eines neuen diesseitsorientierten Moral- und Wertesystems erzeugten im 18. Jahrhundert ganz im Gegenteil die deutliche Tendenz zu den kleineren Formen, zu den eher operativen und breitenwirksamen poetischen Genres: Eine »geschlossene Ganzheit vom Range des älteren europäischen Epos ist nicht mehr denkbar« (Sengle, 1981,S.46). Einzelne Versuche, diese traditionelle Kunstform mit ihrer monumentalen Größe und Geschlossenheit in die Neuzeit zu übernehmen – der berühmteste ist sicherlich Klopstocks *Messias*-Dichtung –, konnten diese Entwicklung letztlich nicht widerlegen. Aufschlußreiche Zusammenhänge sowohl hinsichtlich des Verhältnisses zwischen großem Epos, Kleinepos und Verserzählung als auch Hinweise zu spezifischen Leistungen von Klopstock, Goethe und Wieland vermittelt insbesondere Sengle (ebd. und 1949,S.341ff.).

Gerade auf diesem Gebiet wird eine für Wielands Umgang mit dem Märchen aufschlußreiche Tendenz sichtbar. Während er sich nämlich in den frühen Jahren der Weimarer ›Sturm-und-Drang‹-Zeit gelegentlich ernsthaft bemühte, auch in seinen Versdichtungen menschliche Geschehnisse, psychologische Prozesse unvermittelt, ohne Einbeziehung märchenhafter Elemente zu gestalten, kehrt er noch in der zweiten Hälfte der siebziger Jahre zu der bereits erprobten künstlerischen Praxis zurück, seine Botschaften durch das Märchen sinnfällig und transparent zu machen. Das Ergebnis hat wenig zu tun mit Kindermärchen und auch nicht mit späteren ästhetisch folgenreichen weltanschaulichen Bekenntnissen der Romantiker:

»Er bedarf des Märchens auch in seiner klassischen Periode. (...) Es ist nicht mehr bloßes Kostüm, Allegorie der Illusion, sondern Symbol des Idealen, d.h. einer geistigen Wirklichkeit. (...) Wieland hat sich, ohne seine rationalen Einsichten preiszugeben, dem Wunderbaren im Sinne eines idealen Seins geöffnet. Sein Begriff von Wirklichkeit hat sich, nachdem ihn die gesellschaftliche und zweckrationale Welt enttäuschte, nach innen erweitert.« (Sengle, 1949,S.352f.)

Nachdem der junge Wieland 1759 mit dem *Cyrus* seinen letzten Versuch, ein monumentales heroisches Versepos im traditionellen Stil zu schaffen, nach fünf Gesängen abgebrochen hatte und sich danach als Kanzleidirektor in Biberach den realen Bedingungen bürgerlichen Lebens stellen mußte, wuchs in ihm die Erkenntnis, daß der Roman legitimer Nachfahre des großen Heldengedichts in der Neuzeit sei, so daß er von nun an dessen Unzeitgemäßheit immer nur verspotten konnte (vgl. z.B. die ›Abderiade‹ in den *Abderiten*). Gleichzeitig läßt er sich nun jedoch den Weg offen, den Typ der kurzen Verserzählung zu einer Art Kleinepos auszuweiten. Sowohl vom Umfang wie vom Aufbau (*Prolog*, 8 Bücher) und gemächlichem Erzählstil her kann die Versdichtung *Liebe um Liebe* (1776) in diesem Sinne bereits als Kleinepos bezeichnet werden (vgl. auch Sengle,1949,S.350). Am 22. Februar 1779 berichtet Wieland über sein neues »Stanzenwerk«, den *Oberon*, an Merck: »Ich pinsle nur in meinen guten Tagen und Stunden dran, und sehne mich eben nicht nach dem Ende dieser wollüstig mühsamen Reise im Lande der Phantasey.« (Starnes I,S.653) Gut ein Jahr lang wird er sich dieser ›Reise‹ – von Herder ebenso wie von Goethe durch hohes Lob begleitet und angespornt – intensiv und hingebungsvoll widmen (vgl. ebd.,S.668,673). Ende Februar ist die Arbeit am *Oberon* beendet; noch siebenmal wird er ihn allerdings im Laufe seines Lebens eigenhändig abschreiben und dabei stets an ihm feilen (Starnes III,S.2; Sengle,1949,S.368) – auch die ursprünglich 14 Gesänge werden dabei mit Blick auf Vergils *Äneis* auf 12 zusammengezogen. Am 23. März 1780 übersendet Goethe dem Dichterfreund einen Lorbeerkranz als sinnfälliges Zeichen seiner Anerkennung, und nur wenig später, am 26. Juli, notiert er in seinem Tagebuch: »Es ist grose Kunst in dem Ganzen (...) und im einzelnen. Es sezt eine unsägliche Übung voraus, und ist mit einem grosen Dichterverstand, Wahrheit der Characktere, der Empfindungen, der Beschreibungen, der Folge der Dinge (...) zusammen gewoben« (Starnes I,S.661).

Um »noch einmal« zum »Ritt ins alte romantische Land« (SW,Bd.22,S.3) aufzubrechen, greift Wieland auf verschiedene überlieferte Stoffe zurück: vor allem auf einen in der *Bibliothèque Universelle des Romans* veröffentlichten Auszug eines alten Ritterbuches *Huon de Bordeaux* und auf Shakespeares *Sommernachtstraum*. Weitere Bezüge zu Chaucer und Pope nennt Wieland selber beziehungsweise sind nachgewiesen worden (Mayer,1981,S.189ff.). Bereits in den einführenden Worten *An den Leser* fordert er allerdings nachdrücklich die ihm zuzubilligende Originalität im Umgang mit den überlieferten Elementen ein; sie besteht zu Recht in der völlig eigenständigen, nahtlos gelungenen Verknüpfung mehrerer Handlungslinien auf der Grundlage einer kreativen Figurenzeichnung, in der Ausdruckskraft und Flexibilität seiner sprachlichen Mittel ebenso wie in der scheinbar mühelosen Beherrschung der Stanzenform.

Es sind drei »Haupthandlungen«, die Wieland so kunstvoll verknüpft, »daß keine ohne die andere bestehen oder einen glücklichen Ausgang gewinnen konnte« (SW,Bd.22,S.8). Das ist zum ersten die Kette von Abenteuern, die der junge Ritter Hüon als Sühne dafür bestehen muß, daß er – provoziert und unwissend, wen er vor sich hatte, – den Sohn des Kaisers Karl getötet hat. In diesem Zusammenhang verliebt er sich in die babylonische Sultanstochter Rezia (er nennt sie Amanda) und befreit sie durch Entführung vor der Hochzeit mit einem ungeliebten Bräutigam. Die Beziehung zwischen ihnen und ihre spannungsreichen Erlebnisse bilden den zweiten Handlungsstrang. Mit beiden bisher genannten unabdingbar verbunden ist der dritte: Das Wirken des mit überirdischen Kräften begabten Elfenkönigs Oberon sowie die Geschichte der Entzweiung und glücklichen Versöhnung mit seiner Gattin Titania.

Die von Wieland differenziert gezeichneten Mitglieder seines irdischen Figurenensembles – insbesondere Hüon, sein alter Knappe Scherasmin und Rezia/Amanda – denken und handeln zwar durchaus in den historisch bedingten Schablonen einer in sich gefestigten christlich-mittelalterlichen Welt; er stellt sie uns aber gleichzeitig als überzeugende, in sich widersprüchliche Menschen aus Fleisch und Blut vor. Dieses zielstrebig verwirklichte Konzept ist wesentliche Voraussetzung dafür, daß er zu immer wieder gültigen ethisch-weltanschaulichen Fragen vorstoßen kann – vor allem auch zu der nach dem Walten eines unbeeinflußbaren ›Schicksals‹ beziehungsweise nach der Rolle eigener Verantwortung für die Lebensgestaltung. Gerade hier drängt sich die Nähe zu Goethes *Iphigenie auf Tauris* (begonnen ebenfalls 1779) und zu ›klassischen‹ Positionen überhaupt unübersehbar auf. Aus einem kunstvollen Geflecht von Spannungen und nachvollziehbaren Konflikten bezieht der Text maßgeblich seine überzeitlich gültigen Wirkungsfaktoren. So werden die subjektiv unangefochtenen normativ gesteuerten Verbindungen des jungen Helden zu seiner christlich-mittelalterlichen Ritterwelt auf vielschichtige Weise mit dem aufgeklärten Denken des modernen Menschen konfrontiert und dadurch provokant zur aktuellen Standortbestimmung genutzt. Eine zentrale Rolle spielt dabei die ständig präsente, aber immer unaufdringliche Komik. Mit ihrer Hilfe steuert Wieland die entschiedene Distanzierung von der Welt des Ritterlebens beziehungsweise von dem Wertegefüge der ritterlichen Abenteuerliteratur (vgl. *Don Sylvio von Rosalva*): Hüon ist ein sympathisch, ja liebenswert gestalteter Held; es besteht jedoch augenzwinkerndes Einverständnis darüber, daß er gleichwohl ein ›tumber Tor‹ ist. Das wird sichtbar bei der innerlichen Akzeptanz und getreuen Inangriffnahme der grausam unsinnigen, im realen Leben unerfüllbaren Auflagen des Kaisers durch ihn, und es prägt auch gravierend sein weiteres Handeln:

> »Zeuch hin nach B a b y l o n, und in der festlichen Stunde,
> Wenn der K a l i f, im Staat, an seiner Tafelrunde,
> Mit seinen E m i r n sich beym hohen Mahl vergnügt,
> Tritt hin, und schlage dem, der ihm zur Linken liegt,
> Den Kopf ab, daß sein Blut die Tafel überspritze.
> Ist dieß gethan, so nahe züchtig dich
> Der Erbin seines Throns, zunächst an seinem Sitze,

Und küß' als deine Braut sie dreymahl öffentlich.
Und wenn dann der Kalif, der einer solchen Scene
In seiner eignen Gegenwart
Sich nicht versah, vor deiner Kühnheit starrt,
So wirf dich, an der goldnen Lehne
Von seinem Stuhle, hin, nach Morgenländer-Art,
Und, zum Geschenk für mich, das unsre Freundschaft kröne,
Erbitte dir von ihm vier seiner Backenzähne
Und eine Handvoll Haar aus seinem grauen Bart.«
(Ebd.,S.40f.)

Die an Hüons Handeln verdeutlichten Grundzüge jener nicht-aufge-
klärten Welt sind neben Inhumanität, der kompromißlosen Vasallen-
und ritterlichen Minne-Ethik (»Des Ritters große Pflicht war Jung-
frau'n zu beschützen,/ Und, wenn sein Herz sich gleich unangemu-
thet fühlt,/ Auf jeden Ruf sein Blut für jede zu verspritzen.« Ebd.,
S.117) eine mangelhafte Bildung, borniert und intolerante Religions-
auffassung sowie der ungebrochene Glaube an Geister, Zauber, Wunder und an ein unbeeinflußbares Schicksal. Wieland verabschiedet
diese Welt ohne didaktischen Zeigefinger – und ohne zu satirischen
Mitteln zu greifen. Seine Einsichten über den historischen Determinismus, die Verwobenheit des Menschen in die Bedingungen seines
jeweiligen Zeithorizontes und natürlich sein Vorhaben, an Hüon trotz
allem eine große sittliche Idee zu verwirklichen, verbieten dies und ge-
statten andere Schattierungen der Komik: vor allem Töne des Hu-
mors und immer wieder der Ironie. Insbesondere an der Gestalt Kaiser Karls wird deutlich, wie sich Wieland auch von seinerzeit noch aktuellen höfischen Verhaltensnormen distanziert (vgl. Friedrich, 1985,
S.97f.). Gleichzeitig setzt Wieland komische Mittel ein, um immer
wieder die für ihn weitgehend allgemeingültigen Züge der vielfältigen
Spielarten menschlicher Narrheit bloßzulegen: »Auf die Mehrzahl ist
nicht zu hoffen, das wird in dem komischen Narrentanze, den Oberons Horn hervorruft, ebenso deutlich wie in den *Abderiten*.« (Sengle,
1981,S.63) Wenn Hüon und Rezia/Amanda unbeherrscht ihrer Leidenschaft freien Lauf lassen und gegen das Gebot Oberons verstoßen,
sich erst nach der päpstlichen Weihe auch körperlich in Liebe zu vereinen, dadurch seinen Schutz verlieren und ins Unglück stürzen, handeln sie selber ›närrisch‹ – aber menschlich doch verständlich (»länger
hält die Menschheit es nicht aus«, SW,Bd.23,S.13). So bleibt die Be-
strafung denn auch nicht das letzte Wort der Dichtung: Nach Jahren
der Not, Sklaverei, Trennung und Prüfung besteht ihre Liebe schließlich vor dem hohen Anspruch Oberons, der das derart gereifte Paar
nicht nur vor dem drohenden Scheiterhaufen rettet, sondern auch
glücklich vereint in Hüons Heimat führt.

»Die Skepsis hat nicht mehr das letzte Wort. Zwar gibt es auch hier die Desillusion. Auch Hüon und Rezia werden, bei allem Adel und bei allem guten Willen, zunächst ein Opfer der menschlichen Schwäche. Als das geschehen ist, beginnt das Spiel wieder von vorn, alles ist in Frage gestellt. Aber auf der zweiten Stufe der Prüfung bewähren sich die Liebenden. Den Gereiften und Geläuterten gelingt, woran die Unerfahrenen scheitern mußten.« (Sengle, 1981,S.64)

Der erwähnte Vorgang einer Distanzierung wird von Wieland mit gleicher Zielsetzung auch durch eine weitere Methode gefördert: Dadurch, daß er Hüon mit dem gesunden Verstand einfacher Menschen konfrontiert. So ist es insbesondere immer wieder der alte, lebenserfahrene Scherasmin, der nicht nur das zugrundeliegende Märchen von Oberon und Titania kennt, wodurch er Zusammenhänge herstellen kann, sondern der auch ganz bewußt als glaubhafte Instanz komischer Wertung eingesetzt wird.

Die letztlich handlungsentscheidenden und strukturbestimmenden Konflikte resultieren aus Hüons und Rezias/Amandas Konfrontation mit den ethischen Grundforderungen Oberons, der durch seine märchenhaft wunderbare Kraft nicht nur den optimistischen äußeren Gang des Geschehens sichert, sondern auch poetischer Träger eines sittlichen Anspruchs ist. In der Dichtung ist der ›Elfenkönig‹ auch ›Waldgeist‹, »Weltprinzip, das bei jeder Begegnung den Partner zu sich selbst zwingt« (Mayer, 1981,S.199), und immer wieder ›deus ex machina‹; »Oberon hat die Funktion eines antiken Gottes!« (Sengle, 1949,S.366) Wenn Oberon gleichzeitig das Schicksal als eine noch über ihm stehende Macht anerkennt, ist erneut die Nähe zu Goethes Weltbild (vgl. *Prometheus*) auffällig sichtbar. Dieser Zusammenhang gilt insbesondere auch für den grundsätzlichen klassisch-humanistischen Anspruch auf Freiräume menschlicher Eigenverantwortung zur Gestaltung des Lebens. Daneben rückt Wieland – und das prägt die eigentliche Spezifik dieses poetischen Textes – die ursprünglichste menschliche Beziehung, die Liebe, in das Zentrum seines Anliegens: Oberon selber hat sich enttäuscht von seiner geliebten Titania getrennt, weil sie eine untreue Ehefrau in ihren Schutz nahm. Eine Wiedervereinigung kann erst erfolgen, wenn er ein durch schwere Anfechtungen hindurch treues junges Menschenpaar gefunden hat; er sucht und findet es schließlich in Hüon und Rezia/Amanda.

Bei alldem vermeidet Wieland »die traditionelle antike Göttermaschinerie sowie die Engel und Teufel der christlichen epischen Dichtungen, indem er das ›Wunderbare‹ durch das Märchenhafte ersetzt, es literarisiert, es in ein eindeutig rein dichterisches Symbol verwandelt – der Abstand zu Klopstocks *Messias* und den eigenen jugendlichen Patriarchaden ist immens« (Jørgensen, 1994,S.112).

So ist dieses kleine Versepos Plädoyer für ein ausgewogenes Verhältnis von sinnlicher und geistiger Liebe, ein Hohelied menschlicher Verantwortung und Treue, ein Bekenntnis zur Ehe und Familie als »Keimzelle für gesellschaftliches Zusammenleben« (Friedrich,1983, S.87); und damit kann dieses Werk auch als neuerliche künstlerische Wortmeldung im Rahmen der Rousseau-Auseinandersetzung verstanden werden (ebd.). Daß Wieland dabei die konventionelle, aber seinerzeit immer noch aktuelle Tugend-Debatte souverän überwindet, zeigt sich darin, wie er mit diesem Zentralbegriff der Aufklärung umgeht. Er gebraucht ihn zwar häufig, demontiert ihn jedoch als dogmatisch begriffenes Fahnenwort, indem er ihn vielfältig differenziert einsetzt und dadurch insgesamt neu interpretiert – ausgehend von einer modernen Vorstellung sowohl vom Leben als auch vom Menschen. »Wielands *Oberon* und Schillers *Räuber* entstanden in enger zeitlicher Nachbarschaft als zwei extreme Möglichkeiten bürgerlicher Emanzipationsdichtung in Deutschland.« (Mayer, 1981,S.203) Ihren poetischen Reiz gewinnt das Werk durch ein sich keinesfalls immer harmonisch auflösendes Zusammenspiel unterschiedlicher ethischer und künstlerischer Dimensionen, durch die Spannung zwischen Komik und Ernsthaftigkeit, geistiger und sinnlich-triebhafter Liebe, Verantwortungsbewußtsein und Vorsehungsglaube, Menschlichkeit und Schlagetot-Mentalität, Sinnfälligem und Unsinnlichem, Realität und märchenhaften Wundern. Dabei symbolisieren die Wunder »jetzt etwas Höheres: die Möglichkeit des Menschen, sich aus seiner Gebundenheit zu erheben. Der Mensch ist nicht bloß Spielball seiner Sinne und des Zufalls. Er kann selbst etwas zu seinem Glücke beitragen (...)« (Sengle, 1981,S.64). Hiermit erweitert er spürbar die traditionellen Grenzen einer relativ vordergründig orientierten Nachahmungstheorie und erobert sich selbständig die »Sprache der klassischen Symbolkunst« (Preisendanz, 1981,S.231). Gleichzeitig wird der künstlerische Charakter des Werkes geprägt durch einen geschmeidigen Umgang mit der deutschen Sprache, durch die Dynamik zwischen Vers, Reim und Syntax sowie durch die Stanzenform (vgl. Sengle, 1949,S.371). Martini hat Wielands kunstvolle Strophen anschaulich beschrieben:

»Jede Strophe setzt gehalten, gemessen, mehr beschreibend ein, wird dann zu einer raschen und heftigen Steigerung geführt, in der sich das eigentlich Vorwärtstreibende und Dramatische der Handlung ausprägt, um sich dann abfallend wieder zu beruhigen. Jede Strophe birgt so in ihrer Mitte ein Spannungselement, das gerade, da es in der abschließenden Strophenzeile wieder unterbrochen wird, vorwärtsdrängend auf die folgende Strophe weist und damit die ganze Strophenreihe einer funkelnden Kette vergleichen läßt.« (1949,S.219)

Bei aller Dominanz des Epischen ist das Werk von lyrisch-musikalischen Elementen durchwoben, die gemeinsam mit Wielands auch hier zur Geltung kommender Kunst szenischer Darbietung wesentlich den Charakter des Opernhaften konstituieren: »Kein Wunder, daß *Oberon* wie *Pervonte* ein sehr beliebter Opernstoff wurde und schon auf den Text der *Zauberflöte* wirkte.« (Sengle, 1949,S.371; vgl. auch Mayer, 1981,S.202) Wenn der poetische Umgang Wielands mit der Welt des Märchens, der Geister und der Feen, und insbesondere der bevorzugte Einsatz der Ironie auch nur auf den ersten Blick dem der kommenden Romantiker-Generation ähnelt und im tiefsten Grunde gänzlich anderen Intentionen folgt: Insgeheime Bezüge, vorahnende beziehungsweise vorbereitende Anbahnungen sind immer wieder festgestellt worden (z.B. Sengle, 1949,S.344; 1981,S.65; Papior, 1988,S.77-90).

Die künstlerische Form des kleinen Versepos fand nach dem *Oberon* sowie nach Goethes *Hermann und Dorothea* (1797) keine kreative Fortsetzung mehr und verkam zum nur noch akademisch gepflegten repräsentativen Bildungsgut: Der *Oberon* war die einzige Dichtung von Wieland, die Schülerinnen und Schüler höherer Bildungseinrichtungen im 19. Jahrhundert kennenlernten. Noch Anfang des 20. Jahrhunderts wurde Gymnasiasten dabei in einer weitverbreiteten Schülerausgabe des Textes allerdings im 6. Gesang vorsorglich die Geschichte des Ehebruchs, das die Trennung Oberons von Titania auslösende Beispiel der Unterwerfung des Menschen unter seine Triebe, sowie der gesamte 11. Gesang mit der für die Prüfung des Helden so entscheidenden Versuchung durch die Sultanin Almansaris vorenthalten (Bielefeld und Leipzig, 1912) – ein Tribut an die seinerzeit immer noch gängige Unterstellung jugendgefährdender moralischer Leichtfertigkeit. Für Wieland selber waren zunächst die spontanen Anerkennungen durch Goethe (s.o.) und Herder (Starnes I,S.671) erfrischend und beglückend; sie gaben ihm neue Kraft während einer für ihn kritischen Zeit, in der die im Banne – des von ihm selber hochgeachteten – Klopstocks sowie des ›Sturm und Drang‹ stehende öffentliche Kritik ihn in ein schmerzlich empfundenes Abseits drängte. Hinsichtlich der öffentlichen Resonanz beklagt er im August 1780 geradezu verzweifelt die »abermalige hündische Gleichgültigkeit, womit *Oberon* aufgenommen worden (...) Was hilft mir die Gerechtigkeit, die mir in 2 oder 300 Jahren widerfahren wird (...)« (ebd.,S.684). Erst 1788 empfängt er das deutliche Signal einer Wende, indem sein Schwiegersohn Reinhold an der Universität Jena 400 begeisterte Zuhörer für eine Vorlesung über die *Oberon*-Dichtung findet (Sengle, 1949,S.454f.).

Neben einer Reihe musikalischer Bearbeitungen erfuhr *Oberon* mit der Übertragung in insgesamt 14 europäische Sprachen von allen Werken Wielands das höchste internationale Interesse. Mit der Übersetzung des Textes durch John Quincy Adams (1735-1826, seit 1797 US-Präsident) beginnt 1800 das bis heute bemerkenswerte Interesse der amerikanischen Öffentlichkeit beziehungsweise später auch der Germanistik an Wielands Schaffen. Er selber blieb sich stets der hohen Kunstfertigkeit, der Ausnahmerolle dieses Textes innerhalb seines Gesamtschaffens bewußt. Immer wieder wird er sich in späteren Jahren selber darüber wundern, wie er ihn zu dichten vermocht hatte; der mehrfache Anlauf, noch im Alter ein vergleichbares Werk auf der Grundlage des *Tristan*-Stoffes zu wiederholen, scheiterte.

4.5. »*Pervonte oder die Wünsche*«

Bereits ein Jahr vor dem *Oberon* – im März 1778 – hatte Wieland mit der Arbeit an dem Versmärchen *Pervonte oder die Wünsche* begonnen, wobei er an Motive aus neapolitanischen Volksmärchen anknüpfte. Er veröffentlichte das Werk 1779 zunächst in zwei Teilen, bevor er es dann erst Ende 1794 durch einen abrundenden dritten Teil (veröff. 1796) vervollständigte. Das Werk spiegelt dadurch in auffälliger Weise Schaffenstendenzen zwischen den 70er und 90er Jahren wider. Für das Ehepaar Herder wurde es zum Lieblingsstück unter den Werken Wielands (vgl. Starnes II,S.227,399,405): »Herder hat am *Pervonte* geradezu mitgedichtet« (Sengle, 1981,S.62). Die eigene Freude an der Arbeit während der Jahre 1778/79 und das Erlebnis zustimmender Resonanz in Weimar hat Wieland offensichtlich für das *Oberon*-Projekt beflügelt. Goethe wird seiner außerordentlichen Wertschätzung dieses Werkes einzigartigen Ausdruck verleihen: Während er es 1813 nach Wielands Tod nicht vermochte, an dessen Beerdigung teilzunehmen, verabschiedete er sich zur gleichen Stunde von ihm, indem er *Pervonte* las.

Pervonte, Sohn einer armen, im Wald lebenden Witwe, ist gutmütig, aber dumm, faul, tolpatschig und auch häßlich. Da er ungebeten drei Feen einen Gefallen tut, bedanken diese sich dadurch, daß sie ihm künftig jeden Gefallen erfüllen wollen. Weil die Königstochter Vastola Pervonte verspottet, wünscht er ihr aus Rache Zwillinge, die sie schließlich auch zu »des Königs Wut und der Prinzessin Scham« zur Welt bringt. Bei der Suche nach dem Vater erkennen und verraten die Kinder nach Jahren instinktiv Pervonte als diesen; der König verstößt Tochter und Zwillinge, indem er sie zusammen mit Pervonte in einer Tonne dem Meer übergibt. In höchster Not erinnert Vastola Pervonte an sein Vorrecht, sich etwas zu wünschen. Auf diese Weise läßt er die Tonne in ein Schiff verwandeln; am rettenden Ufer zaubert er ein Schloß und Reichtum herbei, sich selbst zu einem schönen Jüngling, – und als Höhepunkt erbittet er sich von den Feen auch Verstand. Für das künftige gemeinsame Leben erklärt Pervonte Bescheidenheit und Genügsamkeit zu seinen Richtlinien. Vastola jedoch findet Befriedigung nur im unersättlichen Genießen äußerer Reize, in einem turbulenten, ausschweifenden Hofleben. Hierzu überlistet sie Pervonte immer wieder, bis er sie durchschaut. Pervonte läßt sich nun wieder in seinen alten Stand zurückversetzen, wobei die Feen dies als die beste ihrer »Gaben« bezeichnen, ihm aber (auf Anregung Herders) den Verstand belassen. Damit verschwinden nicht nur der gesamte Reichtum und auch die Zwillinge Vastolas: Pervonte kehrt in die »alte mütterliche Hütte« mit »gesundem derbem Hausverstand« zurück, während Vastola wieder am väterlichen Hofe leben darf – allerdings mit dem Bewußtsein, daß »sie aus eigner Schuld verlor/ Was Fürstenstand und Hof ihr nicht ersetzen können« (SW,Bd.18,S.211).

Die Feen- und Geisterwelt ist wiederum nicht schlechthin Glücks- oder Unglücksbringer, nicht Verbildlichung eines abstrakt Guten oder Bösen, sondern Versucher zur menschlichen Bewährung – und in dieser Funktion ermöglicht sie Grenzsituationen, in denen Charaktere offengelegt werden. Die von Pervonte so folgenreich demonstrierte ›Genügsamkeit‹ darf nicht wortwörtlich im Sinne einer Wieland fernliegenden programmatischen sozialen Askese verstanden werden; es ist dies vielmehr provokanter Ausdruck eines angestrebten Wechsels der grundsätzlichen Werteorientierung. Die Chance auf wahres ›Glück‹, so lautet die Botschaft dieser märchenhaft volkstümlichen Parabeldichtung, liegt nicht »beym üppigsten Genuß/ Der Welt« (ebd.), nicht in der Sphäre der Konsumtion, sondern primär i n jedem Menschen: »Und wen sein Herz nicht glücklich macht,/ Den kann man nicht ins Glück hinein betrügen.« (Ebd.,S.176). Wenn bei Wieland die einfachen Menschen in den ›Hütten‹ im Gegensatz zu denen in den ›Palästen‹ dies zu erfahren und zu realisieren vermögen und die mit der ›Sturm-und-Drang‹-Dichtung übereinstimmende Wort- und Bildwahl (›Herz‹, ›Hütte‹-›Palast‹) auffällt, signalisiert dies keine inhaltliche Identität. Es verrät jedoch eine zumindest partielle Nähe zu einzelnen charakteristischen Denkansätzen innerhalb dieser die Weimarer ›Klassik‹ nachhaltig beeinflussenden Bewegung. Eine köstliche, feingewobene und augenzwinkernde Ironie durchzieht das gesamte Werk: Sie richtet sich sowohl gegen das höfische Leben, demgegenüber er selber im-

mer mehr Distanz gewann, als auch gegen ein nostalgisch-heroisie-
rendes Bild von der vergangenen mittelalterlichen Welt. Damit traf
er jene Zeitgenossen, die dieses Bild im 18. Jahrhundert bevorzugt
dazu nutzten, die eigene Gegenwart verächtlich zu machen (»Gott
steh' uns bey! uns arme Schächer/ Der Afterwelt«; ebd.,S.121), –
dies nun wiederum ein unübersehbarer Hieb gegen entsprechende
Tendenzen in der ›Sturm-und-Drang‹-Dichtung.

5. Auseinandersetzung mit Gesellschaft und Geschichte

> »Denn so lange ich das Vermögen behalten
> werde zu denken, und zu sagen was ich denke:
> so lange werde ich (...) nicht aufhören, dem,
> was ich für Wahrheit erkenne, öffentlich zu
> huldigen, und meine G e d a n k e n über die
> wichtigen Gegenstände, an w e l c h e n A l -
> l e n gelegen, (...) so gut und so laut zu sagen
> als ich kann.« (SW,Bd.29,S.277)

5.1. »Die Dialoge des Diogenes von Sinope«

Sowohl an seinen poetischen als auch philosophisch und journali-
stisch akzentuierten Arbeiten ist ablesbar, daß Wieland hinsichtlich
der Konstanz und Intensität seiner mittelbaren und unmittelbaren
Auseinandersetzung mit dem aktuellen Zeitgeschehen zu den Aus-
nahmegestalten unter den deutschen Schriftstellern des 18. Jahrhunderts gehört. Genährt wurde diese auffallende Sonderstellung durch
mehrere Faktoren. Zu ihnen zählen seine Sensibilität für die sozialpolitischen Spannungen und Konflikte, für offenbar bevorstehende
Umbrüche mit historischen Dimensionen, aber ebenfalls sein über
den durchschnittlichen Bildungshorizont hinausgehendes Interesse
an Informiertheit, woraus eine ständige Lektüre insbesondere auch
französischsprachiger Literatur und Zeitschriften resultierte, sowie
eine nie gänzlich aufgegebene Wertschätzung milieutheoretischer
Grundsätze, die zwangsläufig den Blick auf die Umweltbedingungen
schärfen. Darüber hinaus macht sich hierbei die Annahme ständiger
Herausforderungen im Zusammenhang mit den naturrechtlichen
Debatten während des 18. Jahrhunderts als Voraussetzung und
gleichzeitig Ergebnis geltend (vgl. insbesondere hinsichtlich der für
Wieland wichtigen Aspekte ›Selbstliebe‹ und ›Geselligkeit‹ die Arbeit

von Vollhardt, 1992). Schließlich wirkte während der Erfurter Jahre natürlich auch die neue berufliche Konstellation darauf ein, daß der Universitätsprofessor nun betont mit philosophischem Anspruch zu schreiben begann.

Besonders aufschlußreich in diesem Zusammenhang ist ein im zeitlichen Vorfeld der *Abderiten* seit der zweiten Juli-Hälfte 1769 in Erfurt entstandenes Werk, dessen Erstdruck 1770 noch als *Sokrátes mainómenos* (Der närrische Sokrates – ein von Plato übernommener Spitzname des Diogenes, K. Sch.) *oder die Dialoge des Diogenes von Sinope* veröffentlicht wurde. Erst in den folgenden Ausgaben erhielt es den eher unscheinbaren und kaum zur Lektüre reizenden Titel *Nachlaß des Diogenes von Sinope*. Wieland vermutete, daß seine Leser durch die ursprüngliche Überschrift nicht nur wegen der griechischen Wendung irritiert wurden: Sein ›Narren‹-Konzept war zumindest auf den ersten Blick nicht einsichtig, und der behauptete Dialog-Charakter des Textes stand für Wieland selbst inzwischen auf einem schwachen Fundament, denn die wechselnden Partner des Diogenes sind tatsächlich noch im traditionell aufklärerischen Sinne nur Ansprechpunkte für ausführliche Monologe eines durchweg dominierenden Weisen, der auch subjektiv von der ›Wahrheit‹ seiner Lebenserfahrungen und -maximen überzeugt ist. (Vgl. hierzu auch den *Zusatz* zum *Vorbericht*, SW,Bd.13,S.28ff.; Hartung, 1985,S.37). Für das Verständnis des *Diogenes von Sinope* ist es nicht ohne Belang zu wissen, daß er keineswegs lediglich als kurzatmige und gallige Reaktion auf die Querelen in Erfurt abgetan werden kann: Wieland unterstreicht rückblickend, daß er ihn ganz im Gegenteil in seiner »glücklichsten Lebensperiode in Erfurt«, unter einem noch »wolkenlosen Frühlingshimmel« verfaßt habe (Starnes II,S.568).

Im *Vorbericht* wird der Leser auf den Blickwinkel des Erzählers eingestimmt: Der »weise Mann« ist von seinen Zeitgenossen als »närrischer Sonderling« angesehen worden. Gegenüber allen anderen Figuren wird er als eine der Humanität verpflichtete, vernünftige, gutherzige und gleichzeitig als »ziemlich idealische« (SW,Bd.13,S.3) Autorität aufgebaut, die im Text gegenüber wechselnden Ansprechpartnern als Ich-Erzähler die Quintessenz seines Lebens übermittelt – Begebenheiten, Beobachtungen, Empfindungen, Meinungen, Träumereien, Torheiten und die daraus geschlußfolgerte »Weisheit«. Der gemäß der Überlieferung zu dem antiken Kyniker in einer Tonne hausende Diogenes gewinnt seine Souveränität gegenüber dem Leben aus einem Verzicht darauf, »der Eitelkeit der Reichen und Großen« zu dienen (ebd.,S.20), und vor allem aus einer Zurückdrängung der als zerstörerisch und unersättlich erkannten Bedürfnisse – ohne sich dabei vollkommen von der Gesellschaft zu isolieren:

»Es ist eine vortreffliche Sache, k e i n e B e d ü r f n i s s e zu haben; oder, wenn man nun einmahl nicht umhin kann e i n i g e zu
haben, doch wenigstens n i c h t m e h r zu haben, als man
schlechterdings haben m u ß (...)«. (Ebd.,S.5) Wieland nutzt damit
in auffällig »ironischer Umkehrung der literarischen Konventionen«
eine überlieferte Figur, deren soziales Verhalten eigentlich im Gegensatz zum Idealbild aufklärerischer Gesellschaftsethik und Geselligkeit steht, um über sie die Frage aufzuwerfen, »warum die natur-
rechtlich begründete Sittenlehre, um deren Vermittlung sich sein
Jahrhundert so nachhaltig bemüht hat, unwirksam geblieben ist«
(Vollhardt, 1992,S.344). Er gestaltet ihn daher weder als Narren im
herkömmlichen Sinne noch als einen der Wirklichkeit abgewandten
Menschenfeind; er läßt ihn sich vielmehr aus der Gesellschaft zurückziehen, »um gleichzeitig – die Paradoxie ist nicht zu übersehen
– dem Ideal geselligen Verhaltens entsprechen zu können«
(ebd.,S.352). Die tiefe Skepsis gegenüber einer öffentlichen Anerkennung, geschweige denn der Durchsetzung von Humanität und
Vernunft durch diese Variante einer individuellen Selbstverwirklichung wird angesichts der von Wieland/Diogenes statuierten man-
gelnden Bereitschaft beziehungsweise Fähigkeit der Menschen, ihr
praktisches Verhalten nach noch so guten Normen und Gesetzen
auszurichten, von vornherein darin deutlich, daß Diogenes selber
weiß, wie er von der »Welt« angesehen wird: »für eine Art von N a r -
r e n » oder als Sonderling (SW,Bd.13,S.8,13).

»Der Autor wählt die Perspektive des von allen Alltagsgeschäften entbunde-
nen Einzelgängers, um radikale Kritik an rhetorisch mißbrauchten, leerge-
wordenen oder zum fertigen Urteil verkommenen Normbegriffen (›Glückseligkeit‹) zu üben und eben dadurch dem Optimismus aufklärerischer Philosophie neuen Inhalt zu geben«. (Vollhardt, 1992,S.345)

Auffällig im Spektrum der von Wieland derartig behandelten
Aspekte ist, wie er in für sein Gesamtwerk eher ungewöhnlicher
Weise Diogenes' ›Blick von unten‹ auf die antike Gesellschaft auch
als unbestechlich kritische Instanz gegenüber realen sozialen Zustän-
den einsetzt: So steht dem Lob der Arbeit eine unmißverständlich
scharfe Anklage an jene Reichen gegenüber, die »viel tausend Geschöpfe« trotz »sauerster Arbeit« darben lassen, um selber im Überfluß leben zu können (SW,Bd.13,S.41). Gegenüber der für sein
Werk insgesamt charakteristischen Zurückhaltung und Kompromiß-
bereitschaft verdeutlichen die auffällige Bitterkeit und Schärfe, mit
denen sich hier persönliches Engagement und die Einforderung sozialer Verantwortung verbinden, bis in die Wortwahl, daß Wieland
sich in dieser durch offensichtlich noch ungebrochenen Tatendrang,

durch eine gewisse Aufbruchstimmung geprägten kurzen Phase seines Schaffens zumindest partiell entsprechenden Positionen des ›Sturm und Drang‹ annäherte. Dabei ist unübersehbar, daß er ungeachtet aller Differenzen zu Rousseau von modernen naturrechtlichen Gedanken durchaus nachhaltig berührt war:

»Andre müssen deine Felder bauen, andre deine Herden hüten, andre in deinen Fabriken arbeiten, andre die Kleider weben die du anziehst, (...) kurz, alles was du nöthig hast, – und wie viel Bedürfnisse hast du nicht! – das müssen dir andre verschaffen (...) Wer giebt dir ein Recht, Menschen, welche v o n N a t u r deines gleichen sind, als dein Eigenthum anzusehen? – ›D i e G e s e t z e‹, wirst du sagen; – aber gewiß nicht das Gesetz der Natur (...).« (SW,Bd.13,S.104f.)

Wieland wird langfristig ganz im Unterschied zu Rousseau ›Ungleichheit‹ im wesentlichen als staatlich-juristisch bedingte ›Unfreiheit‹ (Hartung, 1985,S.24f.) oder als Bildungsproblem begreifen und diskutieren; desto mehr fällt auf, daß er ganz zu Beginn seiner Erfurter Zeit im *Diogenes* auch den Aspekt der sozialen Ungleichheit und damit der gesellschaftlichen Rolle des Privateigentums verfolgt hat, woraus maßgeblich die Sonderrolle dieses Werkes resultiert. Mit einer zu diesem Zeitpunkt für einen deutschen Aufklärer bemerkenswerten Konsequenz prognostiziert Wieland die Möglichkeit eines dann 1789 mit der Französischen Revolution tatsächlich offen ausbrechenden großen gesellschaftlichen Konflikts:

»Gesetzt also, diese zehen tausend ließen sich einmahl einfallen, die Anzahl ihrer Arme auszurechnen, und das Facit ihrer Rechnung wäre, daß sie sich ihrer Übermacht bedienten, euch Reiche aus euern Gütern hinaus zu werfen, und eine neue Theilung vorzunehmen?« (SW,Bd.13,S.108)

Auch wenn er irrtümlich unterstellt, daß danach »der Staat ein Ende« haben und der »Stand der Natur« wieder beginnen würde (ebd.), von dem er sich bei aller Idealität keinesfalls eine sinnvolle Perspektive versprechen kann (s.S.109): Diogenes vermittelt eine ungebrochene Sympathie für die Sklaven und »Wasserträger« der Gesellschaft, wie sie schließlich geradezu programmatisch in seinem Appell an den künftigen Welteroberer Alexander, der seinen Machtanspruch vergebens mit dem Geist des Diogenes zu verbinden sucht, zum Ausdruck kommt: »Ach Alexander! es sind in diesem Augenblicke so viele Tausende, die in Elend und Unterdrückung schmachten! Könntest du machen, daß diese Unglücklichen den Tag deiner Geburt segneten, so hättest du mir alles Gute gethan (...)«. (Ebd.,S.157)

Einen besonderen Akzent setzt Wieland mit der abschließenden utopischen *Republik des Diogenes*, die über ein Drittel des Gesamttextes beansprucht. Auch das hier entwickelte Gesellschaftsmodell stellt die naturgesetzlichen Möglichkeiten sowie Grenzen menschlichen Handelns zur Diskussion und macht den unmittelbaren Bezug zu der von Rousseau entfachten Debatte sichtbar, auf den er nicht zufällig im *Vorbericht* als ernstzunehmenden Autor verweist, »der vielleicht im Grunde nicht halb so sonderbar ist als er scheint« (ebd.,S.23). Dieses Modell geht nicht vom realen Entwicklungsstand der Menschheit, sondern von einem ursprünglichen »Stand der Natur« aus, der erklärtermaßen nur durch Zauberei realisierbar sei. Auf diese Weise kann der Autor aber die Kernfrage aufwerfen: Welche reale Chance hätten Glückseligkeit und Gleichheit, die auf dem Verzicht einer modernen Arbeitsteilung, auf Einfalt, Genügsamkeit, Unwissenheit und einer Regulierung des Zusammenlebens durch Religion und Sitten statt durch Gesetze beruhen? Die fiktive Auseinandersetzung mit der Arbeitsteilung gerät ihm dabei zu einer bitteren Verurteilung der Wirklichkeit, die bereits an Friedrich Hölderlins berühmte Deutschland-Kritik im *Hyperion* erinnert (ebd.,S.166ff.). Auch die Auslotung der Möglichkeiten des Menschen durch Diogenes ergibt keinen gangbaren Ausweg, denn – abgesehen davon, daß der Glückszustand ohnehin nur als utopische Konstruktion herstellbar ist, – ein einziger moderner »Athener« würde das Traumbild mit Sicherheit wieder zerstören:

»Aber, sollte es denn nicht möglich seyn, (...) Witz und Geschmack, Bequemlichkeiten, Pracht, Überfluß, und alle Vortheile der Üppigkeit, mit Ordnung und Sitten, mit allgemeiner Tugend und allgemeiner Glückseligkeit zu vereinigen? Nichts leichter – in einem Staate, der, wie die Republik des Diogenes, eine – bloße S c h i m ä r e seyn soll.« (SW,Bd.13,S.197)

Eine deutliche Abgrenzung von Rousseau ist daher nur folgerichtig: »Ich bin nichts weniger als ein Verächter eurer Künste und Wissenschaften. So bald ein Volk einmahl dahin gekommen ist, i h r e r v o n n ö t h e n z u h a b e n , so kann es nichts bessers thun, als sie so weit zu treiben als sie gehen können.« (Ebd.,S.199) Die gleichfalls formulierte Zielsetzung, »den Kranken« nicht nur zu überzeugen, »daß er krank ist«, sondern ihn »g e s u n d zu machen«, bricht sich allerdings umgehend wieder an seinem Skeptizismus: »Aber ich wollte wetten, daß es ihnen eben so wenig Ernst ist euch g e s u n d z u m a c h e n, als es euch Ernst ist g e s u n d z u w e r d e n .« (Ebd.,S.200) Was bleibt, ist die »Hoffnung auf eine Reform der gesellschaftlichen ›Institute‹, von denen der weitere Fortschritt der Geschichte«, das heißt für Wieland die ersehnte Befreiung von Willkür, Aberglauben und Sittenverfall, abhängig gemacht wird (Vollhardt, 1992,S.356). Insbesondere aus Sicht des utopischen Gesellschaftsmodells wird deutlich, daß Wielands Text mehr leistet als die noch so aufschlußreiche poetische Vermittlung eines anregenden sozialpolitischen Experiments und seines Ergebnisses. In der Entwicklung utopischer deutscher Literatur spielt er insofern eine zentrale Rolle, als hier die bisher gültige Auffassung von Poesie als ›Nachahmung der Natur‹ überwunden und durch eine nicht mehr nur theoretische Differenzierung der Fiktionsebenen in eine ›wirkliche‹ sowie eine ›hypothetische Möglichkeit‹ ersetzt wird, mit denen auch erstmalig auf neuartig kommunikationsfördernde Weise umgegangen wird. Eine solche doppelte Fiktionsstruktur begegnete bereits in der Erstfassung der *Geschichte des Agathon*; die organische ästhetische Verbindung beider Ebenen brachte Wieland dort noch in durchaus ablesbare Verlegenheiten. Im *Diogenes* und wenig später auch im *Goldenen Spiegel*, wo er wiederum nicht auf die »utopische Methode als ein gedankliches Erproben von Möglichkeiten (...), das zum Entwerfen einer alternativen Modellwelt« führt (Mähl, 1985,S.62), verzichten kann, ist er sich von vornherein der ästhetischen Konsequenzen einer präzisen Abstufung fiktiver Darstellungsebenen bewußt: »Neu und ungewöhnlich« ist an der *Republik des Diogenes* »die Bewußtheit des utopischen Verfahrens, des Spiels oder Experimentierens mit ›Möglichkeiten‹« (ebd.,S.64). Darüber hinaus geht er nun dazu über, die utopische Fiktion gleichzeitig mit Fiktionsironie zu koppeln, das heißt im ironischen Spiel mit dem Leser gerade jene künstlerischen Verfahren bewußt aufzudecken, mit denen in den herkömmlichen Utopien stillschweigend gearbeitet wurde. Er vermittelt also die spezifischen Spielregeln und überantwortet sie »dem Subjekt des Erzählers (wie des intendierten Lesers)« (ebd.,S.68). Das hat die Konsequenz, »daß mit der Brechung des Wahrheitsanspruchs der utopischen Fiktion in die Utopie selbst nunmehr auch die Reflexion über die Bedingungen ihrer Möglichkeit (...) aufgenommen wird. Darin besteht die Modernität Wielands: Utopien können nicht mehr naiv, d.h. unmittelbar und ungebrochen dargestellt werden« (ebd.,S.69).

Das Werk markiert einen deutlichen Einschnitt in der utopischen Erzähltradition. Offenbar bewirkt Wielands Utopie-Gestaltung mehr als das Bewußtmachen idealer moralisch-politischer Normen und damit Kritik an der zeitgenössischen Gegenwart: Nämlich ganz im Sinne seiner unablässigen Bemühungen um den Leser die Stimulierung von dessen Vorstellungsvermögen sowie dessen »Einübung (...) in ein Möglichkeitsdenken, das als mentales Aufbrechen verfestigter Bewußtseinsstrukturen gedeutet werden könnte« (ebd.,S.70).

Ein Blick auf die *Geschichte des Agathon* verdeutlicht weitere kontinuierlich verfolgte Schaffenslinien: Erneut gerät eine Gestalt aus der nachklassischen Antike zum Modell eines Weisen, wobei Wieland nachdrücklich unterstrichen hat, daß er mit dem historischen Diogenes – auch hier unterstellt er übrigens eine alte Handschrift als Grundlage – frei umgegangen ist und eine weitgehend originäre Kunstfigur geschaffen hat: »Ich habe darin den Diogenes auf meine eigene Weise idealisiert, denn von dem alten Diogenes ist nur der Hang zur Unabhängigkeit übrig geblieben.« (Starnes II,S.568) Durch die offenkundige Sympathie, mit der er dabei vorging, und die mehrfachen Bekundungen, daß auf Seiten des Diogenes die »Wahrheit« stehe (SW,Bd.13,S.151,158), geht man nicht fehl in der Annahme, »daß Wieland (...) die Idealgestalt eines Freien und Weisen zeichnet, ihm seine eigenen geheimen Wünsche nach persönlicher Unabhängigkeit in den Mund legt und seine Existenz darum bewußt mit der Wirklichkeit der durchschnittlichen deutschen Bürgerexistenz jener Zeit kontrastiert.« (Ratz, 1981,S.396)

Wiederum ist Wieland auf der poetischen Suche nach einer individuellen und einer gesellschaftlichen Lebensform, die optimale Selbstvervollkommnung gewährleistet. Wenn sich dabei der Sonderling als der eigentlich Weise und die Gesellschaft als die »wahre Welt der Narren« (Sengle, 1949,S.226) qualifizieren, ist hiermit das poetische Grundkonzept der *Abderiten* vorbereitet (vgl. Kap. 3.2.). Gerade angesichts der im Prinzip erneuten Ergebnislosigkeit hinsichtlich einer möglichen Einführung idealer nationalstaatlicher Strukturen profiliert Wieland nun immer deutlicher sein Bekenntnis zum Weltbürgertum – ohne dabei jemals den nationalen Aspekt zu ignorieren und die Prüfung konkreter Staatsformen aufzugeben. In einem humanistisch fundierten Weltbürgertum, einem »auf die ganze Menschheit gerichteten Altruismus« (Albrecht, 1988,S.29), sieht er vor allem auch wirksame Gegenkräfte zur potentiell egoistischen Komponente des naturrechtlichen Konzepts: »Aber ich bin ein W e l t b ü r g e r . Kein andres Interesse, als das Beste des menschlichen Geschlechts im Ganzen betrachtet, ist in meinen Augen groß genug, um zu verdienen, daß es in Betrachtung gezogen werde.« (SW,Bd.13,S.155f.). Im *Diogenes* findet sich denn auch eine für den deutschen Humanismus des 18. Jahrhunderts relativ frühe, bisher weitgehend unbekannte, aber nichtsdestoweniger aussagekräftige Definition, mit der sich der Dichter ebenbürtig in die Reihe seiner großen europäischen Vorläufer von Shaftesbury bis Rousseau einreiht. Auf die Frage, wen man denn einen »Weltbürger« nennen könne, läßt Wieland seine Titelfigur antworten:

»Einen Menschen wie i c h bin, – der, ohne mit irgend einer besondern Gesellschaft in Verbindung zu stehen, den Erdboden für sein Vaterland, und alle Geschöpfe seiner Gattung – gleichgültig gegen den zufälligen Unterschied, welchen Lage, Luft, Lebensart, Sprache, Sitten, Polizey und Privatinteresse unter ihnen machen – als seine Mitbürger oder vielmehr als seine B r ü d e r ansieht, die ein angebornes Recht an seine H ü l f e haben wenn sie leiden, an sein M i t l e i d e n wenn er ihnen nicht helfen kann, an seine Z u r e c h t w e i s u n g wenn er sie irren sieht, an seine M i t f r e u d e wenn sie sich ihres Daseyns freuen. (...) Der W e l t b ü r g e r allein ist einer reinen, unparteyischen, durch keine unächte Zusätze verfälschten Zuneigung zu allen Menschen fähig. Ungeschwächt durch Privatneigung schlägt sein warmes Herz desto stärker bey jeder Aufforderung zu einer Handlung der Menschlichkeit und Güte.« (SW,Bd.13,S.112f.)

Wieland wird sich noch Jahre später, nach seinen Erfahrungen mit der Französischen Revolution und ihren Folgen, in seinem *Nachlaß des Diogenes*, den er 1797 auch als eines »seiner besten Producte« bezeichnen wird, hinsichtlich seiner gesellschaftlichen Prognose bestätigt sehen – und damit auch den aktuellen Charakter seines Werkes bekräftigen (Starnes II,S.567f.). Und anläßlich eines im April 1804 stattfindenden Gesprächs mit Frau von Staël gesteht Wieland resigniert die »Ohnmacht aller Schriftstellerei« hinsichtlich einer Wirkung »auf Regenten und Staatenschicksale« ein – wobei er sich unter anderen Titeln auch ausdrücklich auf die *Republik des Diogenes* bezieht (Starnes III,S.172). So ist dieser Text nicht nur für ihn selber ein unabdingbarer Schritt zur Selbstverständigung (WBW IV,S.191); er ist eine aufschlußreiche, weitgehend programmatische Schrift des deutschen bürgerlichen Humanismus.

Gleim bezeichnete sie unmittelbar nach ihrem Erscheinen als »ein göttliches Werk« (Starnes I,S.362), und auch der junge Goethe stimmte ihr enthusiastisch zu (vgl. Bäppler, 1974,S.30ff.,127ff.). Wieland selber hatte vielfachen Anlaß, sich darüber zu freuen, daß seinem *Diogenes* in »hiesigen Landen (...) von allen Seiten, Orten und Enden her entgegen gejauchzet« werde – mit verständlicher Ausnahme allerdings der Mönche und Geistlichkeit, die ihn wegen des von ihm in der *Vorrede* gezeichneten Bildes von ihnen beim Statthalter angeschwärzt hatten. (17.2.1770 an Sophie La Roche; WBW,Bd.IV,S.91) Wenig später, im März 1770, bestätigt ihm die Gräfin von Wartensleben: »So viel habe ich gesehen, daß Sie einen unerschrockenen Muth haben müssen, um in ihrem Verhältniß ein Faß so zu tapezieren. Aber das macht nichts. Sie können es wagen. Denn Sie sind nicht bestimmt, in einem Keller zu leben und zu sterben.« (WBW,Bd.IV,S.99) In den Folgejahren wurde der Text bald sowohl ins Französische als auch ins Ungarische übersetzt. Es handelt sich um ein Werk, das bis heute in der wissenschaftlichen und öffentlich-kulturellen Debatte eine bemerkenswert untergeordnete oder auch mißverstandene Rolle gespielt hat, obwohl bereits Sengle es unter die »wenigen Werke« zählte, »die man nicht entbehren könnte« (1949,S.228).

5.2. »Beiträge zur geheimen Geschichte der Menschheit« – die Auseinandersetzung mit Jean-Jacques Rousseau

> »Die Menschen sind nicht dazu gemacht Kinder zu b l e i b e n; und wenn es nun einmahl in ihrer Natur ist, daß sie nicht anders als durch einen langen Mittelstand von Irrthum, Selbsttäuschung, Leidenschaften und daher entspringenden Elend zur Entwicklung und Anwendung ihrer h ö h e r n F ä h i g k e i t e n gelangen können, – wer will mit der Natur darüber hadern?«
>
> (SW,Bd.14,S.117f.)

Wieland war von den aufsehenerregenden Publikationen des französischen Geschichtsphilosophen und Naturrechtlers Jean-Jacques Rousseau (1712-1778) unmittelbar angesprochen und zugleich herausgefordert. Und dies in besonderer Weise, weil auch Rousseau sich von der traditionellen Fortschrittstheorie der bisherigen Aufklärung distanzierte; weil auch dieser einen Weg suchte, der die Selbstverwirklichung des Individuums mit Blick auf die Rahmenbedingungen der Gesellschaft gewährleisten könnte, – und weil er bestimmte Ideale setzte, Lösungsmöglichkeiten provozierte (Vgl. z.B. Ketzer, 1983,S.267ff.). 1750 hatte Rousseau seinen Ruhm mit der Akademie-Abhandlung *Si le progrès des sciences et des arts ...* (dt. 1752: *Ob die Wiederherstellung der Wissenschaften und Künste zur Läuterung der Sitten beigetragen hat?*) begründet, wo er die These aufstellt, daß sich der Mensch mit dem Fortschritt der Wissenschaften und Künste, mit der Entwicklung seiner individuellen Interessen von der Natur entfremdet habe; 1754 untersuchte er im *Discours sur l'origine (...)* den *Ursprung und die Grundlagen der Ungleichheit unter den Menschen* (dt. 1756) – und damit der menschlichen Verderbnis; 1762 erschienen schließlich sein *Contrat social*, der *Gesellschaftsvertrag oder Grundsätze des Staatsrechts* (dt. 1763), wo er Gedanken zu einem seiner Natur-Auffassung gemäßen idealen Vernunftstaat entwickelt, und der Roman *Emile (Emile oder Von der Erziehung)*. Bereits seit 1761 lag auch die deutsche Fassung des Briefromans *Julie ou la nouvelle Héloise* (1758) vor.

Wenn die Auseinandersetzung des Erfurter Schriftstellers und Philosophie-Professors sich vorrangig auf die Schriften des frühen Rousseau bezieht, so resultiert dies folgerichtig aus Wielands Bevorzugung gesellschafts- und geschichtsphilosophischer gegenüber staatstheoretischen Fragestellungen (Hartung, 1985,S.22); das Problem der ›Natur des Menschen‹, seines Wesens und seiner Chancen, bleibt allerdings für ihn dabei auch aus poetologischer Sicht immer eine der entscheidenden Fragen:

»(...) Ursache haben wir, gegen alle und jede auf unsrer Hut zu seyn, die uns zu etwas schlechterm als M e n s c h e n, ja sogar (aus guten Gründen) gegen diejenigen, die uns, aus Hinterlist oder mißverstandener guter Meinung, zu etwas b e s s e r e m machen wollen (...) man sollte die menschliche Natur mit sehr gesunden und sehr scharfen Augen lange beobachtet, und sehr fleißig (...) i n d e r N a t u r selbst studiert haben, ehe man sich anmaßen darf, ihre Auswüchse und üppigen Sprößlinge abschneiden, und zuverlässig bestimmen zu wollen, worin ihre reine Form und Schönheit bestehe.« (SW,Bd.14,S.169f.)

Die in Erfurt 1769 begonnenen *Beiträge*, die bis auf einen bereits 1770 veröffentlicht wurden (s.u.), sind eine Folge von ursprünglich sechs »Erzähl- und Reflexionsstücken« (Hartung, 1985,S.22). Sie machen besonders deutlich, wie sehr Wieland der Zusammenhang zwischen den ›geheimen Geschichten‹ einzelner Individuen (s. *Geschichte des Agathon*) und der ›geheimen Geschichte‹ der Menschheit im ganzen am Herzen lag. Sein Ausgangspunkt darin ist die Artikulierung seines – für ihn generell charakteristischen – Gefühls für die Unzulänglichkeit aller philosophischen Systeme. Im Mittelpunkt steht jedoch das Bemühen, seine eigenen Standpunkte möglichst deutlich herauszukristallisieren und – mit zum Teil komischen Mitteln – von denen Rousseaus abzugrenzen: Während er dazu einerseits bereits bekannte Argumente früherer Kritiker Rousseaus bemüht, distanziert er sich gleichzeitig zunehmend von ihm durch eine Verlagerung der Diskussion auf die methodische Ebene, um derart die Aussichtslosigkeit sichtbar zu machen, den ›Ursprung‹ der Menschen überhaupt erkennen zu können.

Wieland »lenkt den Blick zurück auf die Vorgehensweise, mit der die Rousseausche Suche ins Werk gesetzt wird. Er zeigt die Distanz zwischen der Gegenwart und den Projektionen, enthüllt die Künstlichkeit der Bilder und Grenzziehungen, zweifelt an der ›Wahrheit‹ der anthropologischen Auslegungen.« (Erhart, 1995,S.77)

Während sich in der Mitte seiner Sammlung vier Abhandlungen befinden, wovon die letzte (*Über die vorgebliche Abnahme des menschli-*

chen Geschlechts) nachträglich entstand (1777) und eingefügt wurde, finden sich am Beginn und in der Erstausgabe auch am Ende je eine poetische Geschichte: *Koxkox und Kikequetzel* sowie *Die Bekenntnisse des Abulfauaris ... Auf fünf Palmblättern von ihm selbst geschrieben.* Letztere hat Wieland in den *Sämtlichen Werken* 1795 wieder aus den *Beiträgen* herausgenommen; der innere Zusammenhang mit diesen, darüber hinaus auch mit seinem bisherigen Gesamtwerk, ist jedoch gerade hier gut sichtbar: Die kurz vor dem Tod selbst erkannte und zugestandene Doppelbödigkeit und Niederlage der Tugend eines hochangesehenen Priesters und Missionars greift nicht nur Motive auf, die Wieland bereits in den *Komischen Erzählungen* oder im *Kombabus* beziehungsweise in den *Abderiten* (Aberglauben, Mönchs- und Priesterkritik) ausführlich gestaltet hat; das kleine Werk ist insgesamt ein Plädoyer für die selbstkritische Auslotung der Widersprüchlichkeiten unserer eigenen Natur und – ohne hier Rousseau zu benennen – ein poetisches Bild für seine eigene Vorstellung von der wahren Quelle menschlicher Übel.

In den *Betrachtungen über J.J. Rousseaus ursprünglichen Zustand des Menschen*, die hier exemplarisch herausgehoben werden sollen, gesteht Wieland dem französischen Denker zwar Aufrichtigkeit und gute Absichten zu, sucht dessen Positionen dem Leser gegenüber jedoch als »wunderliche Dinge« und »liebenswürdige Narrheiten« lächerlich zu machen. Wenn in der Sekundärliteratur festgestellt wurde, daß Rousseau von Wieland mißverstanden worden sei (z.B. Ratz, 1981,S.384f.), so trifft dies zweifellos insofern zu, als dieser sich die Argumentation dadurch erleichtert hat, daß er nicht nur gelegentlich karikierend übertreibt, sondern sich auch einseitig auf Rousseaus frühe Arbeiten bezieht (vgl. auch Sengle, 1949,S.230) und wie viele andere den auch für Rousseau fiktiven Charakter des von ihm angenommenen idealen Naturzustandes des Menschen übersieht. Vom Prinzip her jedoch vertritt Wieland gegenüber der »geheimen Geschichte des Rousseauschen Systems« (SW,Bd.14, S.129) – durchaus in der Nachfolge älterer europäischer Rousseau-Kritik – ungeachtet partieller Übereinstimmungen unübersehbar gegensätzliche Positionen. Das betrifft für ihn vor allem Rousseaus These, derzufolge pauschal Gesetze, Künste und Wissenschaften die »wahren Quellen der sittlichen Verderbniß und Beförderinnen der Unterdrückung«, damit »die wahre Ursache alles menschlichen Elends« seien (ebd.,S.128). Dieser Konzeption liege weiterhin eine vom methodischen Ansatz her bereits inakzeptable Grundvorstellung über den Menschen in seinem »ursprünglichen Stand« (s.o.) und seinen Weg in der Geschichte zugrunde. Sie gipfele schließlich in der bekannten Theorie, daß der zunehmende Verlust von Einfalt und Unwissenheit als Entfernung von der ›Natur‹ begriffen werde, letztere und die moderne Kultur also antinomisch gegenüberstünden. Wieland macht Rousseau dabei auch den Vorwurf, daß er mit der Entwicklungsgeschichte nicht dort begänne, wo bereits die Gattungsmerkmale der Spezies ›Mensch‹ nachweislich seien, sondern früher, – wodurch er ganz zwangsläufig zu unerklärbaren Brüchen und damit zur Leugnung von natürlicher Kontinuität gelange.

Demgegenüber schälen sich Wielands eigene Überzeugungen heraus, so daß die *Beiträge* als »entscheidende Vorstufe nicht nur für den *Goldenen Spiegel,* sondern für das gesamte Spätwerk« angesehen werden können (Hartung, 1985,S.22). Wieland selber sieht diese Schriften   übrigens für sich und das Verständnis seiner künstlerischen Substanz als so wichtig an, daß er sie geradezu zum »Schlüssel v o n – oder z u allen (seinen) Werken« erklärt (SW,Bd.14,S.174). Demnach lebte der frühe Mensch in einer »Art von Kindheit«, die einer »natürlichen«, kontinuierlichen Weiterentwicklung bedurfte und bedarf. Seit Anbeginn war der Mensch (im Gegenteil zu Rousseaus Auffassung vom ungeselligen Naturmenschen) geselliger Natur: Aller trotz der Gebrechen der modernen Menschheit nicht zu übersehende Fortschritt fuße geradezu auf dieser Geselligkeit, und die Spezifik seines eigenen Humanismus und Weltbürgertums basiert ursächlich auf der Annahme dieser »süßen Gewalt des sympathetischen Triebes«, der den Menschen »zu seines gleichen« und darüber hinaus zur »ganzen Natur« ziehe (ebd.,S.144). Und im Gegenteil zu Rousseau sieht er – in der Abhandlung *Über die Behauptung, daß ungehemmte Ausbildung der menschlichen Gattung nachteilig sei* – die Entwicklung des Verhältnisses zwischen Einzelindividuum und Menschheit: »Die Vereinigung der Menschen in große Gesellschaften ist in vielen Stücken dem e i n z e l n e n Menschen nachtheilig, befördert hingegen offenbar die Vollkommenheit der G a t t u n g.« (Ebd.,S.280). Während er »die kulturkritischen Implikationen der Rousseauschen Diagnose« durchaus teilt (Erhart, 1995,S.50), die Übel in der Welt beklagt oder anprangert, ist er jedoch nicht bereit, den Grundgedanken eines letztlich kontinuierlichen Fortschritts aufzugeben. Von dieser Position her ist er zwar außerstande, eine aus geschichtsphilosophischer Sicht in sich geschlossene »Vervollkommnungsperspektive« zu konstruieren beziehungsweise zu vermitteln – Erhart (ebd.,S.52) statuiert ein »Konglomerat unterschiedlichster theoretischer Ansätze«. Unter Berücksichtigung der gesamten Argumentation liegt die Bedeutung dieser Bemühungen aber eher in ihrem dialektischen Denkansatz. Mit ihm hat er auf diesem – von Herder, Goethe bis schließlich zu Hegel, Marx und Engels weiterentwickelten – Gebiet in der Neuzeit eine durchaus bemerkenswerte Rolle gespielt. Wieland integriert einen kritikwürdigen Status quo in sein als insgesamt dennoch fortschreitend begriffenes und daher bejahtes Bild vom Ablauf der Geschichte, den er nicht mehr ausschließlich göttlicher Providenz und Lenkung unterstellt sieht. Immer dann, wenn dies undialektisch mit seinen früheren Auffassungen verglichen und der vorhandene innere Zusammenhang ignoriert wurde, hat es von unterschiedlichsten Seiten her zu einer abwertenden, aber wohl unzutreffenden Kritik als ›Anpassung‹, ›Verzichtshaltung‹ oder gar ›Standpunktlosigkeit‹ geführt. Selbst Sengle spricht von einer seit dem *Diogenes* »sinkenden Linie« (1949,S.233). Die Verderbnisse der modernen Welt resultieren nach Wielands Überzeugung aus »zwey Hauptwurzeln«:

»(...) der U n t e r d r ü c k u n g , und der A u s g e l a s s e n h e i t; – wovon j e n e Muthlosigkeit, Feigheit, Trübsinn, Aberglauben, Heucheley, Niederträchtigkeit, Hinterlist, Ränksucht, Neid und Grausamkeit, – d i e s e alle Arten von Üppigkeit und Unmäßigkeit, Muthwillen, fanatische Schwärmerey, Herrschsucht und Gewalttthätigkeit hervorbringt. Die Verderbnisse von der z w e y t e n Klasse würden von selbst wegfallen, wenn denen von der e r s t e n durch das einzige mögliche Mittel, durch eine w e i s e S t a a t s e i n r i c h t u n g und G e s e t z g e b u n g, vorgebauet würde.« (SW,Bd.14,S.170f.)

Diese Möglichkeit könne durch eine Persönlichkeit verwirklicht werden, die im Idealfall »zu gleicher Zeit W e i s h e i t und M a c h t genug« hat (ebd.,S.172). Nach dem gescheiterten Experiment Agathons, einen bereits etablierten absolut herrschenden Machthaber in einen ›aufgeklärten‹ Fürsten zu verwandeln, erhält sich Wieland damit grundsätzlich noch den Glauben an ein Funktionieren des ›aufgeklärten Absolutismus‹. Voraussetzung ist für ihn allerdings, daß der als unrevolutionär konzipierte Weg dorthin historisch langwierig sei; er findet hierfür das Bild von einem » s c h w e r b e p a c k t e n (...) Wagen«, der einen steilen Berg hinauffahren müsse (ebd., S.174). Ein weiteres Resultat dieser Position wird in späteren Jahren dann seine Sympathie für die konstitutionelle Monarchie sein, in der er immer wieder trotz aller Unwägbarkeiten die größten Chancen erblicken wird. Auf der Grundlage dieser Vorstellungen gelangt er zu einer solchen humanistischen Fortschrittsperspektive, wie er sie beispielhaft in *Über die Behauptung, daß ungehemmte Ausbildung der menschlichen Gattung nachteilig sei*, formuliert hat:

»Eine vollkommnere Art von a l l g e m e i n e r G l ü c k s e l i g k e i t ist uns zugedacht. Noch sind zwar die Erdebewohner von diesem letzten Ziel (...) weit entfernt; aber alle Veränderungen, welche wir bisher durchlaufen haben, haben uns demselben näher gebracht; (...) und so bewundernswürdig hat der Urheber der Natur sie zusammen gestimmt, daß ihre anscheinenden Abweichungen und Unordnungen selbst im Ganzen zu B e f ö r d e r u n g s m i t t e l n desselben werden müssen.« (Ebd.,S.278)

Dieses Zukunftsbild, das auf den ›klassischen‹ Humanismus Weimarer Prägung verweist, schloß für Wieland bereits in den siebziger Jahren die Voraussicht des möglichen Zusammenbruchs eines von »äußerster Üppigkeit und Ausgelassenheit der Sitten« untergrabenen Staatswesens ein (vgl. bereits den *Diogenes*). Auch hiermit hat er die Französische Revolution zwar nicht herbeigesehnt, aber doch feinfühlig und realistisch vorhergesagt. Anders als noch im *Diogenes* erwartet er allerdings für diesen Fall durch das Zusammenspiel gerade mit den »aufklärenden und nützlichen Wissenschaften und Künsten« eine letztlich glückliche Auflösung:

»(...) so wird der e i n g e s u n k e n e S t a a t in kurzem n e u b e l e b t und in einer u n g l e i c h b e s s e r e n G e s t a l t u n d V e r f a s - s u n g sich aus seinen R u i n e n wieder e m p o r h e b e n, und, durch seine Erfahrung weise, die schwere Kunst geltend machen, d i e P r i v a t g l ü c k s e l i g k e i t m i t d e r ö f f e n t l i c h e n d a u e r - h a f t z u v e r e i n i g e n.« (Ebd.,S.279)

Seine Erwartungen und seine Reaktionen gegenüber der 1789 ausbrechenden Französischen Revolution sind damit in Grundzügen vorgezeichnet, und noch 1795 wird er dem zitierten Textabschnitt folgende Fußnote zuordnen:

»Dieß wurde vor fünf und zwanzig Jahren geschrieben. Der Anfang zu Erfüllung dieser damahls als einer Art von Ahnung niedergeschriebenen Worte ist seit 1789 in Frankreich gemacht worden. Gebe der Himmel, daß wir auch das glückliche Ende derselben erleben!« (Ebd.,S.279)

Die erst 1777 entstandene und dann noch nachträglich von Wieland den *Beiträgen* zugeordnete Schrift *Über die vorgebliche Abnahme des menschlichen Geschlechts* rundet aus mehreren Gründen diesen Schaffenskomplex ab. In der Zwischenzeit liegen mit dem Umzug nach Weimar, der bis 1775 währenden Erziehertätigkeit am Hofe, dem Rückzug ins Privatleben und nicht zuletzt der Auseinandersetzung mit Goethe, der ihn auf der Höhe seines Geniewesens mit der Farce *Götter, Helden und Wieland* vergeblich zu provozieren suchte, wichtige neue Erfahrungen. Wieland reagiert jetzt hinsichtlich der alten Debatte um den Ausgangspunkt und die Tendenzen der Menschheitsgeschichte auf Positionen der Sagen- und Märchenliteratur und akzeptiert, daß es eine Zeit durchaus physisch größerer, stärkerer, kurz »herrlicher Naturmenschen« gegeben habe. In der Tat sei angesichts der heutigen europäischen Menschen – bei ihrer Charakterisierung bezieht er sich ziemlich deutlich und verächtlich auf seine eigene unmittelbare Umgebung (vgl. ebd.,S.305,309,325) – wirklich eine »Abnahme des menschlichen Geschlechts« zu verzeichnen. Die Ursachen hierfür seien aber nicht in einer generellen »Entkräftung« der Natur, sondern in den schon früher von ihm ausgemachten niederdrückenden sittlichen, sozialen und politischen Umständen zu finden; daraus folgere nun auch, daß diese »Abnahme« im Verlauf fortschreitender Zivilisation eben nicht für die gesamte Menschheit zu pauschalisieren sei, sondern immer einzelne Völker betreffe – und zwar als sich historisch scheinbar wiederholende Vorgänge. Wenn er dabei schließlich dazu gelangt, menschliche Geschichte als eine »unmerklich fortrückende S p i r a l l i n i e» zu beschreiben, in der sich auch »scheinbare Verwirrung« und »alles Übel« letztlich als fortschrittsfördernd erweisen (ebd.,S.327f.), geht er einen wiederum erstaunlichen, frühzeitig und unmißverständlich formulierten weiteren Schritt auf dem Wege der neuzeitlichen Dialektik innerhalb des geschichtlichen Denkens. Unübersehbar in Übereinstimmung mit seinen jüngsten persönlichen Lebenserfahrungen steht nun eine weitere deutliche Reduzierung seiner ursprünglichen Hoffnungen auf verändernde Ausstrahlung, auf ästhetische Wirkung humanistischer Literatur. Was für ihn selbst unter diesen Umständen zu bleiben scheint, ist die Bescheidung darauf, die humanistischen Grundwerte und -tugenden »aus diesem großen Getümmel, Zusammenlauf und Jahrmarkte der Welt g l ü c k l i c h d a v o n z u b r i n g e n, und in der Stille seines häuslichen Lebens, zu seinem und der Seinigen Nutzen und Frommen a n z u - l e g e n (...)« (ebd.,S.329). Und schließlich mündet alles in eine Zurückweisung der nachdrängenden jungen, in Weimar vor allem durch Goethe tonangebenden begeisterten Anhänger Rousseaus, wenn er sich unter Berufung auf seine eigene ›Natur‹- und ›Wahrheits‹-Auffassung gegen den »heutigen Modeton« des ›Sturm und Drang‹ wendet, der gegen die – auch von Wieland verabscheuten – »Künsteley, Flitterstaat und Schminke« bedauerlicherweise »U n - g e s c h l i f f e n h e i t und (...) C y n i s m u s« setze:

»Die Prätension an Genie, Größe, Stärke, Kühnheit und Freyheit läuft gegenwärtig wie eine große Epidemie durch halb Europa. Es ist ein possierliches Schauspiel (...). Alle wahrhaft große (...) Männer, die ich noch gesehen habe, waren bescheiden und sanft, und sprachen am wenigsten von den Eigenschaften, worin man ihnen den Vorzug zugestand (...) r e d e d u r c h T a t e n !« (Ebd.,S.333f.)

5.3. »Der goldene Spiegel oder Die Könige von Scheschian« und »Die Geschichte des Danischmend«

> »Die Wahrheiten, die ich sage, können niemand Schaden thun; aber sie können (...) noch den spätesten Zeitaltern als e i n S p i e g e l nützlich werden.« (SW,Bd.6,S.271)

Am 9. März 1771 findet sich ein früher Hinweis Wielands auf »das Beste«, was er »noch in Prosa geschrieben habe« (Starnes I,S.389). Auch wenn das Eigenlob zur üblichen Verhandlungsstrategie gegenüber seinem Verleger – in diesem Fall Reich – gehört: Als unwesentlichen Zeitvertreib, als Nebenwerk hat er den *Goldenen Spiegel*, die letzte während seiner Erfurter Zeit vollendete Arbeit, nie verstanden. Seine Situation als Professor der Philosophie an der Universität ist durch einen krassen, notwendig deprimierenden Gegensatz zu seiner mittlerweile weitverbreiteten Berühmtheit als Schriftsteller in ganz Europa gekennzeichnet: Der konservative Universitätsklüngel blockte erfolgreich alle fortschrittlichen Reformversuche ab, und die unentwegten direkten, aber auch indirekten Kampagnen der orthodoxen katholischen und protestantischen Kleriker gegen den ›Freigeist‹ und ›Sittenverderber‹ zeigten bei ihm Wirkung. Heinse berichtet aus dieser Zeit, daß Wieland »fast ganz und gar gesellschaftslos« sei (ebd.,S.386), und er selber schreibt, daß der ihn umklammernden sozialen Isolierung nur ein »alter entlassener Lieutnant von 70 Jahren«, der sein Sprachlehrer für Spanisch und Englisch war, und seine eigene Familie – inzwischen waren dem Ehepaar zwei Mädchen geboren – entgegenwirkten. Stadt und Tätigkeit waren ihm zusehends verleidet worden: »Erfurt ist der Ort der Cabale, Chicane, des Neides, der Verläumdung und der Dummheit, sowie des Aberglaubens. Wieland und ich – wir beyde haben noch immer ausspariren können (...)« resümiert im April der einzige bisherige Freund Riedel (ebd.,S.392) – zu dem sich das ehemals gute Verhältnis auch langsam abkühlte. Für das bereits 1772 gedruckte Manuskript erhält Wieland von seinem Verleger die seinerzeit geradezu unvorstellbare Summe von 633 Talern – also mehr als sein Jahresgehalt.

Grundmotiv und -konstellation des *Goldenen Spiegels* sind bereits mit der hoffnungsvollen Unterstellung in den ersten Worten der *»Zueignungsschrift (...) an den Kaiser Tai-Tsu«* vorgezeichnet: »Ihrer Majestät lebhaftestes Verlangen ist Ihre Völker glücklich zu sehen. Dieß ist das einzige Ziel Ihrer unermüdeten Bemühungen (...)« (SW,Bd.6,S.VII) Als einzigen Weg, dem näherzukommen und dazu notwendigerweise die Wahrheit vom Betrug unterscheiden zu können, empfiehlt der Erzähler jedem Fürsten zunächst die Herauslösung aus dem »verwickelten Gewebe des gegenwärtigen Schauspiels« und vor allem die Ausforschung der »Geschichte der Weisheit und der Thorheit, der Meinungen und der Leidenschaften, der Wahrheit und des Betrugs in den Jahrbüchern des menschlichen Geschlechtes«. Sie könne der scharfsinnig urteilende Betrachter als »getreue Spiegel« der »Menschen, Sitten und Zeiten« nutzen; vorzüglich jedoch sei die »Geschichte der ältern Zeiten (...) die W i s s e n s c h a f t d e r K ö n i g e » (ebd.,S.XIV,XVIf.). Wieland beansprucht damit von vornherein wieder nachdrücklich ›Wahrheit‹ – bereits der Untertitel lautet: *Eine wahre Geschichte.* Er unterstreicht dies auch wiederum durch die Fiktion der Wiedergabe einer vorgeblichen – mehrfach erfolgten – Übersetzung. Darüber hinaus legt er von vornherein Wert auf eine unmißverständliche Akzentuierung der durch sein Menschen- und Geschichtsbild gefestigten Überzeugung von der überzeitlichen Allgemeingültigkeit der von ihm vermittelten entscheidenden Gründe für das Glück und Elend der menschlichen Gattung. Wieland übermittelt dieses Grundanliegen im Text nicht nur durch mehr oder weniger direkte Aussagen, sondern auch über gelegentliche Verwirrspiele um Namen und Verantwortlichkeiten, womit er gezielt vom Historischen abzulenken versteht. Nur auf dieser Basis kann sich der Schriftsteller legitimiert sehen, aktuelle, ihm auf den Nägeln brennende Zeitprobleme des 18. Jahrhunderts ungeschminkt in die fiktive Geschichte eines längst untergegangenen asiatischen Reiches zu integrieren, und nur durch diese Übereinkunft kann ein auf Wirkung bei Zeitgenossen zugeschnittenes künstlerisches Projekt überhaupt funktionieren.

Bei einer gebührenden Beachtung der entsprechenden Zusammenhänge in Wielands bisherigem Schaffen, insbesondere auch nach der für ihn wichtigen Auseinandersetzung mit Rousseau entbehrt die Abfassung des *Goldenen Spiegels* keinesfalls eines – häufig bestrittenen – inneren Zwanges. Abgesehen davon, daß er in Erfurt gleichzeitig eine von den Studenten mit großem Beifall aufgenommene Vorlesung zur Geschichte der Menschheit hielt, sich also auch von dieser Seite her ernsthaft mit der Materie befaßte: Die Frage nach dem möglichen ›Glück‹ der Völker berührte viel zu tief die Substanz seines eigenen Dichtungsverständnisses, um nicht zum erneuten Versuch einer konstruktiven poetischen Modellierung zu drängen. Dabei mußte sich zu diesem Zeitpunkt notwendigerweise alles auf die ihm trotz allem verbliebenen zwei irdischen Säulen seiner Menschheitshoffnungen konzentrieren: Auf die ersehnte humanistische Monarchengestalt und die Fragen nach ihrer Erziehung einerseits sowie andererseits auf das Problem der notwendigen beziehungsweise möglichen gesellschaftlichen Rahmenbedingungen für die Gewinnung und Erhaltung solcher »Zeiten, wo Polizey, Religion und Sitten, Vernunft, Witz und Geschmack einträchtig zusammen wirken werden, die menschliche Gattung glücklich zu machen.« (Ebd.,S.265; im Original gesperrt).

Wieland hoffte – ebenso wie viele andere europäische Aufklärer –, daß der seit 1765 herrschende, den Ideen der Aufklärung gegenüber aufgeschlossene junge Kaiser Joseph II. eine solche Gestalt wäre und seine Regentschaft auch entsprechend nutzen würde (Wilson, 1984). Er hat auch keinen Hehl daraus gemacht, in Wien gerne selber ein neues sinnvolles Wirkungsfeld zu erhalten, das gleichzeitig die eigene Familie sozial absichern würde; und er hat dem Wiener Hof zu diesem Zweck auch den *Goldenen Spiegel* zugespielt. Da dieses Vorhaben jedoch mißlang, ist es für ihn zweifellos ein glücklicher Zufall gewesen, daß sich die kunstsinnige verwitwete Herzogin Anna Amalia von Sachsen-Weimar dafür zu interessieren begann, ihn für die Erziehung und Bildung ihrer Söhne – insbesondere des Erbprinzen Karl August – zu gewinnen. Rückblickend beschreibt Wieland nach einer Aufzeichnung Böttigers aus dem Januar 1799 seine derzeitige Stimmungslage mit folgenden Worten:

»Als mir von der Herzogin Regentin die Anträge geschahen, den Erbprinzen hier zu erziehen, lockte mich wieder der Gedanke, einen Prinzen für künftiges Völkerglück zu erziehen, mit unwiderstehlichem Reize. Ich wandelte damals in den Blumengärten meines goldenen Spiegels, den ich soeben geschrieben hatte.« (Starnes II, S.698)

Wenn Wieland damit erneut auf den Erfolg von ›Fürstenerziehung‹ als Bedingung für ›aufgeklärten Absolutismus‹ setzt, so besinnt er sich keinesfalls wider besseres Wissen auf alte Positionen, sondern hofft das ersehnte Ziel über eine andere, von vornherein nun langfristig konzipierte Variante zu erreichen: durch verantwortungsbewußte ›aufgeklärte‹ Erziehung junger, künftiger Herrscher. Mehrfach folgt er denn auch seit dem März 1772 Einladungen nach Weimar, stellt dort seinen *Goldenen Spiegel* vor, verfaßt Memoranden über die Prinzenerziehung, ringt erfolgreich um verbesserte Berufungskonditionen und zieht schließlich im September nach Weimar, um sein auf drei Jahre befristetes Amt als ›Instructor‹ anzutreten. Den üblichen Verpflichtungseid abzulegen, weigert er sich übrigens ebenso standhaft, wie er es auch 1799 ablehnen wird, einen Lehnseid auf den Herzog zu schwören.

Gerade am *Goldenen Spiegel* scheiden sich in der neueren Wieland-Literatur die Geister. Wielands Aktivitäten um berufliche Veränderung sowie soziale Sicherheit und ihr thematischer Zusammenhang mit dem *Goldenen Spiegel* werden häufig zum Ausgangspunkt dafür genommen, ihm für dieses Werk mehr oder weniger massiv einen ›Irrweg‹ aus purem Opportunismus zu unterstellen (z.B. auch Sengle, 1949,S.259ff.). Aus Sicht der heute zugänglichen Materialien sowie überschaubaren Zusammenhänge einerseits und der wichtigen Rolle des Werkes innerhalb von Wielands Gesamtentwicklung beziehungsweise -schaffen andererseits ist solch ein Verdikt nicht mehr vertretbar; demgegenüber ist daher auch bereits gut begründet unterstrichen worden, daß es weder ehrenrührig noch etwa eine Ausnahme war, sich derart um seine Zukunft zu bemühen, daß eine grundsätzliche Beziehung zwischen dem Genre ›Staatsroman‹ und der politischen Konzeption des ›aufgeklärten Absolutismus‹ bestand und darüber hinaus ein zwingender Zusammenhang mit seiner geistigen Entwicklung sowie eine innere Übereinstimmung mit seinen anderen Werken vorhanden war.

»Die deutschen Staatsromane sind Romane des ›vollkommnen Regenten‹, Fürstenerziehungsromane, und darin das genaue literarische Gegenstück des aufgeklärten Absolutismus, seiner Vision des von oben, von der Spitze her mit Vernunft durchtränkten und durch Tugend belebten Staats.« (Schings, 1983,S.154. Vgl. ferner Bersier, 1981,S.191-217; Höhle, 1983, S.47f.; Albrecht, 1988,S.28ff.; Erhart, 1991,S.223f.)

In der *Einleitung* skizziert Wieland zunächst die Grundzüge einer nach seiner Überzeugung verhängnisvollen Strategie herkömmlicher Fürstenerziehung mit ihren verheerenden Folgen, die nicht nur als unverblümtes, alle absolutistischen Herrscher angreifendes Negativbild ständig vor Augen geführt werden, sondern von Anfang an als schillernde Verhaltensmuster auch in der Person des mächtigen indischen Sultans Schach-Gebal selbst – ihm werden die folgenden Erzählungen zur abendlichen »Ergetzung und Einschläferung« vorgetragen – sichtbar gemacht werden: Sein despotischer Umgang mit den Menschen, seine mangelhaften Grundsätze, der von ihm betriebene sinnlose Prachtaufwand und verantwortungslose Umgang mit Steuergeldern ebenso wie seine Unfähigkeit, Fehler auch bei sich selber zu suchen, um daraus klüger zu werden. Das von Wieland vermittelte Bild traditioneller höfischer Erziehung und ihrer Ergebnisse ist – betont rational und zwingend logisch argumentierend aufgebaut – derart vernichtend, daß es den zum Teil bekannteren ähnlichen Attacken anderer berühmter Zeitgenossen zwischen ›Aufklärung‹ und ›Sturm und Drang‹ von der Substanz und auch Aggressivität her in nichts nachsteht und sicherlich ohne den ›Schutzschild‹ der fiktiven Vergangenheit und Exotik unliebsame Folgen für den Autor gehabt hätte. Was er in diesem Sinne für seine Figur Danischmend hinsichtlich des Verhältnisses zum Sultan konzipierte, gilt natürlich gleicherweise für seine eigene Beziehung zu den zeitgenössischen Herrschern und ihren Zensoren: Der Einfall schien glücklich und geeignet, »dem Sultan mit guter Art Wahrheiten beyzubringen, die man, auch ohne Sultan zu seyn, sich nicht gern geradezu sagen läßt« (SW,Bd.6,S.30).

Der sich durch die Fiktion überlieferter Manuskripte legitimierende allwissende Erzähler inszeniert im folgenden ein Gesprächsmodell, das ihm geeignet erscheint, den an und für sich spröden Stoff dialogisch darzubieten. Dazu läßt er vier Personen agieren, die er poetisch differenziert charakterisiert und mit deren Hilfe er das Für und Wider der Materie glaubhaft darlegen, herausfordern oder auch in kompletten Binnenerzählungen unterstreichen kann: Als Ansprechpartner und damit gleichzeitig Ziel aufgeklärt-reformerischer Bemühung fungiert der indische Sultan Schach-Gebal (zu historischen und poetischen Wurzeln dieser Figur vgl. Dedner, 1969,S.114). Die Erzähler sind zunächst die geistreiche Favoritin des Sultans, Nurmahal, und der Philosoph Danischmend, während der junge Kammerdiener Mirza nur eine Nebenrolle spielt. Mit ihrer Hilfe entwickelt der Dichter am Beispiel des einst mächtigen benachbarten Königreiches von Scheschian eine »kontrovers geführte Debatte über Geschichte« (Erhart, 1991,S.219f.). Die Hauptfigur ist dabei die des weisen Danischmend, dem innerhalb der komplizierten künstlerischen Struktur eine Doppelfunktion übertragen wird: Er ist der zentrale Erzähler und Interpret von Geschichte; und an ihm selber wird gleichzeitig ein mit dem Erzählvorgang innerhalb des Textes verzahntes individuelles Schicksal dargestellt. Die Meinungen über die Identität zwischen Wieland und der Figur des Danischmend differieren. Letztere schlechthin als ›Sprachrohr‹ des Dichters zu begreifen, verbietet sich allerdings allein auf Grund der Welterfahrenheit und Klugheit, mit der er – ungeachtet aller kritischen Sicht – Sultan Schach-Gebal ausstattet und durch ihn den Philosophen gelegentlich überzeugend in Frage stellen läßt; unbestreitbar ist jedoch, daß Danischmend in einem besonders hohen Grade Ideal-Auffassungen ebenso wie engagierte gesellschaftskritische Positionen Wielands zum Ausdruck bringt. Über diese Grundkonstellation hinaus wird die Dialog-Struktur des Werkes noch um eine weitere Ebene angereichert: Um die des unmittelbaren Dialogs zwischen dem Autor selber und dem Leser. Sie wird über den Einsatz des Kunstmittels ›Fußnote‹, die er – gemäß der ja vorgeblich bereits mehrfach übersetzten Erzählvorlage – auf souveräne Weise in vier ›Schichten‹ einsetzt und gelegentlich sogar aufeinander reagieren läßt (»Sinesischer«, »Lateinischer«, »Deutscher« Übersetzer und

»Anmerkung eines Ungenannten« oder gänzlich ohne Herkunftsbezeichnung). Wieland zielt damit nicht nur auf eine Aktivierung des vernünftigen Rezipienten und auf dessen Einverständnis mit ihm selbst; er erreicht hierdurch eine beeindruckende »zeitliche Tiefenwirkung« und eine den Dialog ausweitende mehrfache »Spiegelung« (Meyer, 1981,S.132). Anregungen für diese anspruchs- und kunstvolle Struktur hat Wieland offensichtlich von dem französischen Romancier Crébillon (1707-1777) erhalten (vgl. hierzu Meyer, 1981). Virtuos jongliert er bis hinein ins Sprachlich-Stilistische zwischen Bericht und Parabel, Utopie und Gesellschaftskritik, Humor, Ironie und Satire – sowie vor allem auch auf dem für ihn ja recht schmalen Grat zwischen Optimismus und Pessimismus.

Nach Überlegungen zum Ursprung der Menschheit legt Wieland anhand des Disputes über die Geschichte von Scheschian seine Vorstellungen über die Entstehung und die Entwicklungstendenzen der Monarchie dar. Letztere führen – wie gerade die Geschichte beweise – immer dann zwangsläufig zu Despotie und Sittenverderbnis, wenn es nicht gelinge, dem rechtzeitig durch geeignete Gesetze und durch den Glücksfall eines weisen und persönlich integren Herrschenden entgegenzusteuern. Untermauert wird diese These durch das Beispiel der falschen Erziehung eines Thronfolgers, durch einen regelrechten Katalog der Pflichten eines Monarchen sowie durch grundsätzliche Überlegungen zur Rolle der Religionen, zum ewigen Streit zwischen Egoismus, Unverstand, Schwärmerei, Aberglauben einerseits und Altruismus, Vernunft, Menschlichkeit andererseits. Der Text mündet in die plastisch erzählte Gegenüberstellung eines despotisch regierenden Fürsten (Sultan Isfandiar) und eines vorbildlich guten Herrschers (Tifan). Mit für seine Zeitgenossen unverkennbarer Aktualität sowie mit zwingender innerer Logik werden dabei in einer dem Klischee des stets vorsichtigen, kompromißbereiten Autors kraß widersprechenden Schärfe die verheerenden Folgen der korrupten aristokratischen und absolutistischen Herrschaft aller Zeiten – einschließlich ihrer klerikalen Helfershelfer – angeprangert. Es handelt sich hierbei um eine der umfangreichsten, »kritischsten und geistvollsten Darstellungen feudaler und klerikaler Mißwirtschaft, die wir überhaupt in der deutschen Literatur besitzen« (Höhle, 1983,S.48). Der Schriftsteller und Kritiker Merck charakterisiert das Werk noch vor seinem Erscheinen denn auch so, daß es »den Großen böse Wahrheiten predige« (Starnes I,S.418), und Wieland selber wird 1797 rückblickend urteilen, daß er, »nachdem er einige Jahre am (...) Hofe gelebt hatte, sich nicht mehr getrauet haben würde«, den *Goldenen Spiegel* zu schreiben (Starnes II,S.569). Die dem als Ideal entgegengesetzte Utopie basiert mit der Gestalt des Tifan auf einem König, der als rechtmäßiger Thronfolger zusammen mit einfachen Leuten »in Hütten« aufgewachsen ist und zu einem persönlichen Vorbild wird. Dabei koppelt Wieland seine Vorstellungen an eine sinnvolle, letztlich auf das Glück des Volkes ausgerichtete Fürstenerziehung programmatisch an drei fundamentale Voraussetzungen: geeignete Persönlichkeitsanlagen; Umweltbedingungen einschließlich der Existenz aufgeklärter Lehrer, die eine Verinnerlichung hoher sittlicher Werte gewährleisten; ein genaues Studium und verantwortungsbewußtes Auswerten der Geschichte. Tifan selber initiiert das die Monarchie insgesamt ebenso wie den einzelnen Bürger gegen Anmaßung und Mißbrauch der Freiheit schützende Gesetzeswerk, wodurch es ihm tatsächlich gelingt, für mehrere Generationen seines Volkes ein glückliches Leben zu sichern. Die bis ins Detail beschriebene Regierungspraxis des aufgeklärten Monarchen Tifan trägt dabei Züge eines aufgeklärten Absolutismus mit Ansätzen zu einem gemäßigten Konstitutionalismus; die durch Tifan installierte Herrschaftsform »schillert (...) mannigfaltig zwischen Absolutismus und republikanischer Freiheit« (Sengle, 1949, S.264). Sie entspricht insgesamt wohl den insbesondere auf Joseph II. gesetzten Hoffnungen und hat aus der Sicht der realen Situation in Deutschland mit dem hier vorherrschenden despotischen Kleinstaatenabsolutismus einen eindeutig progressiven, humanistischen Charakter. Das von Tifan verwirklichte Programm lebt vom Glauben an die Macht der Erziehung als Grundlage gesellschaftlicher Humanisierung; es zielt auf eine ausgewogene Bildung des Rationalen und Emotionalen im Menschen, auf die Veredelung der Sitten und weist dabei der Religion, den Wissenschaften und Künsten zentrale Bedeutung zu. Gleichzeitig macht Wieland in diesem Zusammenhang deutlich, daß die öffentliche Erziehung nach seiner Auffassung standes- und berufsbezogen zu differenzieren sei, wenn er etwa für Stadtbewohner einen höheren Grad an Aufklärung als für die Landbevölkerung fordert: Die Tifan unterstellte Konzeption »stimmt in entscheidenden Grundzügen überein mit einer – begrenzten – Volks- bzw. Bauernaufklärung, die etwa Anfang der siebziger Jahre einsetzte, deren Maximen aber erst nach 1780 publizistisch vorgetragen wurden« (Albrecht, 1988, S.30). In einer Binnenerzählung entwirft Wieland mit dem liebevoll und farbig gezeichneten Bild einer von der Außenwelt relativ abgeschlossenen kleinen (!) Gemeinschaft eine zweite Sozialutopie. Der Leser wird überzeugt, daß ein naturnahes ländliches Leben in Glück und Harmonie ohne einengende Gesetze allenfalls für kleine Populationen unter Ausnahmebedingungen (›Insel‹-Situation) denkbar – und daher praktisch ohne Relevanz sei (vgl. hierzu Dedner,1969,S.109ff.). Wenn im Fall der ländlichen Talutopie auch Anregungen durch den damaligen Physiokratismus anzunehmen sind, so wird doch hierbei deutlich, wie fast alle von Wieland diskutierten Fragestellungen seine Antworten auf die Positionen Rousseaus widerspiegeln – ohne diesen allerdings in der Regel direkt zu erwähnen. Eine Lehre, die auf der Annahme basiere, daß die von ihm zugestandene Möglichkeit eines zivilisationsfernen glücklichen Lebens einer zahlenmäßig begrenzten, durch geographische Bedingungen weitgehend isolierten Menschengruppe pauschal auch auf große moderne Völker übertragbar sei, ist für Wieland schlechthin undenkbar: Große Völker brauchen Gesetze! Der Bezug auf die im weitesten Sinne durch seine eigene Weltoffenheit und eben auch durch den großen Franzosen provozierten Herausforderungen gilt gleichfalls für sein unentwegtes Bemühen, die modernen gesellschaftlichen Verderbnisse konkret zu benennen, historisch einzuordnen und in eine perspektivisch langfristig dennoch optimistische Geschichtsauffassung zu integrieren. Er wird auch sichtbar in der unverkennbaren Akzeptanz naturrechtlicher Ansprüche und Argumentationen, insbesondere wenn es um den »unverbrüchlichen Vertrag« geht, der den Rechten und Pflichten im spannungsvollen Verhältnis zwischen Völkern und Herrschern zugrundeliege (SW,Bd.7,S.68).

Bemerkenswert ist, daß Wieland 1794 bei der Vorbereitung auf den 1795 innerhalb der Gesamtausgabe erscheinenden Text diesem unter dem Eindruck der Französischen Revolution einen neuen Schluß hinzufügte, der die Geschehnisse vom Tod Tifans bis zum Zerfall seines Reiches umspannt. Die Gründe hierfür sind offenbar zwiespältig: Einerseits bestätigt sich damit, daß der Dichter sein Idealbild nie als von der Realität völlig abgekoppeltes Absolutum anzubieten gewillt ist, sondern daß er – korrespondierend mit seinen in den publizistischen Arbeiten zur Französischen Revolution Anfang der neunziger Jahre dargelegten Auffassungen – Konsequenzen aus seinen Erkenntnissen sowohl über das natürliche Wesen des Menschen als auch über die langfristigen Abläufe der Geschichtsperioden zieht. Wieland tut dies, indem er den Gedanken der ›Spirallinie‹ aufgreift und zugesteht, daß selbst das durch Tifan geschaffene Modell wie zwangsläufig jede politische Gesellschaft der schmerzhaften Umwandlung unterliegt, – auch und gerade wenn eine gewisse Freiheit herrsche. So zielt der Grundtenor denn auf eine von ihm offenbar akzeptierte Unabwendbarkeit solchen Geschehens – zumindest bei größeren Völkern (SW,Bd.6,S.289,320,342f.). Andererseits hat Wieland jetzt offenbar die entscheidende Schwäche seiner eigenen Tifan-Konstruktion durchschaut: Selbst die besten Gesetze könnten im Rahmen einer wie auch immer absolutistisch herrschenden

Monarchie nur greifen, wenn ein gutwillig-aufgeklärter Fürst sie persönlich durchzusetzen und handzuhaben gewillt beziehungsweise in der Lage wäre und wenn vor allem gleichzeitig der Glaube an die Erziehbarkeit der Volksmassen eine reale Chance hätte. Letztlich bleibe jedoch immer die sichere Erwartung einer durch die ja »alles leitende höhere Weisheit (...) des großen Urhebers der Natur« gewährleisteten »Ordnung und Harmonie im Ganzen« (ebd.,S.297). Die dem Menschen überantworteten »großen Triebfedern des allgemeinen Besten (...), Vernunft und Tugend« (ebd., S.260), seien die entscheidenden Instrumente, dem von Danischmend euphorisch beschriebenen utopischen »großen Ziel aller Freunde der Menschheit« näherzukommen. Indem Wieland diesen modernen christlich fundierten aufklärerischen Grundgedanken als anonyme Anmerkung und damit eindeutig eigenen Erzählerkommentar den Ausführungen Danischmends hinzufügt, wird außerordentlich plastisch trotz aller Nähe zwischen ihm und seiner Erzählerfigur auch wieder die gleichzeitige Distanz zwischen beiden sichtbar. Damit ist nun zwar die Substanz des alten, auf Vorbildwirkung individueller Verhaltensmodelle beruhenden beziehungsweise zielenden Aufklärungsideals erneut gegenüber allen Zweifeln eindeutig reaktiviert, aber gleichzeitig doch auch neu in das Bild der ›Geschichtsspirale‹, eines zyklischen und geradezu unabwendbaren Naturgesetzes, eingeordnet. Auf diese Weise gelingt ihm eine Synthese zwischen dem tiefverwurzelten Bedürfnis nach Ideal – Orientierung, historischem Optimismus einerseits und der Einbeziehung gesellschaftlicher Realitäten bis hin zu himmelschreienden Mißständen und tiefgreifenden Umwälzungen andererseits. Diese Position schließt jede Linearität aus und integriert in hohem Grade Widersprüche, so daß bis heute auftretende divergierende Deutungen nicht verwundern (vgl. hierzu Walter, 1988,S.31ff.). Der unmittelbare Freiraum zum humanen Handeln allerdings – und auch mit dieser Tendenz rückt Wieland immer näher an die ›Klassik‹ im engeren Sinne heran – bleibt weitgehend auf individuelle Aktivität im kleinen Kreis beschränkt: Nicht nur Tifans ideales Staatswesen endet trotz aller weiser Vorsorge im Verfall der Sitten, in Chaos und Kollaps; auch auf der Erzählerebene selbst scheitert der weise Danischmend mit seiner Absicht, auf Schach-Gebal zu wirken, und wird schließlich als unbequemer Mahner sogar vom Hof verbannt. Die mit der Idee vom aufgeklärten Absolutismus verbundenen Hoffnungen werden desillusioniert und von Wieland aufgegeben. Für eine künftig noch akzeptable, weil eher langfristig erfolgversprechende Gesellschaftsform bietet sich Wieland als geradezu vorprogrammiert auf dieser Grundlage noch die Hinwendung zu der einer konsequenten konstitutionellen Monarchie an.

Auch Wielands praktische Bemühungen als Prinzenerzieher in Weimar waren für ihn mit vorrangig deprimierenden Erfahrungen begleitet – einschließlich der eigener pädagogischer Hilflosigkeit, mannigfacher Hofintrigen und Demütigungen. Noch während seines aktiven Hofdienstes entstand zwischen 1774 und 1775 – zuerst im *Teutschen Merkur* veröffentlicht – der Roman *Die Geschichte des weisen Danischmend und der drei Kalender*. Daß dieses Werk in einem unmittelbaren Zusammenhang mit dem *Goldenen Spiegel* steht, dafür sprechen von der formalen Seite her bereits der direkte Verweis darauf im Untertitel (*Ein Anhang zur Geschichte von Scheschian Cum notis Variorum*) und natürlich der Kunstgriff, die dort schon profilierte Figur des humanistischen Erzähler-Pädagogen in den Mittelpunkt zu stellen, um sich nun – motiviert durch eigene praktische Erfahrungen – vor allem der dem Individuum wirklich verbleibenden Handlungsspielräume auf neue Weise zu vergewissern.

Wiederum bedient sich Wieland der Form des Dialogs, vornehmlich zwischen Danischmend und einem alten, welterfahrenen »Kalender«, das heißt asiatischen Wandermönch, sowie erneut dem Sultan Schach-Gebal. Aus der Erzählung über die Entwicklung von Fürstenhäusern und Völkern ist nun allerdings die »Geschichte« einer exemplarischen Persönlichkeit geworden, – und dies hebt sie bereits deutlich vom *Goldenen Spiegel* ab. Es geht im Hauptstrang der Erzählung um den Versuch Danischmends, nach der Verbannung vom Hofe des Sultans und damit aus der ›großen Welt‹ seine eigenen Vorstellungen vom glücklichen Zusammenleben einer kleinen, weitgehend isolierten ›Insel‹-Gemeinschaft – das Motiv wird erneut aufgegriffen – und von »häuslicher Glückseligkeit« als der »einzigen Art glücklich zu seyn, die dem Menschen hienieden bestimmt« sei (SW,Bd.8,S.42), selber zu verwirklichen. Danischmend wird allerdings durch Intrigen des Mönchs wieder aus seiner Talidylle vertrieben und widersteht danach dem Angebot des Sultans, ihn und seine Familie erneut in Amt und Würden am Hof aufzunehmen. Als Statthalter kehrt er schließlich in sein Gebirgstal zurück, wo es ihm gelingt, die alten idyllischen Verhältnisse wiederherzustellen und dort als »Bruder unter Brüdern« zu leben. Dies schafft er vor allem deshalb, weil er von vielen unterstützt wird, die sich in der Zwischenzeit nicht zur »Verderbnis« verführen ließen, sondern bei denen Danischmends Vorbild und Grundsätze wider Erwarten doch weitergewirkt hatten. Eingefügt ist als Binnenerzählung die Geschichte des alten Mönchs – einer Variante des Diogenes-Typs; es ist dies hier eine als letztlich zutiefst demagogisch und den Gemeinsinn zerstörend charakterisierte Figur, die von machthungrigem Egoismus geleitet ihre Erkenntnisse über die Narrheit und Manipulierbarkeit der Masse der Menschen rücksichtslos auszunutzen sucht. Und in einer kurzen *Geschichte der Sultanschaft* (17.Kap.) widerlegt Wieland seine hinsichtlich der Zeitkritik im *Goldenen Spiegel* geäußerten eigenen Bedenken, indem er erneut massiv und direkt den despotischen Mißbrauch absolutistischen Herrschens aufdeckt und anprangert – eine Anklage, die im gesamten Kontext unmißverständlich die aktuellen Erfahrungen der Zeitgenossen mit dem modernen deutschen Duodezabsolutismus ansprechen mußte: »Licht ist nur Licht für den Sehenden: der Blinde wandelt im Sonnenschein, und dünkt sich im Finstern« formuliert er vielsagend bereits in *Keine Vorrede* (SW,Bd.8,S.4). Auch hier kommt seine humanistisch fundierte Empörung von Herzen und ist im Unterschied zu jener des ›Sturm und Drang‹ maßgeblich rational argumentierend, nie emotional aufbrausend. Als Hauptgrund nennt Wieland übrigens einmal (*Worte zur rechten Zeit*, 1793) – und das ist charakteristisch für die Dominanz seiner funktionspoetischen Auffassungen – weder eine mögliche Aversion gegenüber dem ›Sturm und Drang‹ noch eine subjektive Disposition oder die sich anbietende Konsequenz aus dem naturgemäß nüchternen Rationalismus der ›Aufklärung‹, sondern Überlegungen zur optimalen Wirkung: »Wenn es verdienstlich ist den Großen auch bittre Wahrheiten zu sagen, wofern sie nur heilsam sind: so ist es doch weder verdienstlich noch vernünftig, sie ihnen m i t B i t t e r k e i t, auf eine grobe und beleidigende Art zu sagen« (SW,Bd.29,S.440). Mit welcher Differenziertheit und Sensibilität er immer den Adressaten im Blick hat, verrät die nachfolgende Begründung:

»Nicht nur läßt sich ganz und gar nicht erwarten, daß die Gezüchtigten die Operazion geduldig aushalten und, als zu ihrem Besten gemeint, wohl gar gutherzig und dankbar aufnehmen sollten; sondern es ist im Gegentheil sehr wahrscheinlich, daß das Gegentheil erfolgen und sie vielmehr dadurch gereizt werden könnten, (...) sich durch eine einzige schüttelnde Bewegung ihrer Machtgewalt auf immer Ruhe davor zu verschaffen (...) so ist desto wahrscheinlicher, daß die gemeine gute Sache um so stärker leiden dürfte.« (Ebd., S.442f.)

Wieland erweist sich wiederum als herausragender poetischer Analytiker gesellschaftlicher Beziehungen. Er kann sich noch Jahre später nach Ausbruch der Französischen Revolution in Anmerkungen und Gesprächen zu Recht bestätigt sehen (vgl. SW,Bd.7,S.210; Starnes II,S.247,419). Dabei zielt sein Angriff völlig unverhüllt gerade auf die Spitze der Machtpyramide – eine für deutsche ›Aufklärer‹ relativ seltene Konsequenz: »Gegen die großen und kleinen Sultanen reißt die Mäuler auf, wenn ja deklamiert seyn muß! D i e s e sind die ersten und letzten Ursachen alles Übels in der Welt!« (SW,Bd.8, S.141)

Das Wesentliche sind die neuen Akzente, durch die Wieland allzu deprimierende geschichtsphilosophische Konsequenzen seiner bisherigen poetischen Bemühungen beziehungsweise persönlichen Erfahrungen zurückdrängt, indem er den Spielraum für humanistischen Optimismus innerhalb der ermittelten engen Grenzen sichert und hinsichtlich einiger Aspekte sogar erweitert:

- Danischmend, der hier offenbar in einem noch höheren Grade als bereits im *Goldenen Spiegel* die Auffassungen Wielands selber zum Ausdruck bringt, findet sich damit ab, keinen maßgeblichen Einfluß auf eine Besserung der Welt im großen zu haben und richtet seine Energien als allein erfolgversprechend auf einen kleinen Kreis, in der letzten Konsequenz auf die eigene Familie: »Kennest du also ein größeres Gut für einen Mann von meiner Sinnesart, als Unabhängigkeit, Zufriedenheit mit sich selbst, und reinen Lebensgenuß im Schooße der Seinigen?« (Ebd.,S.365)
- Daß sich Wieland jedoch nicht völlig mit den Ansichten seines Danischmend identifiziert und programmatisch der »Rolle eines Menschheitsbeglückers« entsagt, wie Sengle meint (1949,S.282), wird unter anderem darin deutlich, daß er nun in der Geschichte der Völker eine Reihe ausgleichender Faktoren gegenüber der traditionell übermächtigen »Sultan- und Bonzenschaft« und damit hoffnungspendende Ansatzpunkte auch für die Zukunft der ›großen Welt‹ ausmacht. Dazu zählen für ihn: die Existenz noch freier, unverdorbener Völker sowie einzelner kleiner moderner Freistaaten; die Kraft der Kunst und Philosophie; das Auftreten wenigstens einzelner ›guter‹ Fürsten sowie die mögliche Verbindung von Weisheit, Tugend und »Enthusiasmus« (s.132).
- Wieland drängt unmißverständlich die Tendenz zur Verabsolutierung eines in der menschlichen Natur wirkenden »Hanges zur Verderbniß« zurück, indem er nachdrücklich darauf besteht, daß der Mensch von Natur aus – also unter den Bedingungen der Abwesenheit von Unterdrückung, Elend oder unnützem Luxus – prinzipiell gut und die menschliche Gattung durch ein »angebornes mechanisches Streben zum Fortschreiten und Emporsteigen« (SW,Bd.8,S.152) charakterisiert sei. Damit liegen wesentliche Ursachen für Verderbnis und chaotische Zustände unter den Menschen bei ›äußeren‹ Faktoren:

»U n t e r d r ü c k u n g, und ihre Töchter, Ü p p i g k e i t, die mit den U n t e r d r ü c k e r n – D ü r f t i g k e i t, die mit den U n - t e r d r ü c k t e n gepaart ist, sind die wahren Ursachen des menschlichen Verderbens. Die Menschen würden b e s s e r werden, so bald man ihnen erlaubte g l ü c k l i c h e r zu seyn; und sie würden glücklich g e n u g seyn, so bald nicht einige auf Kosten der übrigen glücklicher, als es Menschen zukommt, seyn wollten.« (Ebd.,S.138f.)

Auf diese Weise findet Wieland in dem für ihn alten Konflikt zwischen bestimmenden inneren und/oder äußeren Faktoren bei der Gestaltung des individuellen und gesellschaftlichen Lebens zu einer neuen, künftig relativ stabil bleibenden Relation.

– Diese Position gestattet nun die – insgesamt schwer errungene – Eroberung eines neuen fundierten Glaubens an die Kraft und den Sinn des Vorbildes; sie ist wegen ihrer schweren Herzens anerkannten Eingrenzungen nur auf den ersten Blick eine ›Rückkehr‹ zu früheren euphorisch-aufklärerischen Positionen. Neben die bereits benannten Reduzierungen hinsichtlich der Zielsetzung und die endgültige Rücknahme jeder überschäumenden Selbstsicherheit setzt Wieland dabei noch eine weitere Neuerung, die wiederum verdeutlicht, wie er sich zumindest partiell der ›Frühklassik‹ im engeren Sinne annähert, indem er nämlich jede der erhofften Wirkungen an das Vorhandensein von »Enthusiasmus« koppelt. Damit glaubt er nun auch schlüssig erklären zu können, weshalb das frühere Aufklärungskonzept versagt hat, weshalb bisher »die vereinigten Kräfte der Weisen und Tugendhaften die Welt in so langer Zeit nicht haben besser machen können« (ebd.,S.120): »D i e s e sollen u n t e r s u c h e n und e n t w e r f e n, j e n e a u s f ü h r e n. Vereinigt können sie alles« (ebd.,S.125).

Wieland markiert damit im *Danischmend* zu diesem verzweigten und schwierigen Fragenkomplex das Ergebnis eines zutiefst widerspruchsvollen, aber immer glaubhaften, im Zwiegespräch mit sich selber und seinem Publikum vorangetriebenen Erkenntnisprozesses; auf diesem Wege war der *Goldene Spiegel* eine für ihn unverzichtbare Station, um jetzt zu diesem relativ klaren Bekenntnis zu gelangen (Sengle sieht im *Danischmend* allerdings eher einen »Widerruf (...), ein Dokument der Wandlung«, 1949,S.280). Eine Betrachtung der Bekenntnisse, Fragen und Antworten, Widersprüche und Zweifel in Wielands Gesellschaftsutopien seit der *Geschichte des Agathon* offenbart, daß die beiden zuletzt besprochenen Werke sich mit ihrer Spezifik keinesfalls unvorbereitet in das Schaffen des Autors einordnen, sondern in diesem fest und unverzichtbar verzahnt sind. Dafür sprechen nicht nur die inhaltlichen Zusammenhänge im einzelnen, sondern auch die grundsätzliche Bedeutung, die er bewußt und geradezu programmatisch der poetischen Formung von derartigen Idealbildern zuweist. So läßt er Danischmend dafür zwei Gründe benennen: »Die idealischen Schilderungen (...) werden (...) den großen Zweck mächtig befördern helfen«, nämlich dazu anspornen, »diejenigen Mittel zum glücklich leben anzuwenden, die i n u n s r e r G e w a l t sind, und i n d i e V e r f a s s u n g d e r W e l t e i n g r e i f e n, w o r i n w i r u n s b e f i n d e n«, und sie erfüllen für ihn nicht zuletzt den Anspruch jedes Menschen auf einen »T r a u m v o n G l ü c k s e l i g k e i t« (SW,Bd.6,S.135,299). Wenn Wieland dem in einer ausführlichen Anmerkung hinzusetzt, daß zwar »unstreitig etwas Wahres« daran sei, er demgegenüber jedoch vorrangig auf den Vorteilen des Studiums der wirklichen allgemeinen Geschichte, der »stufenweisen Entwicklung der großen Weltbegebenheiten« als »Quelle sehr nützlicher Kenntnisse« bestehe (SW,Bd.6,S.296ff.), werden exemplarisch nicht nur erneut das differenzierte Verhältnis zwischen Autor und fiktiver Erzählerfigur im *Goldenen Spiegel,* sondern auch die für Wieland so charakteristische Methode komplexer Meinungsbildung und sein produktives Denken in Gegensätzen sichtbar.

Bei allen neuen Anläufen zur Gestaltung relativ umfassender Idealbilder fällt als unverwechselbare Eigenheit auf, daß er sich immer offenbar der Wirkungslosigkeit ›reiner‹, vom Leben abgehobener Gesellschaftsutopien bewußt ist und diese daher so nahe wie möglich an die Realität heranzurücken sucht. Dadurch, daß er seine Leserschaft immer wieder in die Auseinandersetzung zwischen Soll und Ist, in das Nachdenken über die Ursachen der Verderbnisse und die Möglichkeiten der Veränderung zwingt, ergibt sich auch hier ein außerordentlich anspruchsvolles Lektürekonzept, das immer den mitdenkenden, rational geschulten Leser fordert beziehungsweise fördert und Wieland deutlich von Schriftstellern anderer Gesellschaftsutopien unterscheidet. Realisiert wird dieses Anliegen mit großem poetischem Geschick. Das Erzählverfahren Wielands balanciert virtuos zwischen kultiviertem Dialog und anderen künstlerischen Darbietungsformen, zwischen aktuell-pragmatischem Anliegen und phantasievollem Spiel, märchenhafter Konstruktion, nüchterner Ernsthaftigkeit und einer vielfältig schillernden, von Ironie, Parodie bis zur Satire reichenden Komik, so daß eine vielfache Ambivalenz und innere Spannung diese Werke durchziehen. (Vgl. hierzu Dedner, 1969,S.119ff; Höhle, 1985,S.50f.)

Mit beiden Werken stellt sich Wieland in die große Traditionslinie des europäischen und speziell deutschen ›Staatsromans‹, aber auch ›Fürstenspiegels‹. Auf die sich hinter diesen Bezeichnungen verbergende Genre-Problematik und die in der Forschung diskutierten Typologie-Vorstellungen kann in diesem Rahmen ebensowenig eingegangen werden wie auf den vorhandenen Zusammenhang mit der Entwicklung des modernen ›Gesellschaftsromans‹ (siehe hierzu z.B.: Literaturlexikon, Stuttgart 1990, S,165f.,440f.; Dedner, 1969,S.110; Höhle, 1983,S.41ff.; Erhart, 1991,S.155,219ff.). Die Wurzeln dieser literarischen Tradition lassen sich über das 17. Jahrhundert und die Renaissance – Morus' *Utopia* (1516), Campanellas *Sonnenstaat* (1620) – bis zurück in die Antike – Platos (427-347 v.Chr.) *Politeia*, Xenophons (um 430-354 v.Chr.) *Kyropädie* – verfolgen. Es ist auffällig, daß die Gestaltung utopischer Gesellschaftsbilder »zu den beliebtesten und am häufigsten vertretenen Motiven des Aufklärungsromans« gehörte (Dedner, 1969,S.109) und eine große Faszination auf Literaten und Publikum ausübte. In diesem Zusammenhang gehören als bedeutende deutsche Werke im unmittelbaren Vorfeld Wielands sowohl Schnabels *Insel Felsenburg* (1743), die gelungenste und bis heute wohl auch bekannteste selbständige deutsche Robinsonade, als auch Hallers *Usong* (1771) und die noch etwas später folgenden Romane *Alfred, König der Angelsachsen* (1773) sowie *Fabius und Cato* (1774). Beiden Autoren gegenüber – es ist nicht sicher, ob er die genannten Werke überhaupt gelesen hat, – erweist sich Wieland hinsichtlich der Fabel- und Bildgestaltung, der politischen Aussage und der Sprachbeherrschung als ausgesprochen originell.

Entsprechend der bereits erwähnten hohen Selbsteinschätzung während des Entstehungsprozesses fällt auf, daß er dem *Goldenen Spiegel* noch zwanzig Jahre später aus Qualitätsgründen einen markanten Platz innerhalb seiner *Sämtlichen Werke* zuweist (vgl. Starnes II,S.289). Und im Jahr 1800 behauptet er gar innerhalb eines bilanzierenden Rückblicks: »Am besten geschrieben sind *Der goldene Spiegel* und *Danischmende*.« (Starnes III,S.21). Für die Zeitgenossen war diese aktuelle poetische Auseinandersetzung mit dem despotischen und dem aufgeklärten Absolutismus, waren ihr anregendes Engagement in der Diskussion um eine sinnvolle Weiterführung der Aufklärung, ihre geistreiche Offenheit und der virtuose Stil Anlaß genug, sie überwiegend zu rühmen und ihr hohes Niveau gegenüber vergleichbaren Werken hervorzuheben. Überliefert sind beispielsweise lobende Äußerungen von Heinrich Christian Boie (Starnes I,S.427; III,S.467) sowie von der *Braunschweigischen Zeitung* (Starnes I,S.478) und positive Reaktionen nicht nur des Weimarer, sondern etwa auch des Wiener Hofes und des Herzogs von Augustenburg, – aber auch die Tatsache, daß er wegen allzu freimütiger antiklerikaler Akzente Ärger mit der Zensurbehörde in Mainz bekam, so daß er bei der Drucklegung auf etliche Passagen (»sechs Bogen«) gänzlich verzichten mußte (Starnes II,S.247). Innerhalb der Literaturproduktion regten Wielands Werke unverkennbar zur Nachfolge an. Jedenfalls entstand in den folgenden Jahren im gesamten deutschsprachigen Bereich eine Vielzahl von ›Staatsromanen‹, die häufig auch Elemente des ›Reiseromans‹ nutzten; ein unübersehbares Zeichen hinsichtlich einer Beziehung zu Wieland setzte dabei Carl Friedrich Bahrdt mit *Ala Lama oder der König unter den Schäfern, auch ein goldener Spiegel* (1790). Während diese Entwicklung zunächst in der deutschen jakobinischen Literatur kulminierte, brach sie im Zusammenhang mit der sich durchsetzenden ästhetischen Programmatik der ›Klassik‹ und ›Romantik‹ brüsk ab; der ›Staatsroman‹ galt danach in Deutschland – im Unterschied zu anderen europäischen Ländern und zur USA – für mehr als ein Jahrhundert als mehr oder weniger verpöntes Genre (vgl. Höhle, 1985, S.41ff.). Auch Wieland selber wird keinen vergleichbaren Roman mehr schreiben, obgleich er wichtige Erfahrungen und erprobte Motive in seinen Altersromanen weiterhin nutzen wird. Erst im 20. Jahrhundert werden sich im Zusammenhang mit den großen gesellschaftlichen Erschütterungen nach dem Ersten Weltkrieg wieder politisch engagierte deutsche Schriftsteller dieser Tradition zuwenden.

5.4. Schriften zur Französischen Revolution

Der Ausbruch und auch der Verlauf der Französischen Revolution ab 1789 kann Wieland gar nicht allzusehr überrascht haben; viel zu lange und zu gründlich hatte er sich bereits selber mit dem Mißbrauch der Macht, den Ansprüchen und Grenzen des Menschen, den Idealen über ein glückliches Zusammenleben und den möglichen Rahmenbedingungen der historisch überschaubaren Staatsformen hierfür sowie mit dem Verhältnis zwischen Ursache und Wirkung in der Geschichte befaßt. Dadurch, daß es in Weimar keine amtliche Zensur gab, war Wieland in der Lage, sich ungehindert und lückenlos aus authentischen französischen Presseorganen zu informieren: vor allem durch ständige Lektüre des *Journal de Paris* und des *Moniteur Universel*, in denen die Debatten der französischen Nationalversammlung abgedruckt wurden, aber zumindest gelegentlich auch der monarchistischen *Actes des Apôtres* sowie des konservativen *Journal politique et national* und der girondistischen *Chronique du Mois*. Er hat auf das revolutionäre Geschehen nicht nur im Rahmen seines dichterisch-fiktiven Schaffens reagiert, sondern auch in seiner Eigenschaft als engagierter Journalist. So begleitet er in seinem *Teutschen Merkur* (ab 1790 *Neuer Teutscher Merkur*) den Ablauf der wichtigsten Ereignisse im Nachbarland, mit dessen reicher Kultur und Geschichte ihn ja ohnehin enge geistige Beziehungen verbanden. Die entsprechenden Aufsätze, die – durch seine Lukian-Übersetzung beeinflußten und die Gesprächsform kultivierenden – *Göttergespräche* bis hin zu den *Gesprächen unter vier Augen* kreisen dabei um zwei Hauptanliegen: um den Versuch einer möglichst unvoreingenommenen, rational fundierten Vermittlung und gleichzeitiger Analyse des Geschehens sowie um die Ableitung der aus seiner Sicht möglichen oder notwendigen Konsequenzen für aufgeklärte Bürger beziehungsweise die Entwicklung in den deutschen Staaten. »Unter den großen Geistern der Vorklassik und Klassik« war er in dieser Hinsicht – gemessen an Engagement, Beharrlichkeit und auch Weitsicht – in der Tat »der einzige (...) aktuell interessierte und denkende politische Kopf« (Martini,1948, S.258); seine Arbeiten zu diesem Thema verdienen mehr als bisher die Aufmerksamkeit nicht nur der Wieland-, sondern auch der Revolutionsforschung.

Wenn Wieland dabei in auffälliger Weise den Dialog einsetzt, indem er diesen entweder die gesamte jeweilige Struktur bestimmen läßt oder sich in den formal monologisch konzipierten Aufsätzen durchgehend typischer Dialog-Elemente bedient (Fragen, Einwendungen, Zitate und Entgegnungen), so wird wiederum deutlich, daß diese Form seinem dialektischen Denk- und Argumentationsprinzip optimal entsprach. Gleichzeitig verfließen bei ihm auf diese Weise die Grenzen zwischen nichtfiktionaler und künstlerisch-fiktionaler Prosa, etabliert er neben der unmittelbaren politischen Aussage eine Ebene der Metareflexion (Erhart, 1991, S.306). So charakterisiert er beispielsweise in *Über die Rechtmäßigkeit des Gebrauchs, den die Französische Nation dermalen von ihrer Aufklärung und Stärke macht* (1789) die dialogführenden Personen Walther als Verteidiger und Adelstan als Gegner der Revolution; und in den *Zufälligen Gedanken über die Abschaffung des Adels in Frankreich* (1790) baut er als »Duodrama« einen Dialog zwischen der »vernünftigen« und der »unvernünftigen« Seele in der eigenen Brust ein. Durch diese – im Rahmen unserer Nationalliteratur herausragende – »Kultivierung der Gesprächsform« (Sengle, 1949, S.448) vermag Wieland Widersprüche des zur Diskussion stehenden historischen Prozesses angemessen zu artikulieren und »die Relativität der verschiedenen Thesen zu erkennen« (Fink, 1981, S.416). Dabei nimmt er die jeweiligen Kontrahenten in der Regel ernst, begreift sie als echte Antagonisten, die sich aber undogmatisch, mit gegenseitiger Toleranz gegenüberstehen und sich um Erkenntnisse bemühen, die keiner von ihnen vorher zu besitzen beansprucht. Es liegt auch in der Natur der außerordentlich komplizierten Materie, daß der Dichter selber nicht pauschal von vornherein mit einem der jeweiligen Dialogpartner zu identifizieren ist und er keinesfalls ein Schema verfolgt, das zwangsläufig immer nach Wahrheit ›in der Mitte‹ sucht. Diese Relationen schwanken und sind von Fall zu Fall zu untersuchen. Sein Mißtrauen gegenüber Einseitigkeiten führt Wieland zu einem ständigen Erörtern des Für und Wider, so daß er gerade in seinen politischen Aufsätzen nie von einzelnen Arbeiten her, sondern immer nur aus einer relativ komplexen Gesamtsicht unter Einbeziehung seiner Entwicklung betrachtet werden kann; andernfalls entstehen eben zwangsläufig solche geradezu gegensätzlichen Urteile wie entweder »völlig bindungslos«, »liberal«, »konservativ« oder gar »reaktionär« (ebd., S.416ff.). Der Feststellung, daß Wieland nie die Verbreitung vorgefertigter, normativer Meinungen im Sinn gehabt hätte (Reemtsma, *Politische Schriften*, Bd.1,1988,S.XXII), kann daher nur zugestimmt werden; fragwürdig ist allerdings die These, daß es ihm »allein um die Darstellung der Logik des Revolutionsprojektes selber« gegangen sei, daß sein »Programm als politischer Schriftsteller« sich auf »denken zu lehren« reduzieren lasse (ebd.,S.LIX,XXII). Hinsichtlich der Wahrheitsfindung erläutert Wieland in den *Betrachtungen über die gegenwärtige Lage des Vaterlandes* (1793), daß seine Prämissen hierfür immer die Akzeptanz als » o h n e E i n s c h r ä n k u n g und A u s n a h m e n w a h r« erkannter Tatsachen sowie die Vermeidung jeder Leidenschaft seien. Letztere führe unweigerlich zur »Einseitigkeit« und sei »in praktischen Urtheilen eine Quelle unzähliger Irrungen« (SW,Bd.29,S.390f.). Wielands Stil der politischen Diskussion ist folgerichtig durch Toleranz gekennzeichnet:

»Der Himmel verhüte, daß ich von irgend einem denkenden Wesen verlange, mit mir überein zu stimmen, wenn er von der Richtigkeit meiner Behauptungen oder Meynungen nicht überzeugt ist; oder daß ich jemahls fähig werde, jemandem meinen Beyfall deßwegen zu versagen, weil er nicht meyner Meynung ist!« (Mai 1794; *Politische Schriften*,1988,Bd.3,S.295)

Wenn er sich eher als distanzierter Betrachter denn als aktiv Beteiligter bekennt, wenn er vernunftbegründete ›Erkenntnis‹ der voreingenommenen ›Parteinahme‹ als unvereinbar gegenübersetzt und eine zunächst ambivalente Einstellung zu den jeweiligen Protagonisten zeigt, entspricht das sowohl seinen sozialen Interessen als auch den Konsequenzen seines aufklärerischen Denksystems; es entspricht seinem persönlichen Anliegen einer nichtrevolutionären, möglichst konfliktarmen bürgerlich-humanistischen Veränderung auch der deutschen Gesellschaft, der Erfahrungen des historischen Geschehens in Frankreich zugrundegelegt werden sollten. Diese Haltung enthielt immanent die Tendenz zu einer gewissen Vermittlerposition, wie sie für Teile des deutschen Bildungsbürgertums, aber auch des gebildeten Adels charakteristisch war. Im Text meidet er Vorverurteilungen ebenso wie Unversöhnlichkeiten und sucht den Rezeptionsvorgang selber nur durch die rationale Schlüssigkeit seiner Argumente und durch akzentsetzende Fußnoten zu steuern. Freilich bedeutet das aber bei genauerem Hinsehen nicht, daß nun automatisch jede eigene ›Parteinahme‹ ausgeschlossen ist: Fern eben von Voreingenommenheit und Einseitigkeit sucht er die Rezeption letztlich stets im Sinne einer so verstandenen zielstrebigen Orientierung zu steuern – auf das, was er als vernünftig und für eine humane Geselligkeit als förderlich erkennt, und gegen alle als destruktiv begriffenen Extremhaltungen. Züge einer auch unverkennbar emotional gestützten ›Parteinahme‹ sind immer wieder – unterschiedlich intensiv – zu beobachten (s. auch Fink, 1981,S.410f.). Jedenfalls stimuliert ein derartiges Vorgehen unübersehbar die geistige Aktivierung und selbständige Positionssuche im Rezeptionsprozeß.

Der Dialog *Über die Rechtmäßigkeit (...)* – geschrieben im August 1789 – markiert beispielhaft den Ausgangspunkt seines spannungsreichen Verhältnisses zu den Ereignissen in Frankreich, mit dem er organisch an seine bisherigen Einsichten anknüpft. So begrüßt er entschieden mit einer über die – insgesamt unübersehbar sympathisch gezeichnete – Walther-Figur vermittelten überzeugenden Argumentation die »hohe Vernunft« der Nationalversammlung in Paris, die im Juli erfolgte Liquidierung des absolutistischen Systems und der alten ständischen Gesellschaftsordnung. Er beruft sich dabei auf das Naturrecht und die Notwendigkeit, die Ursache der allgemeinen Zerrüttung und Sittenverderbnis unter dem Ancien Régime, nämlich Despotie und das Fehlen einer »Grundverfassung«, zu beseitigen. So findet er für die Erstürmung der Bastille am 14. Juli 1789 und die Schaffung einer konstitutionellen Monarchie verständnisvolle, zustimmende Worte. Er feiert die Revolution

»als rechtlichen Gebrauch und Triumph der Vernunft, als Ausdruck der Aufgeklärtheit der französischen Nation. Er war einer derjenigen, die in Deutschland die – von der Gegenaufklärung alsbald denunziatorisch gebrauchte – Ansicht vorbrachten, die Aufklärung sei ein geistiger Wegbereiter der Revolution« (Albrecht, 1988,S.45).

Gegenüber Adelstan, der seinerseits nur mit Abscheu auf die Demontage der königlichen Autorität reagiert und – durchaus zutreffend – den völligen Sturz der Monarchie durch den »Pöbel« voraussagt, differenziert Walther zwischen »Pöbel« und »Volk«, dem er das Recht zum Aufstand aus »Selbstverteidigung (...) und Behauptung seiner Würde« ausdrücklich zubilligt (SW,Bd.29,S.153f.); und er erwartet hier noch einen letztlich glücklichen und ruhigen Ausgang des Geschehens für König und Volk. »›Pöbel‹ war für Wieland auf moralischer Ebene die von Leidenschaften getriebene, vernunftlose Masse, während ›Volk‹ die im Denken Ungeübten meint. Das ›Volk‹ konnte also zu moralisch verantwortlichem Handeln erzogen werden.« (McCarthy, 1994,S.179) Seine Grundhaltung zur Notwendigkeit und zum Ausbruch der Revolution wird er auch in den folgenden Jahren nie aufgeben und vor allem in den bis 1793 entstehenden *Göttergesprächen* wieder verdeutlichen. Mit der Wahl des Olymps als fiktivem Gesprächsort gelingt es ihm hier, sich auch bildlich über die Hektik dieser Jahre zu erheben und sich einen zur souveränen Betrachtung irdischen Geschehens besonders geeigneten Blickwinkel zu schaffen. Allerdings beginnt Wieland bereits im Spätherbst 1789, deutlich ablesbar in der *Kosmopolitischen Adresse an die Französische Nationalversammlung* vom Oktober dieses Jahres, erste Zweifel zu artikulieren und bohrende Fragen zu stellen: Er spürt, daß die Aufständischen offenbar in der Tat gewillt und auch in der Lage sind, nicht bei der Errichtung einer konstitutionellen Monarchie stehenzubleiben, und er fürchtet den neuen »Despotismus« einer »demokratischen Oligarchie«; was die Würde eines »rechtmäßigen Erbkönigs« völlig zerstören müsse. Das ja durchaus auch für ihn gültige absolute Menschheitsideal »Freiheit« kurzfristig zu verwirklichen, könne wegen des konkreten Entwicklungsstandes der Masse der »bisherigen Sklaven«, die nicht auf »republikanische Sitten« vorbereitet seien, also wegen fehlender Voraussetzungen nur in Anarchie und eben neue Despotie einmünden (vgl. z.B. SW, Bd. 29, S. 302, 403). Dies erfüllt ihn mit tiefer Sorge, – auch, wenn er nur wenig später den Revolutionären zwar immer Despotie und Demagogie vorwirft, ihnen aber zugleich Respekt wegen ihrer Konsequenz entgegenbringt (SW,Bd.29,S.237,396f.,450). Nach der tatsächlichen Ausrufung der Republik im September 1792 wird er diese Gedanken detaillierter ausführen (*Die Französische Republik*) und – zurückgreifend auf frühere Überlegungen – deren Funktionieren allenfalls für kleine moderne Völker als möglich erklären: »In einem größern A b d e r a ists nur desto schlimmer«, wird er 1798 in den *Gesprächen unter vier Augen* formulieren (SW,Bd.31,S.109). Eine produktive unmittelbare »Parallelisierung von französischer und deutscher Geschichte« erscheint nicht mehr realisierbar; Wieland integriert jedoch die Ergebnisse der Revolution ideell in sein geschichtsphilosophisches Fortschrittskonzept (Werner, 1993,S.97,102ff.). Er verficht auch fernerhin unverhohlen grundsätzlich einen gesellschaftlichen Wandel, durch den progressive bürgerliche Ideale verfassungsmäßig gesichert werden sollen, die erklärte Anliegen auch seines gebildeten Publikums aus mittleren und höheren sozialen Schichten darstellten: Trennung von Exekutive und Legislative, Schutz des privaten Eigentums, Freiheit des Individuums bei bewußter »Subordination« unter allgemeingültige Gesetze, Pressefreiheit. Gleichzeitig führt er bereits die revolutionäre »Gleichheits«-Forderung auf den Boden bürgerlicher Realität zurück, indem er sich hinsichtlich der sozialen Komponente von ihr distanziert und gerade die »U n g l e i c h h e i t im gesellschaftlichen Stande« (SW,Bd.25,S.202) als unabdingliches Ferment für die Wohlfahrt und Blüte moderner Kultur postuliert. Wieland fürchtet Anarchie und Fanatismus, weil durch sie eine Unterwerfung unter die Herrschaft der Vernunft und die für ihn unverzichtbare Nutzung der Geschichte als »Reservoir allgemeiner Erfahrung und menschlicher Weisheit« (Fink, 1981,S.419) sowie des Wissens über die Natur des Menschen verhindert werden. So geht er in der *Kosmopolitischen Adresse* den grundlegenden Schritt zur Distanzierung, indem er förmlich und massiv den Anspruch auf Volkssouveränität als voraussetzungslose Anmaßung zurückweist und stattdessen erklärt:

»Die wahre Majestät (...) liegt in dem G e s e t z e, welches n i c h t (wie man jetzt in Frankreich zu sagen beliebt) d e r a l l g e m e i n e W i l l e d e s V o l k s, sondern d e r A u s s p r u c h d e r a l l g e m e i n e n V e r n u n f t i s t (...)« (SW,Bd.29,S.231)

Gegenüber der Hinrichtung des französischen Königs am 21.1.1793 und dem Terror der folgenden Jakobinerherrschaft findet er folgerichtig Worte der entschiedenen Ablehnung und des Entsetzens. Allerdings kann gerade hier auch beobachtet werden, daß ihn sein ohnehin kritisches Menschenbild im Verein mit historischen Verallgemeinerungen und seiner distanzierten Rationalität im Unterschied zu anderen zeitgenössischen Schriftstellern vor deren häufig bodenloser Enttäuschung oder besonders tiefer Empörung bewahrte (vgl. Ratz, 1981,S.384). In den *Göttergesprächen* läßt er Jupiter auf geradezu erstaunliche Weise davor warnen, den Zorn über die Niederlagen der Adelspartei »der Sache des ganzen Menschengeschlechts e n t g e g e n z u s e t z e n« (SW,Bd.25,S.224). Es kann auch nicht verwundern, daß er seit dem Sommer 1790 immer wieder auf das »Beyspiel der Englischen Konstituzion« (SW,Bd.29,S.270) verweist und die deutschen Fürsten beschwört, freiwillig und rechtzeitig »höchst nötige« Reformen einzuführen. »Wieland blieb Monarchist, mit der einzigen Modifikation, daß er zur konstitutionellen Monarchie hinneigte. Die Idee des aufgeklärten Absolutismus wandelte er zu der eines aufgeklärten Konstitutionalismus.« (Albrecht, 1988,S.46) Dennoch: Hinsichtlich seiner Überlegungen zur Staatsverfassung verstärkt sich schließlich – deutlich erkennbar seit 1793 (*Worte zur rechten Zeit*) – die Tendenz zu einem Rückzug aus jeder politisch akzentuierten Debatte, mit dem er Konsequenzen aus dem Dilemma des für ihn ebenso alten wie letztlich unlösbaren Streites zwischen Ideal und realer Wirklichkeit zu ziehen sucht:

In »der Verderbnis und Verkehrtheit der Menschen steckt die Quelle des Übels, die durch keine Konstituzion verstopft werden wird noch werden kann (...) man irrt sich, wenn man die dermahlige Verfassung für die Ursache hält, warum sich das Volk übel befindet; und man irrt sich nicht weniger, wenn man glaubt, es bedürfe nur einer andern seinen Wünschen angemeßneren, um sich künftig wohl zu befinden.« (SW,Bd.29,S.456,458)

Wenn sich Wieland derart unmißverständlich dazu bekennt, daß also nicht die Verfassung, »sondern die G e s i n n u n g e n und der K a r a k t e r eines Volks (...) seinen Werth und sein Schicksal« entscheiden (ebd.,S.323), teilt er damit die überwiegend affirmative Einstellung der deutschen Spätaufklärung und gerät natürlich in einen neuen, ihm allerdings wohlbekannten Widerspruch; denn der nun wieder benötigte Glaube an die Kraft, an die Bildungsfähigkeit von Vernunft und Moral war ja bereits schon einmal der eigentliche Ausgangspunkt im Denken und Dichten des Aufklärers Wieland. Darauf, daß es sich jetzt jedoch nicht um eine einfache Rückkehr zu alten Positionen handelt, wurde bereits in anderem Zusammenhang verwiesen (vgl. Kap.III.1.4. zur Endfassung der *Geschichte des Agathon*). So beantwortet er diese Situation mit jenen neuartigen Denkelementen, die ihm geeignet scheinen, seine bisherigen negativen Erfahrungen zu neutralisieren: Eine entscheidende Rolle spielen dabei seine Bereitschaft, nunmehr das »Böse« in ein insgesamt optimistisches dialektisches Geschichtskonzept fest einzubeziehen, und der Verweis auf die Annahme einer »höhern Weisheit«, deren »unaufhaltbaren großen Zweck« »die Guten und die Bösen (...) auch wider ihren Willen befördern müssen!« (SW,Bd.29,S.491). Wieweit Wieland sich dadurch von einer pauschalen Verdammung der Revolution entfernt, wird in einem Schreiben vom 12.4.1793 an den Halberstädter Dichter Gleim sichtbar:

»Mein Trost bei allem diesem ist, daß das mannigfaltige Gute, das die französische Revolution mitten unter den gräßlichsten Ausbrüchen des aristokratischen und demokratischen Fanatismus und aller übeltätigen Leidenschaften in Bewegung gebracht hat, für die Menschheit nicht verlorengehen, sondern nach und nach, im stillen und ohne gewaltsame und erschütternde Bewegungen tausendfältige Früchte tragen wird. Denn nichts Gutes kann verlorengehen (...).« (Träger, 1979,S.45)

Eine besondere Herausforderung für Wieland mußte der im April 1792 ausbrechende Krieg Frankreichs gegen die drohenden Interventionsheere der Emigranten und Preußens sowie Österreichs – ab Winter 1792 auch gegen England und Holland – werden, der sich auf bedrohliche Weise vom Verteidigungs- zum europaweiten Eroberungskrieg entwickelte und erst 1815 sein Ende finden sollte. Nachdem die Revolutionstruppen bereits nach der Schlacht von Valmy (20.9.1792) das Interventionsheer vertrieben, die linksrheinischen Gebiete um Worms, Speyer, Mainz und Frankfurt am Main besetzt und ihren Siegeszug auch in anderen Teilen Europas fortgesetzt hatten, bilanzierte der Schriftsteller 1794 in *Über Krieg und Frieden* seine Positionen. Ohne den Gedankenreichtum dieses für Wieland charakteristischen Plädoyers für den Frieden erschöpfend rekapitulieren zu können, sei auf einige Eckpunkte seines Anliegens verwiesen, die für ihn offenbar langfristig gültig blieben, denn es handelt sich um seine für mehrere Jahre letzte umfassende Wortmeldung zu diesem Thema. Erneut zeigt er sich erstaunlich distanziert, indem er jeder kriegführenden Seite unterstellt, daß sie ehrlich glaube, für »d i e S a c h e d e r M e n s c h h e i t« zu fechten (SW,Bd.29,S.494), und nimmt keinesfalls einseitig Partei für das Interventionsheer, in dem sich ja auch ein Kontingent aus dem Herzogtum Weimar befand; er anerkennt den »Muth und Stolz« der französischen Soldaten und greift die Royalisten an, die er für den Ausbruch des Krieges verantwortlich macht. Aus der Besinnung auf die historische Entwicklung der englischen Revolution, deren Ergebnisse er als vorbildlich für Europa protegiert, gewinnt er nicht nur jene bereits erwähnte innere Souveränität gegenüber dem emotionalen ›Springpunkt‹ für die Zeitgenossen, der Hinrichtung König Ludwigs, und der inzwischen erfolgten Gründung der Republik, sondern auch gegenüber der militärischen Bedrohung: Er bestreitet den Koalitionspartnern das Recht, »große Übel dadurch zu rächen, daß wir sie mit noch größern häufen« (ebd.,S.509), und fordert sie auf, die Unabhängigkeit des französischen Volkes, dessen Entscheidungsfreiheit über die eigenen Angelegenheiten anzuerkennen:

»Die Erfahrung allein kann uns zeigen, ob Frankreich auf Bedingungen, die unter den gegenwärtigen Umständen möglich sind, eine Republik w e r - d e n, und wie lange es als Republik b e s t e h e n kann. Übrigens ist dies i h r e Sache; und man kann sich darauf verlassen, daß sie sich schon selbst zu helfen wissen werden (...).« (Ebd.,S.514)

Ihn leitet dabei weniger eine gewachsene persönliche Sympathie oder auch jene welthistorische Einsicht, wie sie bei Goethe anläßlich der Kanonade von Valmy durchklang (»Von hier und heute geht eine neue Epoche der Weltgeschichte aus, und ihr könnt sagen, ihr seid dabeigewesen«); es waren offenbar mehrere Faktoren, die dies bewirkten: Zum einen reagiert er sachlich auf die im wachsenden Einfluß der deutschen Jakobiner besonders sichtbare Resonanz der mit den Revolutionstruppen in das linksrheinische Gebiet einziehenden Ideale von ›Freiheit, Gleichheit, Brüderlichkeit‹ und der dort eingeführten ersten Schritte zur Modernisierung des staatlichen Lebens sowie auch auf die ihn enttäuschende Tatsache, daß die deutschen Fürsten nicht bereit waren, freiwillig die von ihm dringlich angemahnten grundsätzlichen Reformschritte zu gehen; und zum anderen muß er hinsichtlich der neu geschaffenen historischen Tatsachen Konsequenzen aus der Annahme einer Leitung des Menschengeschlechts durch eine ›höhere Weisheit‹ ziehen.

Wieland kommt zwar, wenn es ihm um kurzfristige pragmatische Konzepte geht, immer wieder auf ein mit dem Prinzip der – reformierten – Monarchie verbundenes Gesellschaftsmodell zurück; ihn jedoch als eingefleischten Monarchisten schlechthin zu bezeichnen, ist kurzschlüssig und verfehlt sein Wesen. Er postuliert dies vielmehr, weil er Politik und den konkreten Entwicklungsstand des Menschen grundsätzlich zu harmonisieren sucht, eine der Situation angemessene, vernunft- sowie moralbetonte Fortschrittskonzeption verfolgt, die Exzesse, Anarchie und neue Despotie zu vermeiden garantiert: »Das zuträglichste für jedes Volk (...) ist, nicht d a s I d e a l d e r v o l l k o m m e n s t e n G e s e t z g e b u n g, sondern gerade die zu haben oder zu bekommen, die es dermahlen am besten e r t r a g e n kann.« Die Deutschen mit einem Zauberstab »zu einer e i n z i g e n u n z e r t r e n n l i c h e n D e m o k r a t i e zu schlagen«, würde nur Sinn haben, wenn ein Zauberer »uns alle (...) auch zugleich (...) in lauter S o k r a t e s s e und E p i k t e t e (...) verwandeln könnte«. Daß man Wieland weder eine prinzipielle Befangenheit in einem monarchistisch-restaurativen Denkschema noch etwa völlige politisch-soziale Bindungslosigkeit vorwerfen kann, beweisen die sich unmittelbar anschließenden Worte: »Denn freylich (...) gestehe ich gern, daß eine völlige Freyheit und Gleichheit jeder monarchischen, aristokratischen oder gemischten Verfassung vorzuziehen wäre.« (SW,Bd.29,S.411). Und als ideales Fernziel wollte er keinesfalls, »da sie vielleicht endlich einmahl durchschlagen und irgend eine heilsame Krise bey dem Pazienten bewirken mag, (...) noch nicht gänzlich – a n d e r R e p u b l i k v e r - z w e i f e l n !« (Ebd.,S.365). Die bis heute gelegentlich auftretenden geradezu gegensätzlichen politischen Beurteilungen Wielands (vgl. hierzu Würzner, 1958; Weyergraf, 1972; Fink, 1981,S.416ff.) resultieren daraus, daß die Fixpunkte seiner Position zur gesellschaftlichen Entwicklung – einerseits radikale bürgerliche Kritik am Absolutismus, andererseits Furcht vor den konkreten Formen und Folgen einer bürgerlichen Revolution, so wie sie in Frankreich ablief, – einen relativ großen Spielraum zur Debatte schufen.

Durch die Aufnahme in seine *Sämtlichen Werke* unterstellte der Schriftsteller diesen Arbeiten einen über den Tagesjournalismus hinausgehenden Rang und suchte für sie ein neues Wirkungsfeld außerhalb des *Merkurs*. Im aktuellen Streit der sich polarisierenden Parteien allerdings mußte er sich aber für viele als äußerst unbequem erweisen: Stritt er doch gegen die reformfeindlichen, restaurativen Monarchisten ebenso wie gegen die Jakobiner und ihre Anhänger diesseits der Grenzen; und so, wie er den ›menschlichen Faktor‹ zugrundelegte, konnte er weder die Erwartungen der Demokraten noch der Adelspartei befriedigen. Auch für den zögerlichen und eklektizistischen Umgang mit seinem Werk im 19. Jahrhundert bis in unsere jüngste Vergangenheit dürften gerade hier Wurzeln zu suchen sein. Bei kaum einem anderen ›Klassiker‹ sind Poesie und Politik so eng verknüpft wie – zumindest zeitweilig – bei Wieland; seine Prämissen und Ergebnisse jedoch paßten und passen kaum in eines der jeweils zeitbeherrschenden ideologischen Schemata. Dennoch bedeuteten seine Bemühungen um eine Überwindung des Absolutismus und der alten Ständegesellschaft, um den Übergang zur konstitutionellen Monarchie in Deutschland und liberale Lebensformen gut fünfzig Jahre vor der Einberufung einer deutschen Nationalversammlung in der Frankfurter Paulskirche, daß er unter den spezifisch deutschen Bedingungen in Analyse und Zielsetzung hinsichtlich des wirklich Erreichbaren politisch auf der Höhe seiner Zeit stand und seine Positionen nicht schlechthin affirmativ, sondern durchaus sowohl idealer Reflex als auch aktives Ferment des historischen Überganges zur modernen bürgerlichen Gesellschaft waren (vgl. hierzu Sengle, 1949,S.451; Walter, 1988,S.35).

Noch schmerzhafter sollte er seine Isolierung in den Reaktionen auf die seit Mitte Januar 1798 entstehenden *Gespräche unter vier Augen* spüren, die wiederum erstmalig zum größten Teil im *Neuen Teutschen Merkur* veröffentlicht wurden. Mit ihnen beendete Wieland die jahrelange Zurückhaltung, »eine Art Selbstzensur« (Albrecht, 1988,S.47f.), gegenüber aktuellen politischen Fragestellungen. Freilich fließen nun neue persönliche und gesellschaftliche Faktoren zusammen, die seit längerem seine öffentliche Akzeptanz demontierten und ihn in eine zunehmende Vereinsamung führten; erinnert sei in diesem Zusammenhang an die ständigen Querelen mit Goethe und Schiller, an die Angriffe seitens der Romantiker und an seinen Rückzug nach Oßmannstedt. Herausgefordert durch die mit der Thronbesteigung Friedrich Wilhelms III. von Preußen (1797) neu erwachenden Hoffnungen auf Selbsterneuerung, aber auch durch die immer bedrohlicheren Eroberungszüge der französischen Armee unter ihrem jungen General Napoleon Bonaparte (s. Klose, 1989,S.150ff.) zieht er jetzt als politischer Schriftsteller gewissermaßen eine abschließende Bilanz. Auch hier bescheinigt er einerseits dem Volk wegen seines geistig-moralischen Zustandes Unfähigkeit, als wahrer Souverän handeln zu können, und legt dem Dialogpartner Wilibald folgende – oft einseitig zitierte – unversöhnlich böse Charakteristik in den Mund:

»Das Volk ist ein vielköpfiges, vielsinniges, vielzüngiges Thier, voller Leidenschaften und Vorurtheile; hitzig und brausend, wo es kalt und gelassen seyn, eigenwillig und starrsinnig, wo es auf Vernunft hören, wankelhaft, wo es unbeweglich stehen, unentschlossen, wo es schnellbesonnen und muthvoll seyn sollte.« (SW,Bd.31,S.108)

Wenn er aber andererseits gleichzeitig die Fürsten bedrängt, durch Verzicht auf Macht und durch Reformen eine in wesentlichen Aspekten vom Charakter her bürgerliche Entwicklung zu ermöglichen, mußte er mehr denn je mit den sich in Deutschland polarisierenden Interessengruppierungen kollidieren; auch bei seinen Lesungen in der Weimarer Gesellschaft stieß er eher auf verletzende Gleichgültigkeit oder Ablehnung denn auf Zustimmung. Goethes Bericht an Schiller vom 2.5.1798 spricht Bände:

Er »las in allen Etagen unseres Geschmacks- und Gesellschaftshauses vor und ward mit mäßiger Gleichgültigkeit aufgenommen, so daß er für Ungeduld bald wieder aufs Land flüchtete; indessen hielt man Rat, und jetzt hör ich, ist ihm angekündigt, diese Mestizen eines aristodemokratischen Ehebandes in der Stille zu erdrosseln und im Keller zu begraben, denn ausgesetzt dürfen sie nicht einmal werden.« (Starnes II,S.642)

Die beachtenswert neuen Akzente in den *Gesprächen unter vier Augen* sind die Voraussage einer Machtübernahme durch Napoleon (SW,Bd.29,S.87f.) – ein Jahr später wird sie in Erfüllung gehen – sowie seine Sehnsucht nach Überwindung des Nationalismus und nach Begründung eines europäischen Gemeinwesens. Der Kosmopolitismus und die Weitsicht dieses Gedankens dürfte sich gerade heutigen Lesern erschließen:

»Auf welche Stufen der Vervollkommnung und des Wohlstandes könnten die Völker Europens sich mit und neben uns erheben, wenn sie den schimpflichen Überresten der alten Barbarey, dem kannibalischen Nationalhaß, (...) auf ewig entsagten, um durch einen allgemeinen Völkerbund, ohne Rücksicht auf die im Grunde wenig bedeutende Verschiedenheit der Staatsformen, sich zu einem dauerhaften E u r o p ä i s c h e n G e m e i n - w e s e n zu organisieren!« (SW,Bd.31,S.275f.)

Immer führt Wieland seine Leserschaft auf die Suche nach einem Ausgleich zwischen dem »platonischen Traum«, seiner tiefen Zukunftsgewißheit einerseits und der Verzweiflung wegen der unerfüllten beziehungsweise unerfüllbaren hohen Erwartungen hinsichtlich des tatsächlichen Kulturfortschritts wegen eines von ihm beobachteten Mangels an Lernfähigkeit des menschlichen Geschlechts andererseits. Dabei ist und bleibt er immer Poet – auch dort, wo er scheinbar nur historisch oder politisch argumentiert: Ihn interessiert im Grunde immer wieder nur das eine – die wirkliche geistig-moralische Befindlichkeit des Menschen. Ganz bewußt engagiert er sich als Triebfeder einer »großen sittlichen Revoluzion« mit dem Ziel eines »Reiches der Vernunft und Humanität«. In ihren »Cyklus« integriert er nun souverän die Französische Revolution, und in ihrem Namen fordert er jeden einzelnen auf, nach seinen Kräften dafür zu wirken. Die deutsche Spätaufklärung bekennt sich damit auch durch Wieland in exponierter Weise zu einer unübersehbaren Politisierung (vgl. dazu generell Albrecht, 1987,S.30ff.); dieser Text ist noch einmal ein Versuch, den deutschen Fürsten, aber auch den Intellektuellen einen neuen ›goldenen‹ Spiegel vorzuhalten.

6. Märchen und Novellen

> »Es scheint seltsam, daß zwey so widersprechende Neigungen, als der Hang zum W u n - d e r b a r e n und die Liebe zum W a h r e n , dem Menschen gleich natürlich, gleich wesentlich seyn sollen; und doch ist es nicht anders (...): genug, d a ß es so ist, und daß die Mährchen von der wunderbaren Gattung (...) diese beyden Neigungen zugleich vergnügen (...).« (AdW,I,Bd.18,S.6)

6.1. »Dschinnistan oder auserlesene Feen- und Geistermärchen«

Bereits frühzeitig hatte Wieland wahrgenommen, daß ausgehend von Frankreich auch zunehmend in Deutschland ungeachtet aller rational-didaktischen Literaturkonzepte die Masse der Leserinnen und Leser gerade das Märchen favorisierte. Eine Vielzahl von Feen-märchen-Sammlungen – gespeist aus dem romanischen, keltischen und orientalischen Märchengut – eroberte in Paris die Salons und seit den sechziger Jahren auch den deutschsprachigen Buchmarkt. Als *Merkur*-Herausgeber sieht er sich schon 1777 gezwungen, dem – noch ausgesprochen widerwillig – Rechnung zu tragen: »Von allen Orten und Enden wird mir's zugerufen: mehr M ä h r c h e n (...)! Das Publicum will nichts Anders, sagt man; wenigstens lies't der große Haufe, an dem uns leider! am meisten gelegen seyn muß, nichts Liebers.« (An Merck,21.10.; WBW V,S.669) Nur auf den ersten Blick ist die verhältnismäßig große Rolle dieses traditionell durch mythische Vorstellungen über den Einfluß von Feen, Zauberei und Träumen auf das reale Leben geprägten literarischen Genres im Zeitalter der von Rationalität durchdrungenen Aufklärung wirklich erstaunlich. Es ist offenbar eine kulturhistorische Gesetzmäßigkeit, daß das menschliche Bewußtsein, je mehr der Säkularisierungsprozeß voranschreitet und mythisch-irrationales Denken verdrängt, alte traditionelle Denkweisen zunächst lediglich in tiefere Bewußtseinsschichten schiebt und sich für sie ein Refugium erhält, sie in einer Region weiterpflegt, die zwar im Grunde nicht mehr als wirklich angesehen wird, »aber die Illusion einer ›wunderbaren‹ Welt gewährt und so über ihren Verlust hinwegzutrösten vermag« (Sengle, 1949,S.404). Diese nicht in ein oberflächliches ›Aufklärungs‹-Schema passende Entwicklung kulminiert auf den Gebieten des Volks- und Kunstmärchens ungeachtet aller subjektiven Gegnerschaft und objektiven ästhetischen Differenzen in der deutschen Romantik.

Wieland hat – begünstigt durch sein ohnehin konstruktives Verhältnis zum ›Wunderbaren‹ in der Dichtung – auf diese Tendenz als Schriftsteller reagiert; und er hat auch theoretisch immer wieder über ihre Ursachen und Konsequenzen nachgedacht. Hinsichtlich der frühzeitigen Aufnahme märchenhafter Züge in sein eigenes Schaffen und der Entwicklung einer eigenen zunächst »immanenten Theorie des Märchens« (Apel, 1978,S.88) sei an den Roman *Don Sylvio von Rosalva* (1764) erinnert, in dem die Titelgestalt von den für das Leben als schädlich angesehenen Folgen der Liebe zu Feenmärchen geheilt wird und »alles Wunderbare natürlich zugeht«. Die hier integrierte *Geschichte vom Prinzen Biribinker* ist von Struktur und Funktion her einerseits ein ›aufklärendes‹ Anti-Märchen (vgl. auch Seidel, 1982,S.253); Wielands frühes Mythos-Verständnis schließt geradezu zwangsläufig eine ironisch-kritische Distanzhaltung ein (Kertscher,1988,S.56ff.). Andererseits beginnt mit der *Biribinker*-Geschichte gleichzeitig ein neuer Anspruch auf dichterische Freiheit, auf Rehabilitierung der literarischen Form des Märchens im Rahmen aufklärerischen Denkens. Auch die Versdichtungen bis hin zum *Oberon* (1780) leben vom souveränen Spiel mit märchenhaften Elementen; sie reflektieren zugleich die Überwindung der traditionellen aufklärerischen Nachahmungstheorie und Regelpoetik durch Wieland zugunsten einer vorrangig funktional orientierten literarischen Konzeption. Dieser Wandel zeitigte für Wielands Spätwerk nach 1780 weitreichende Folgen sowohl für die Rolle des ›Wunderbaren‹ im Rahmen des künstlerischen Modells als auch für Phantasie und Einbildungskraft innerhalb des Rezeptionsprozesses. Sie ordnen sich dabei in die übergreifende Haupttendenz dieser letzten Schaffensperiode ein: Das Künstlertum rigoroser denn je als Chance zur Lösung des Humanitätsproblems zu begreifen, um das Wieland lebenslang rang. Konsequenzen hieraus waren die Differenzierung zwischen ›Dichter‹ und publizistisch tätigem Schriftsteller, eine vor allem in den *Briefen an einen jungen Dichter* (1782-1784) ablesbare Aufwertung des Dichterberufs und die Weiterentwicklung des Konzepts der ästhetischen Erziehung als Grundanliegen aller künstlerischen Bemühung (Albrecht, 1985,S.228ff.). Wielands eigene produktive Arbeit der achtziger Jahre steht dabei vorrangig im Zeichen eines konzentrierten Ringens um »Selbstverständigung und Neuorientierung« (Albrecht, 1988,S.34) sowie intensiver Bemühungen um »journalistische und literarische Mittlerdienste« (Seidel, 1982,S.251) als Redakteur, Publizist und Übersetzer, womit er sein altes Anliegen weiterverfolgte, das deutsche Publikum mit der Kunst fremder Nationen bekanntzumachen.

Eine programmatische Schlüsselstellung insbesondere für den Umgang mit überlieferten Märchen beziehungsweise märchenhaften Elementen hat der im *Teutschen Merkur* veröffentlichte Aufsatz *Über den Hang der Menschen, an Magie und Geistererscheinungen zu glauben* aus dem Jahr 1781. Wieland geht hier unvoreingenommen von der Beobachtung aus, daß

»alle Arten von a n g e b l i c h e n E r s c h e i n u n g e n und wunderbaren E i n w i r k u n g e n u n s i c h t b a r e r W e s e n« ungeachtet der Fortschritte von Philosophie und allgemeiner Aufklärung »in der E i n - b i l d u n g s k r a f t und selbst in dem H e r z e n der Menschen immer einen Fürsprecher finden, der ihre gänzliche Verbannung unmöglich« mache. (SW,Bd.24,S.73)

Selbst die rational gebildeten, theoretisch alles Geisterhafte leugnenden Intellektuellen aller Völker ließen sich gerne davon unterhalten und verrieten eine instinktartige Neigung zum Wunderbaren. Mit psychologischem Einfühlungsvermögen, Menschenkenntnis und Erfahrung über künstlerische Wirkungsmechanismen sucht und findet der Aufklärer Wieland auch mehrere sich ergänzende Ursachen für diese unausrottbare »Liebe zum Wunderbaren«. Dazu zählt für ihn zunächst eine aus historischem Blickwinkel resultierende Beobachtung: »Irrthümer, die den Menschen Jahrtausende lang beherrscht haben, sind nicht so leicht zu verdrängen« (ebd.,S.79). Vor allem aber entwickelt er zwei Aspekte, deren überzeitliche Bedeutung und Diskussionswürdigkeit ebenfalls nicht zu übersehen sind: zum einen den Zusammenhang zwischen dem Fortschritt der Wissenschaften und dem Wachstum des »Kreises des Möglichen« (ebd.,S.82), dem Zuwachs an gerade daraus resultierenden – immer neuen und größeren – Wundern für das begrenzte menschliche Bewußtsein; zum anderen die Hoffnung des Menschen, »nach diesem Leben (...) fortzudauern« und das ›Wunderbare‹ als Signal oder Bestätigung aus dem »u n b e k a n n t e n   L a n d e« begreifen zu können (ebd.,S.86f.). Während sich Wieland von dem verbreiteten Mißbrauch des Hanges der Menschen zum Wunderbaren und Übernatürlichen distanziert, gewinnt er aus diesen Erkenntnissen eine – an früheren eigenen Positionen gemessen – modifizierte neue Sicht auf die ästhetische Funktion des »Wunderbaren« als der »reichsten Quelle von Erfindung und Interesse« für die Dichter: Mit ihr können sie jene Anlage ihres Publikums so nähren, »daß, wenn wir gleich Verstand genug haben zu sehen   d a ß   sie uns täuschen, wir doch mit Vergnügen   e i n w i l l i g e n, so angenehm getäuscht zu werden« (ebd.,S.75). Mit der Einbeziehung anthropologischer Konstanten in seine Argumentation zur »Gattung wunderbarer Begebenheiten« überwindet Wieland die Kluft zwischen den für die Aufklärung noch »ursprünglich in Opposition stehenden Kategorien des Wahren und Wunderbaren« (Nobis, 1976,S.37f.). Gegenüber traditionellen aufklärerischen Positionen, die irrationalen, mystischen und mythischen Vorstellungen kaum oder nur in Verbindung mit kritischer Distanzierung Platz ließen, schafft Wieland so – bei betonter Abgrenzung von den Aufgaben des Philosophen – der künstlerischen Phantasie im Schaffens- und Rezeptionsprozeß weitere Freiräume. Ihre Begrenzung findet diese neuartige Legitimation für ihn allerdings immer in der übergeordneten moralischen Verantwortung des Schriftstellers (Kertscher, 1988; Rudolph, 1988). »Diente noch in Wielands *Don Sylvio* das Märchen als Katalysator zur Erweiterung der engen Grenzen, die die aufklärerische Kunsttheorie der Dichtung gezogen hatte, ohne an sich als literarische Form besonders ernstgenommen zu werden« (Apel, 1978,S.89), wird das Genre Märchen nun durch profilierte Verfechter des Vernunftgedankens wie eben Wieland in die aufklärerische Kunsttheorie und -praxis integriert.

Während der mit Wieland freundschaftlich verbundene Johann Karl August Musäus zwischen 1782 und 1786 seine *Deutschen Volksmärchen* und Friedrich Justin Bertuch *Die Blaue Bibliothek aller Nationen* im Zeitraum von 1790 bis 1800 veröffentlichen, faßt Wieland spätestens im Frühjahr 1785 den Plan zur Herausgabe der Sammlung *Dschinnistan oder auserlesene Feen- und Geistermärchen*, die dann in drei Bänden 1786, 1787 und 1789 erscheinen wird. Ökonomische Überlegungen haben hierbei offensichtlich eine nicht unbeträchtliche Rolle gespielt (Seidel, 1982,S.252). Den Namen ›Dschinnistan‹ setzt Wieland sowohl für einen idealischen Fluchtort einsamer Philosophen (*Über den Gebrauch der Vernunft in Glaubenssachen*; SW,Bd.29,S.64) als auch für das märchenhafte Reich der Schutzgeister (›Peris‹ oder ›Dschinnen‹) der Menschen (*Das Hexameron von Rosenhain*; SW,Bd.38,S.27). Erst im 3. Band wird Wieland den bis dahin gewahrten Schleier der Anonymität lüften und sich als Herausgeber zu erkennen geben. Seine wichtigste literarische Quelle war die monumentale französische Sammlung von Feenmärchen *Le Cabinet des Fées*, die es zwischen 1785 und 1789 auf 41 Bände brachte. In seiner Sammlung vereint Wieland insgesamt 19 Titel, von denen er selber 13 übersetzt, bearbeitet beziehungsweise auch verfaßt hat. Zwei von ihnen hat er immer als originales Eigentum betrachtet: den *Stein der Weisen* sowie *Die Salamandrin und die Bildsäule*, die er in die Ausgabe letzter Hand seiner Werke (1794) aufgenommen hat. Wegen der hier konsequent verwirklichten Einordnung des Märchenhaften in rational-aufklärerische Intentionen sucht er, diese bereits in den Überschriften gegenüber den anderen *Märchen* als *Erzählungen* abzuheben.

In der *Vorrede* zum 1. Band formuliert Wieland seine künstlerischen Intentionen. Ein guter Märchenerzähler verstehe es demnach,

»das Wunderbare mit dem Natürlichen so zu verweben, daß beyde für die Imagination ein täuschendes Ganzes werden: theils das Herz und die Leidenschaften der Leser so unvermerkt zu gewinnen und in das Spiel zu ziehen, daß sie, des Unglaublichen und sogar des Ungereimten der Begebenheiten und der M a s c h i n e n ungeachtet, an den handelnden oder leidenden Personen des Stückes Antheil nehmen«. (AdW,Bd.18,S.6)

Er begreift das Märchengenre als populäre Dichtart, mit der die menschliche Sehnsucht nach dem Wahren und zugleich dem Wunderbaren befriedigt, ernsthafte Gedanken auf verschleierte Weise unterhaltsam vermittelt werden können: auch als »gewisser massen eine L e h r a r t Sokratischer Weisheit« (ebd.,S.7). Damit geraten Wielands Kunstmärchen »in Widerspruch zu dem, was man bis dahin unter Märchen verstand, (...) er versucht, mit allen ihm zur Verfügung stehenden Mitteln, das Genre seinen und den spezifischen Intentionen der Aufklärung dienstbar zu machen« (Rudolph, 1988,S.151). Jedenfalls erlaubt ihm dies die grundsätzliche Akzeptanz und damit die Veröffentlichung nur mehr oder weniger überarbeiteter traditioneller Märchen sowie die schöpferische Nutzung märchenhafter Elemente in der eigenen Dichtung. Lebte der *Don Sylvio* noch von einer »strengen Abgrenzung« des Wunderbaren zum Natürlichen, wurde die Titelfigur mit ihrer Denkweise als relativ allein dastehend präsentiert, sollen nunmehr ganz bewußt

»auch gebildete Menschen vom Märchen in dieser Weise getäuscht werden (...), wenn auch nur, so lange sie lesen. Damit tritt dem größeren Selbstbewußtsein der Phantasie ein ebenbürtiges der Vernunft entgegen (...). Gleichzeitig erscheint das Märchen so als eine Übung realer Affekte an einem irrealen Gegenstand.« (Apel, 1978,S.92)

Als Zielgruppe dieser Sammlung, die »zu einer angenehmen Gemüths-Erholung beschäftigter, und zu einer wenigstens unschuldigen Zeitkürzung müßiger Personen bestimmt ist« (AdW,Bd.18,S.9), spricht er folgerichtig nicht nur »Kinder und gemeines Volk«, sondern gerade auch »Personen von Erziehung und Geschmack« (ebd.,S.6) an, die »Majorität der zahlkräftigen Weltleute, besonders in den Großstädten« (Sengle, 1949,S.402). Hinsichtlich der Originalitätsfrage besteht ungeachtet aller Differenzen im einzelnen Einigkeit darüber, »daß wir zwischen Übersetzung und Originalwerk alle Schattierungen vertreten finden« (ebd.,S.403), und daß es neben den genannten eigenen Schöpfungen Wielands zumindest drei weitere relativ eindeutige Werkgruppen gibt: solche mit tiefgreifenden Umarbeitungen (*Der goldene Zweig, Alboflede*), mit zahlreichen Veränderungen (*Der eiserne Armleuchter, Der Greif vom Gebirge Kaf, Nadir und Nadine, Adis und Dahy*) und solche, die weitgehend getreu der jeweiligen Vorlage folgen (*Neangir und seine Brüder, Pertharit und Ferrandine, Himmelblau und Lupine*). Bei der Bearbeitung läßt er gemäß seiner *Vorrede* zum 1. Band sowohl philosophische als auch engagiert gesellschaftskritische Gedanken in die Märchen einfließen (Seidel, 1982,S.255; Rudolph, 1988,S.153ff.); und den Einfluß von Feen oder Geistern sucht er, auf den äußeren Verlauf der Handlung zu beschränken, so daß Spielraum für glaubhafte charakterbedingte Entscheidungen der Figuren bleibt (Rudolph, ebd. S.156). Er mildert Anstößiges und tilgt störendes Beiwerk; als

»Grundzug von Wielands Bearbeitungen ist seine Neigung zu größter Einfachheit zu erkennen, formal, insofern er es liebt, verschlungene Wege der Handlung abzukürzen, inhaltlich, da er die Gipfelung in einem einfachen

Leben, in der Idylle, aller Märchensinnlichkeit und allem Märchenwunder vorzieht« (Sengle, 1949,S.405).

Und auch seine charakteristischen Stileigenheiten kommen hier zur Geltung, so vor allem das bewußte Bemühen, »mit größter Präzision möglichst viele Sprachnuancen für einen genau kalkulierten Übermittlungseffekt einzusetzen« (Albrecht, 1985,S.231) und die Möglichkeiten der deutschen Sprache auszureizen, woraus gelegentlich auch eine gewisse Kompliziertheit seines Satzbaus resultiert.

Am überzeugendsten wirken die genannten beiden Originalwerke, die auch hinsichtlich der Grundhaltung und der poetischen Intention am aussagekräftigsten sind. Dabei ist anzumerken, daß *Die Salamandrin und die Bildsäule* (im 2. Band zuerst als *Der Druide oder die Salamandrin und die Bildsäule* veröffentlicht) in der Forschung insofern umstritten ist, als die wichtigsten Motive der französischen Quelle entstammen – und Wieland daher die Originalität abgesprochen worden ist; Seidel spricht beispielsweise von der Qualität einer »tiefgreifenden« Bearbeitung (1982,S.269). Zu bedenken ist dabei jedoch, daß die Wiederaufnahme eines oder mehrerer Motive allein prinzipiell noch kein neues Kunstwerk schafft, und daß dies in der Weltliteratur durchaus gang und gäbe ist. Wie auch immer: Diese *Erzählung* trägt Wielands Handschrift, ablesbar an der klaren, in sich schlüssigen Komposition, dem Erzählstil, der kunstvollen Beschreibung seelischer Zustände sowie pikanter Situationen und vor allem am völlig selbständig erfundenen Schluß, der in aufklärerischer Weise den zentralen Kern der Zauberhaftigkeit des Geschehens rational erklärt und damit auflöst. Gegenüber der früher geübten Ironisierung des märchenhaft Wunderbaren erfolgt jetzt eine weitgehend »persiflierende Demaskierung des Feenapparates noch innerhalb der Geschichte selbst«; Seidel spricht auch hier ungeachtet aller Unterschiede etwa zum *Biribinker*-Märchen von einem »Anti-Feenmärchen« (ebd.,S.255). Sengle sieht in Wielands Position zwischen Akzeptanz und vorgeblich innerlicher Ablehnung des Märchenhaften einen »heillosen Konflikt«, die Erzählung insgesamt auf Grund der von ihm als »platt« und »unkünstlerisch« empfundenen Auflösung des Wunderbaren als »Produkt einer künstlerischen Krise« (1949,S.406); die neuere Forschung kann diesem Ansatz nicht mehr folgen, da er am Wesen von Wielands Leistung vorbeizielt (Apel, 1978,S.96ff.).

Daß sich trotz aller Schwankungen und Widersprüche das grundsätzliche Verhältnis Wielands zum Märchen gewandelt hat, wird unmißverständlich am *Stein der Weisen* (1.Band) sichtbar. Der geldgierige König eines finanziell zerrütteten Reiches wird von einem Betrüger endgültig ruiniert: Ein angeblicher Magier und ›Ägypter‹ gibt vor, den ›Stein der Weisen‹ zu besitzen und Gold aus Blei gewinnen zu können. Im Ergebnis wird das Königspaar seiner letzten privaten Reichtümer beraubt, der König in einen Esel und die Königin in eine Ziege verwandelt – ein hintergründiges Spiel zwischen Zauber und metaphorischer Interpretation (vgl. ebd., S.100). Um ihn zu heilen, erfüllt ein guter Geist dem verzauberten und vertriebenen Ex-König im Traum den Wunsch nach dem sagenhaften Stein – und läßt ihn die gesellschaftlich als verheerend gekennzeichneten Folgen eines unbegrenzten Goldbesitzes erfahren. Zurückverwandelt in menschliche Gestalt entscheidet sich das ehemalige Königspaar schließlich – vor die Wahl gestellt – für das einfache Leben als Bauernbursche und -magd in einer Hütte, womit sie für sich den wahren ›Stein der Weisen‹ gefunden haben.

Die straff und überschaubar komponierte Fabel läßt unschwer erkennen, daß dem Text insgesamt gesehen die Naivität und Unbeschwertheit des Volksmärchens abgeht. Wieland nutzt vielmehr ganz zielstrebig märchenhaft-volkstümliche Züge zur bündigen Verbildlichung von Erkenntnissen, die ihm gerade in diesen Jahren außerordentlich wichtig waren: Zur Abwertung des Hoflebens ebenso wie der hemmungslosen Geldgier einerseits und für ein Credo zur Glücksfindung im naturnahen Leben fern des Hofes andererseits; letzteres korrespondiert in seiner poetischen Konkretisierung hinsichtlich der philosophischen Tendenz mit seinem Bild vom glückseligen, natürlichen Urzustand der Menschen, wie er es auch in der theoretischen Auseinandersetzung mit Rousseau beschworen hat (Nobis, 1976,S.73ff.). Beide Aspekte stimmen sowohl mit seinem immer reservierter werdenden Verhältnis zum Weimarer Hof als auch mit seiner eigenen wachsenden Sehnsucht nach einem beschaulich-ruhigen Leben in ländlicher Abgeschiedenheit und Unabhängigkeit überein. Die Märchenwunder werden als Kunstmittel eingesetzt: Es wird gezaubert, und Geister wirken, bieten den handelnden Personen Lebensvarianten zur Auswahl – wobei der Traum eine wichtige Rolle spielt; entscheiden jedoch müssen sich letztlich immer die Menschen. Aus dem jeweils unterschiedlichen Verhältnis zwischen Phantasie und Moral lassen sich nach Nobis drei Kunstmärchentypen ermitteln: solche mit einer Dominanz der Phantasie, der Moral oder mit Ausgewogenheit beider Aspekte. Der *Stein der Weisen* steht dann für jenen Typ, der durch ein »gleichwertiges Verhältnis« zwischen beiden Aspekten bestimmt ist (ebd.,S.231). Bei aller Heterogenität und Kompliziertheit der Märchen-Erzählungen Wielands in der *Dschinnistan*-Sammlung ist gegenüber dem früheren Märchenschaffen nicht zu übersehen, daß jetzt das ›Wunderbare« »einen e i g e n e n p o e t i s c h e n S i n n konstituiert. Es soll selbst wahrscheinlich werden und schafft neue Möglichkeiten literarischen Schaffens, wobei es zugleich an die Moralität zurückgebunden ist« (ebd.,S.267). Pauschal von einer auch hier erfolgenden »vernünftigen Auflösung« der Märchenwunder zu reden (Sengle, 1949,S.406), nivelliert die Beziehung Wielands zu ihnen und geht an ihrer spezifischen ästhetischen Leistung vorbei.

Literaturhistorisch kommt Wielands Prosamärchen die Bedeutung zu, Einflüsse des französischen Feenmärchens abzuwehren beziehungsweise in andere Bahnen zu lenken. Damit wird auch auf diesem Gebiet das von den Frühromantikern polemisch-gehässig in die Welt gesetzte Verdikt vom ›Nachahmer‹ – ebenso wie die später immer wieder kolportierte Behauptung seiner geradezu ausschließlichen Abhängigkeit von der französischen Kultur – ad absurdum geführt:

»Im Gegensatz zu den contes des fées beschreitet er den Weg von hochkomplizierten Phantasieprodukten zu einfacheren, streng komponierten Märchen, die durch ein ausgewogenes Verhältnis zwischen den beiden grundlegenden Kategorien (Phantasie und Moral, K.Sch.) gekennzeichnet sind.« (Nobis, 1976,S.241)

Wieland wagt den Spagat zwischen Märchenwunder und aufklärerischem Realitätsdenken, und er bewährt sich dabei ungeachtet aller Experimente als »Mann des Maßes und der Mitte« (Apel, 1978,S.98). In seinen Märchen deutet sich

»im feinen Spiel mit dem Wahn, im Kunstgriff der Thematisierung des Zweifels durch psychologische Reflexion, die Möglichkeit der Infragestellung des Wirklichen durch die Phantasie und das Wunderbare an, deren konsequente Umsetzung aber erst die Romantiker in Angriff nehmen sollten« (ebd.,S.104f.).

In der letzten Arbeitsphase an der Sammlung nimmt auch der Geschichtsphilosoph und Journalist Wieland das Wort. Auch wenn der Anfang 1788 im *Teutschen Merkur* veröffentlichte Aufsatz *Über den freien Gebrauch der Vernunft in Glaubenssachen* primär sein Verhältnis zur Religion entwickelt, bietet er gleichzeitig aufschlußreiche Erkenntnisse für den vorliegenden Zusammenhang. Gegenüber dem oben erwähnten Artikel aus dem Jahr 1781 vertieft Wieland hier seine bisherigen Antworten auf die Frage nach den Wurzeln des menschlichen Hanges zum Wunderbaren, Mythischen sowie zur Magie durch einen Rückblick auf die historische Entwicklung; und er sucht die Ursachen des gefährlichen Mißbrauchs dieses Phäno-

mens zu enthüllen. Als letzte Gründe für die »N e i g u n g   z u m
W u n d e r b a r e n und die B e g i e r d e   d a s   K ü n f t i g e
z u   w i s s e n« – »die schwächste Seite der menschlichen Natur«
(SW,Bd.29,S.36) – findet er bei den ältesten Völkern zum einen
den »inneren Zwang« der »E i n b i l d u n g s k r a f t , sich alle
unsichtbare Dinge   s i c h t b a r zu machen« – »und so wurden aus
jenen verborgenen Ursachen der Fänomene, die man sich nicht erklären konnte«, Geister, Genien, Feen, Götter und Halbgötter
(ebd.,S.29). Zum anderen hätten die Priester, Ärzte und Weisen den
unentwickelten, rohen Menschen der Frühzeit die Natureindrücke
sowie Gott-Vorstellungen verbildlichen müssen und gleichzeitig zu
entziffern gesucht, woraus zwangsläufig Magie resultierte, »die vorgebliche geheime Wissenschaft, auf Geister aller Arten, und durch
sie auf die Körperwelt zu wirken« (ebd.,S.35). Hatte Wieland den
Widerspruch zwischen dem Weiterleben des Wunderglaubens aller
Art und der im 18. Jahrhundert leuchtenden ›Fackel der Vernunft‹
1781 noch vor allem mit der Zähigkeit alter Irrtümer und als Folge
immer neuer wissenschaftlicher Erkenntnisse sowie der gerade daraus resultierenden unbeantwortbaren Fragen erklärt, diskutiert er
nun einen neuen Zusammenhang. Während er in diesen Jahren
mehr denn vorher seine Hoffnungen auf eine Religiosität gründet,
die im Sinne des ursprünglichen Christentums einem humanistischen Tatethos verpflichtet und dadurch für ihn ein Garant von Versittlichung und Humanisierung war (vgl. z.B. *Gedanken von der
Freiheit, über Gegenstände des Glaubens zu philosophieren*, 1788; Albrecht, 1988,S.37ff.), prangert er unverhohlen ihren Mißbrauch an:
Gerade die für den Spätaufklärer ernüchternde Tatsache, daß die
Vernunft in der »größern Hälfte Europens noch immer gefangen gehalten wird« (ebd.,S.62f.), sei demnach der pragmatisch-demagogi-
schen Kunst der katholischen Priesterreligion, aber auch des orthodoxen Protestantismus geschuldet, dessen Reformationsbewegung
auf halbem Wege stehengeblieben sei. Der Protestant Wieland begreift damit von seiner deistisch-aufklärerischen Position her die geistige Befreiungsbewegung des 18. Jahrhunderts als organische Fortsetzung der des 16. Jahrhunderts – und als bisher unvollendet: So
»könnte denn wohl am Schlusse des neunzehnten Jahrhunderts
manches zur Wirklichkeit gediehen seyn, was man am Schlusse des
achtzehnten mit dem gelindesten Nahmen – Träume eines radotie-
renden (schwätzenden, K.Sch.) Weltbürgers nennen wird.« (Ebd.,
S.84)
      Die Resonanz der *Dschinnistan*-Sammlung im deutschen Publi-
kum entsprach angesichts der Fülle ähnlicher literarischer Produkte
nicht Wielands ursprünglichen Erwartungen, so daß er nach dem

3. Band die Arbeit einstellte. Dennoch sind 1810 sowie 1840 in Winterthur und Leipzig Nachdrucke erschienen. Nachhaltige Wirkung ist insbesondere in Wien zu verzeichnen, wo Wielands Werke ohnehin einen hohen Beliebtheitsgrad genossen. Hier hat *Dschinnistan* neben *Oberon* vielfältig das Alt-Wiener Volkstheater beeinflußt; Emanuel Schikaneder verarbeitete bereits 1790 den *Stein der Weisen* zu einem märchenhaften Theaterstück, und das von Wielands Schwiegersohn Johann August Jakob Liebeskind zur Sammlung beigesteuerte Märchen *Lulu oder Die Zauberflöte* gilt als Quelle für das Textbuch Schikaneders zu Mozarts Oper *Die Zauberflöte*, in das der Autor darüber hinaus eine Fülle weiterer Anregungen aus der *Dschinnistan*-Sammlung einfügte. (Rommel, 1952,S.487f.,500,543; Dieckmann, 1991)

6.2. Das »Hexameron von Rosenhain«

Rund zwanzig Jahre später bemüht sich Wieland noch einmal konzentriert um einen Beitrag auf dem Gebiet der kleinen epischen Genres. Seit 1797 lebt er zurückgezogen aus der ihm verleideten Residenzstadt Weimar in der ländlichen Einsamkeit von Oßmannstedt, vollendet dort seinen Altersroman *Agathodämon* (1799), verfaßt *Aristipp und einige seiner Zeitgenossen* (1798-1800) und arbeitet intensiv an Übersetzungen von Lukian, Aristophanes, Xenophon sowie Euripides. Gleichzeitig wachsen die finanziellen Sorgen; er beginnt zu begreifen, daß er sich mit dem Kauf des Landgutes übernommen hat; Krankheiten machen ihm zunehmend zu schaffen, und der Tod seiner Ehefrau am 8. November 1801 stürzt ihn in tiefe Verzweiflung. Zur Ablenkung und zur Erholung von der anstrengenden geistigen Arbeit an der Euripides-Übersetzung ebenso wie unter dem ständigen Zwang, sich durch Schreiben wirtschaftlich sanieren zu müssen, wendet er sich im Januar 1802 dem von Anfang an als Zyklus geplanten *Hexameron von Rosenhain* zu; die Arbeit hieran ist wahrscheinlich schon bis Mitte Dezember des gleichen Jahres abgeschlossen – also nur wenige Monate vor dem Ende des Oßmannstedter Zwischenspiels, von dem er im April 1803 nach Weimar zurückkehren wird. Die Veröffentlichung konzipiert er zunächst als eine Reihe von Beiträgen für um die Jahrhundertwende beliebte »Taschenbücher«, wo denn auch fünf der insgesamt sechs Titel zwischen 1803 und 1804 zuerst einzeln erscheinen; der zusammenhängende Zyklus wird dann 1805 in der Oktav-Ausgabe der *Sämtlichen Werke* bei Göschen publiziert.

Inspiriert sowohl von der antiken Mythologie als auch von der orientalischen Märchenwelt entwirft Wieland eine Rahmenhandlung, derzufolge die Anwesenden auf dem Landsitz der Herrn von P.

»nach dem Beispiel des berühmten D e k a m e r o n e, oder des H e p -
t a m e r o n s der K ö n i g i n v o n N a v a r r a, der Reihe nach, Etwas einer kleinen Novelle, oder, in Ermanglung eines Bessern, wenigstens
einem Mährchen ähnliches der Gesellschaft zum Besten geben« wollen
(SW,Bd.38,S.4f.).

Programmatisch läßt er die Erzähler sich von vornherein entschieden von »empfindsamen Familiengeschichten« ebenso wie vom Tu-
gend-Laster-Schema wegen deren Wirklichkeitsferne und ästhetischer Wirkungslosigkeit distanzieren; gleichzeitig bekennt er sich
wie bereits im Umfeld der *Dschinnistan*-Sammlung zur »Liebe zum
Wunderbaren« als geradezu »mächtigstem unsrer angebornen Triebe« – und damit zu einer »reichen und unerschöpflichen Hülfsquel-
le« für den Dichter (ebd.,S.7ff.). Wieland schafft sich so für dieses
Werk die Legitimation zum Wirken von Feen, Schutzgeistern und
Magiern, die auch hier einen zauberhaften Einfluß auf das Handlungsgeschehen nehmen, ohne dabei den jeweiligen Charakter der
menschlichen Handlungsträger gravierend zu verändern; in *Narcissus
und Narcissa* beispielsweise ist dieser Einfluß als heilende Reinigung,
als Selbstfindung konzipiert. Die Tradition, in die sich Wieland hinsichtlich Erzählsituation und Genre stellt, ist in der deutschen Literatur noch jung. Während erste Ansätze hierfür bei Christian Weise
zu finden sind (*Der politische Näscher*, 1678), war es Goethe, der
1795 seine *Unterhaltungen deutscher Ausgewanderten* veröffentlichte,
damit als Begründer der deutschen Novelle gilt und für Wieland
eine maßgebliche Anregung geboten haben dürfte. Indem dieser
auch hier von der Fiktion einer vorgefundenen Handschrift ausgeht
und zudem gelegentlich neben den Erzählern – unterschiedlich akzentuiert – den ›Herausgeber‹ oder auch die jeweils agierenden
Schutzgeister als kommentierende Instanzen zu Wort kommen läßt,
praktiziert er eine multiperspektivische Erzählweise.
    Die ersten drei Titel (*Narcissus und Narcissa, Dafnidion, Die Ent-
zauberung*) sind anspruchsvoll hintergründige Märchen im Anschluß an die bei der *Dschinnistan*-Sammlung gewonnene Erfahrung. Ihre Spezifik charakterisiert Wieland bündig:

»Das Mährchen ist eine Begebenheit aus dem Reich der Fantasie, der
Traumwelt, dem Feenland, mit Menschen und Ereignissen aus der wirklichen verwebt, und mitten durch Hindernisse und Irrwege aller Art von
feindselig entgegen wirkenden oder freundlich befördernden unsichtbaren
Mächten zu einem unverhofften Ausgang geleitet.« (Ebd.,S.169)

Wielands Märchen reflektieren zentrale Fragestellungen zur Kunst (Funktion des Wunderbaren) und vor allem zum Menschenbild: Anlage und Erziehung; Folgen ungezügelten Egoismus' oder hemmungsloser Leidenschaften; Verhältnis zwischen Reichtum, gesellschaftlichem Stand und menschlichem Wert – wobei immer gleichzeitig wahre Liebe und das Problem freier Partnerwahl auf dem Prüfstand stehen. Im vierten Beitrag bekennt sich Wieland – anknüpfend an die entsprechende spanische Traditionslinie (Goldammer, 1984,S.207) – nachdrücklich zur Novelle, wobei er die Genrebezeichnung als Überschrift setzt: *Die Novelle ohne Titel*; Goethe wird ihm hierin fünfundzwanzig Jahre später bei seiner *Novelle* (1828) folgen. Tatsächlich enthält der Text alle Elemente einer modernen Novelle: Das außergewöhnliche, sich dramatisch zuspitzende Geschehen; eine straffe, in sich geschlossene Handlungsführung mit pointierten Höhe- und Wendepunkten; den Verzicht auf alles Märchenhafte, stattdessen Aktualität und einen hohen Realitätsbezug. Durch den Erzähler liefert Wieland auch eine Definition, mit der er sein Publikum auf zwei charakteristische Eigenheiten dieser epischen Form besonders hinweist: Ihre Handlung vollziehe sich nicht in »einem andern i d e a l i s c h e n oder u t o p i s c h e n Lande, sondern in unserer wirklichen Welt«, und ihre Begebenheiten seien nicht alltäglich, könnten sich aber »unter denselben Umständen, alle Tage allenthalben zutragen« (SW,Bd.38,S.173) (vgl. auch Friedrich, 1988,S.145ff.). Bemerkenswerterweise hat Wieland bereits viele Jahre früher schon theoretisch über dies Genre nachgedacht: In den *Abenteuern des Don Sylvio von Rosalva* (1764) findet sich folgende Anmerkung, die eine treffende Ergänzung zu der Charakteristik im *Hexameron* darstellt: »Novellen werden vorzüglich eine Art von Erzählungen genannt, welche sich von den großen Romanen durch die Simplicität des Plans und den kleinen Umfang der Fabel unterscheiden« (SW,Bd.11,S.18). Die beiden abschließenden Titel (*Freundschaft und Liebe, Die Liebe ohne Leidenschaft*) werden als »Anekdoten« angekündigt; sie tragen nach heutigem Verständnis zwar einzelne anekdotische Züge, sind aber ebenfalls Novellen. Wieland nutzt hier den Begriff noch ganz im Sinne der Zeit zur Bezeichnung einer wahren kleinen Geschichte um ein außergewöhnliches Geschehen. (Zur Komposition des Zyklus' und zu Wielands Novellentheorie vgl. Friedrich, 1988,S.139-150.) Seinen noch am 30. Dezember 1804 in einem Brief an Göschen geäußerten Plan, den Zyklus zu einer »Art von Romanchen« zu erweitern, gibt er bereits einen Monat später wieder auf (Starnes III,S.194,198).

Die Novellistik aus dem *Hexameron von Rosenhain* nimmt auch insofern eine Ausnahmestellung in Wielands Spätwerk ein, als er sich nur hier noch einmal unmittelbar mit Fragen der zeitgenössischen Wirklichkeit künstlerisch auseinandersetzt. Obgleich er dieser grundsätzlich kritisch gegenüberstand, war in ihm zunehmend ein solches ästhetisches Funktionsverständnis gewachsen, das ihn zwar nicht auf die Vermittlung der Sehnsucht nach einer humaneren Zukunft verzichten ließ, aber doch generell unverhüllte Gesellschaftskritik zurückstellte. Er tat dies gemäß seiner ohnehin immer nach dem Maß der Mitte strebenden Grundhaltung zugunsten einer »Vereinigung partikularer Interessen im Zeichen eines sehr allgemeinen Menschheitsideals« (Albrecht, 1985,S.234), über die er den möglichst harmonischen Ausgleich der aktuellen Konflikte anstrebte. In diesem Rahmen gestattet ihm seine anthropozentrische Position in den Novellen optimal das Aufgreifen vorrangig privater, zwischenmenschlicher Beziehungen. Das noch in den achtziger Jahren deutliche unmittelbare staatsreformerische, häufig politisch brisante Engagement ist im Gefolge seiner Lebens- und Schaffenserfahrungen einem relativ abstrakten »Ideal der Kulturgemeinschaft aufgeklärter Weltbürger« gewichen, »die sich von den Verpflichtungen des politischen Lebens zurückziehen« (Rudolph, 1988,S.157).

Mit seinem Novellenschaffen und theoretischen Überlegungen dazu greift Wieland als erster die Anregung von Goethe auf und erwirbt sich damit einen maßgeblichen – bis heute kaum gewürdigten – Anteil an der Einbürgerung novellistischen Erzählens in der deutschen Literatur. Die beispielsweise eher abwertende Formulierung, es handele sich bei dem *Hexameron*-Zyklus um eine »Nachbildung« unter vielen anderen (Literaturlexikon, Stuttgart 1990,S.329), folgt alten Klischees seit der romantischen Anti-Wieland-Kampagne und ist kaum nachvollziehbar.

7. Die großen Altersromane: »Peregrinus Proteus«, »Agathodämon« und »Aristipp«

Die in den neunziger Jahren dominierende Arbeit an den Altersromanen – bereits 1791 erscheint die *Geheime Geschichte des Philosophen Peregrinus Proteus in einer vollständigen Fassung* – steht in engem Zusammenhang mit Wielands Rückzug von den unmittelbar zeitkritischen Auseinandersetzungen des Tages einerseits und der verstärkten Suche nach einer Lebensbilanz mit menschheitsgeschichtlicher Fundierung andererseits. Damit verbunden ist seine Hinwendung zur Altertumswissenschaft sowie verstärkt zur Antike, wofür die Gründung des *Attischen Museums* (1796) als – unregelmäßig erscheinendes – Publikationsorgan ein beredtes Zeugnis ist.

Im *Peregrinus Proteus* läßt er die schwärmerische Titelfigur – der historische Peregrinus war ein durch Lukian überlieferter kynischer Philosoph aus dem 2. Jahrhundert n.Chr. – im Jenseits dem Lukian sein Schicksal erzählen und konfrontiert diesen Bericht mit der nüchternen Sichtweise des Lukian (Braunsperger, 1993). Es ist »die Geschichte eines auf Grund seines illusionären Schwärmertums immer wieder getäuschten und mißbrauchten Idealisten« (Dahnke, 1990, S.114). Wieland prüft über diese Figur historische und aktuelle Varianten der Humanisierung des Individuums in beziehungsweise mit der Gesellschaft (Müller, 1971; Thorand, 1988). Die Spannung zwischen subjektiv-ergreifender Ich-Erzählung und rationaler Kritik, zwischen einer im 2. Jahrhundert n.Chr. angesiedelten fiktiven Wirklichkeit und Aktualitätsbezug, zwischen Realität und Ideal zielt auf einen vom Autor ins Auge gefaßten, in Mythologie, Philosophie sowie Religionsgeschichte gebildeten und mitdenkenden Rezipienten. Die Erzählstruktur des Textes ist – vornehmlich durch die Dialogform – dem Diskussionscharakter angepaßt; und Wieland geht es noch deutlicher als bisher nicht um die vordergründige »Darstellung neuer unerhörter Ereignisse«, sondern darum, »auf ein Ergebnis hin« zu erzählen (Müller, ebd.,S.62f.).

»Die gelingende Kommunikation wird zur Basis einer befriedigenden menschlichen Beziehung, die Peregrin im Leben versagt war (...). Das Gespräch ist damit nicht nur das strukturbildende poetologische Organisationsprinzip des Romans, es ist gleichzeitig ein lebensweltlich fundiertes Humanitätsideal.« (Heinz, 1994,S.52f.)

Wieland setzt dabei seine vielfältigen erzähltechnischen Erfahrungen ein; »gereifte Strukturen integrieren neue und neueste, ja modische Phänomene und Motive« (Mickel, 1985,S.353). Der Roman ist insgesamt künstlerischer Ausdruck von Wielands Ringen um eine tragfähige Humanitätskonzeption am Ende der zweiten Jahrhunderthälfte, seiner kulturhistorischen Vorstellungen und intensiven Beschäftigung mit der gerade begonnenen Französischen Revolution. (Sengle, 1949,S.448f.) Der Autor greift dabei unverkennbar auf Fragestellungen zurück, die er bereits in seinem *Agathon*-Roman poetisch diskutiert hatte; er kann diesen unter den Bedingungen der vergangenen Jahrzehnte und insbesondere Ende der achtziger, Anfang der neunziger Jahre nunmehr aber nur auf tragische Weise künstlerisch adäquat gerechtwerden: Peregrinus wählt den Freitod, er ist »Agathons spätgeborener düsterer Bruder« (Mickel, 1985, S.353).

Der zwischen 1795 und 1799 entstandene, von Wieland selber
»in mehr als einer Rücksicht« als wichtigstes und bestes seiner Werke bezeichnete Roman *Agathodämon* (Gruber, SW,4.Teil,S.284)
kann seine enge Zusammengehörigkeit mit den anderen Altersromanen nicht verleugnen. Vergleichbar mit *Peregrinus Proteus*

– ist er »an der historischen Nahtstelle von heidnischer Antike und
  frühem Christentum angesiedelt« (Sommer, 1971,S.41), um sich
  mit der ebenfalls als krisenhafte Umbruchszeit der Weltgeschichte erkannten eigenen Gegenwart auseinanderzusetzen, Möglichkeiten und Sinn humanen individuellen Handelns zu erkunden;
– zielt er auf die Rechtfertigung des Lebenswerkes einer bisher als
  betrügerisch und skrupellos verkannten historischen Persönlichkeit – des neupythagoreischen Philosophen Apollonius von Tyana
  (1.Jh.n.Chr.) –, auf dessen ›Rettung‹ als ›Agathodämon‹ (guter
  Geist) der ihn dankbar verehrenden Zeitgenossen;
– stellt Wieland die Frage nach der Rolle des Christentums in Vergangenheit, Gegenwart und Zukunft;
– durchzieht ebenfalls zumindest ein Hauch von Tragik den Text,
  denn auch hier – das Eremitendasein des alten Apollonius steht
  in unverkennbarem Bezug zu Wielands eigenem Leben in Oßmannstedt – vermag die Titelfigur zwar eine »autonome Kleinst-
  gesellschaft« mit »Modellcharakter für zukunftsweisendes menschliches Zusammenleben« (Albrecht, KTH 1988b,S.110), aber keine unmittelbar produktive Beziehung zur großen Welt mehr zu
  gestalten;
– nutzt er die Dialogform und verbindet sie hier mit der Briefform
  in einem »kühnen Romanexperiment« zu einer künstlerischen
  Synthese (ebd.,S.119).

Apollonius hat sich nach seinem öffentlichen Wirken in die Einsamkeit auf Kreta zurückgezogen; er und sein Jünger Kymon berichten
dem Hegesias über Motive sowie Taten seines Lebens als Weltrefor-
mer zum Heile der Menschheit. Hegesias wiederum übermittelt dies
brieflich an seinen Freund. Die komplizierte Erzählsituation ermöglicht eine mehrfache, kunstvoll verwobene Spiegelung des Geschehens, die Wielands potentiellen Leserinnen und Lesern einen hohen
Grad geistiger Mitarbeit abverlangt – und sie zur Selbsttätigkeit stimuliert. Der Rückblick des Apollonius gerät zu einer unerbittlichen
Selbstanalyse, die ihrem Wesen nach auf eine Beantwortung der
zeitgenössisch vieldiskutierten Frage »Was ist Aufklärung?« zielt und
ein breiter Diskurs über deren Chancen und Grenzen ist. Eine zentrale Rolle spielen dabei Überlegungen, ob im Rahmen humanisie-
render Aufklärung Menschen zu ihrem Besten getäuscht werden

dürfen, welche Rolle Geheimbünde sowie aktives politisches Handeln dabei spielen können (ebd.,S.106ff.). Apollonius hatte einst seine Erkenntnis, daß der Hang zum Wunderbaren und Übernatürlichen in der Natur des Menschen verankert sei, zu wohltätigen Täuschungen, die polytheistischen Religionen zur Förderung von Humanität und Sittlichkeit ausgenutzt. Und wenn er sich schließlich auch mit der Sekte der ›Christianer‹ auseinandersetzt, läßt Wieland seine Leserschaft zu einem Schluß gelangen, der sein eigenes zwiespältiges Verhältnis zur institutionellen Religion kennzeichnet: Einerseits sei deren Geschichte bis in die Neuzeit durch Mißbrauch belastet, woraus Kritik an der Orthodoxie beider christlicher Religionen resultiert; andererseits übe die Religion jedoch gerade in Situationen drohenden Kultur- und Moralzerfalls einen wohltätigen Einfluß aus und stelle daher die notwendige Durchgangsstufe zu einer Zeit ›reiner Humanität‹ dar. Wenn er sich zur gewaltfreien Einflußnahme auf den Geschichtsprozeß bekennt, setzt er sich implizit wieder mit der Französischen Revolution auseinander. Gerade die Wieland hinsichtlich seines Alterswerks immer wieder vorgeworfene Distanz zur wirklichen Lebenspraxis (z.B. auch Sengle, 1949, S.492f.) dürfte eine wichtige Rolle gespielt haben: Er gewann dadurch den auch geistigen Abstand, der es ihm – neben den dialektischen Denkelementen – ermöglichte, mit Wahrhaftigkeit und Selbstanalyse die Grenzen und Chancen aufklärerischen Wirkens ermitteln zu können und inmitten welthistorischer und privater Turbulenzen die Grundgedanken menschheitlicher Entwicklung sowie Humanisierung der Individuen nicht nur festzuhalten, sondern auch konzeptionell zu verknüpfen. Alle Hoffnungen bindet er, wie es ähnlich bereits in der Schlußfassung des *Agathon* von 1794 zum Ausdruck kam, jetzt an

- das unentwegt beispielhafte aufklärerische Bemühen jedes einzelnen um Menschenbildung im jeweils erreichbaren kleinen Kreise;
- die vom komplexen Leben selbst geförderten inneren Anlagen des Menschen, verbunden mit individueller Kraft zur Selbstanalyse;
- eine langfristig wirkende stete Versittlichung des Individuums durch Kunst, Religion und weise Gesetzgebung.

Auch Wielands letzter großer und zugleich umfangreichster epischer Text, *Aristipp und einige seiner Zeitgenossen* in vier Teilen (1798-1801), stellt ein Gesprächsmodell dar, das wiederum von seiner Beziehung zu den rhetorischen Traditionen zeugt (Tschapke, 1990) und nicht vom traditionellen ›Roman‹-Muster her zu beschreiben ist; das Werk hat daher auch unterschiedlichste Deutungen erfahren

(Mewes, KTH 1988b,S.125f.,129f.). Das epische Geschehen – ein ursprünglich geplanter 5. Teil wurde nicht mehr geschrieben – spielt sich formal auf den Ebenen der fiktiven Briefsteller, der in den Briefen geschilderten Gespräche und auf der des Herausgebers (Anmerkungen) ab; es enthält keine durchgehende Fabel, weder eine »Handlungsmitte« noch Entwicklung der Titelfigur (Emmel, 1981, S.110). Der Sokratiker Aristipp von Cyrene bereist beziehungsweise beobachtet die Welt der griechischen Antike zwischen dem Ende des 5. bis zur Mitte des 4. Jhs.v.Chr. und wechselt darüber Briefe mit seinen Freunden. Auf längst erprobte Weise – nämlich über die von ihm akzentuierten »kulturgeographischen und kulturhistorischen Strukturanalogien« (Manger, 1991,S.33) – verschafft sich Wieland die Gelegenheit für eine große Altersbilanz, für Dialoge und Exkurse über alle denkbaren Fragestellungen seines eigenen Zeitalters. Er entfaltet dabei ein Panorama des »Seins in seiner Breite« (Emmel, 1981,S.113), dessen innere Struktur neben den rhetorischen Elementen durch die Integrierung vielfältiger inhaltlich-formaler Grundzüge unterschiedlichster Romantypen geprägt ist: nach Manger (1991) durch eine kunstvolle Kombination von Binnen-›Romanen‹ ›erotischen‹, ›philosophischen‹, ›humoristischen‹, ›politischen‹ und ›historischen‹ Charakters. Fast alle der bekannteren Figuren Wielands aus früheren Werken tauchen im Text wieder auf; und er bekräftigt über die schließlich im multiperspektivischen Diskurs zu gewinnenden Lebenserfahrungen Aristipps seine eigenen skeptischen, aber nie alle Ideale aufgebenden, nie völlig pessimistischen Positionen. Aristipp selbst wird also nicht als ideale Vorbildfigur vorgeführt; er ist »seiner Art nach nicht aktiver Held«, sondern erfüllt sein Wesen in einem weder handelnd noch leidend hervorgehobenen »Verhalten zur Umwelt, zum Zeitalter und seinen repräsentativen Erscheinungen« (Emmel, 1981,S.110). Dabei rechnet Wieland erneut mit einem intelligenten, mitdenkenden Publikum. Das zentrale Thema ist die Frage nach den Möglichkeiten des »Teilhabens am Ganzen« (ebd.), nach einer in Abhängigkeit von Lebensumständen und subjektiven Bedingungen jeweils in sich selbst harmonischen und Glück gewährenden Lebensführung (Mewes, 1988b, S.134). Wenn Wieland in diesem Zusammenhang als aktuell günstigsten staatlichen Rahmen die konstitutionelle Monarchie protegiert, ist er doch überzeugt davon, daß es noch langer Zeit genauester Beobachtung der menschlichen Natur bedarf, um für jedes Volk das wirklich angemessene ideale Verfassungsmodell zu finden. Der höchste Dienst, den man derzeit dem Vaterland leisten könne, bestehe – in Parallele zu den anderen Alterswerken – darin, unentwegt an sich selber zu arbeiten, insbesondere Vernunft und Triebe auszugleichen, und im eigenen Umfeld ›Menschenbildner‹ zu sein. Hinsichtlich wesentlicher Teilaspekte ist erneut die Nähe zu Lessing (Entwicklung und Rolle der Religionen), aber auch zu Schiller (Programm der ästhetischen Erziehung) nicht zu übersehen. Für Emmel (1981) nimmt das Werk hinsichtlich des Weltbildes und seiner kunstvollen Formgestaltung eine Sonderstellung ein und verrät deutliche Analogien zu Goethes späteren *Wanderjahren*.

Mit den Gestalten Agathon (3. Fassung), Peregrinus, Apollonius und Aristipp demonstriert Wieland, wie individuelles Scheitern trotz alledem ins Positive gewendet, wie ungeachtet aller Tragik eine langfristige optimistische Perspektive erhalten werden kann. Er setzt dabei im Alter nicht die von ihm selbst einst durch den *Agathon* geprägte Roman-Linie fort, sondern synthetisiert aus unterschiedlichen epischen Elementen eine neue poetische Qualität, schafft einen für die aktuelle Situation angemessenen, neuartigen Romantyp. Sein dialogisches Stilprinzip ist jetzt konsequent durch Gespräche zwischen Autor und Leser, zwischen den fiktiven Figuren und zugleich ständigen erzählerischen Perspektivenwechsel charakterisiert (Erhart, 1991,S.342f.); es realisiert ein vielfältiges Kommunikationsmodell, wobei die Briefstruktur eine Weltsicht der Gesprächspartner »gewissermaßen von innen« vermittelt (Manger, 1991,S.9). Wieland vollzieht in den drei großen Altersromanen einen definitiven, in seinem Gesamtschaffen vorbereiteten Funktionswandel insofern, als die skeptischen Einsichten nicht mehr »zumeist vom Erzähler«, sondern von den Romanfiguren formuliert werden, und sich die Thematik – durch die bereits früher geübte Praxis der ›geheimen Geschichten‹ allerdings ebenfalls vorbereitet – auf die »Subjektproblematik der fiktiven Figuren« verlagert (Erhart, 1991,S.229f.). In deren philosophischen Unterredungen spiegelt sich die subjektiv als dissonant und desillusionierend empfundene »Aporie jener epochalen philosophischen Widersprüche, in die sich Moralphilosophie und Anthropologie des 18. Jahrhunderts – und die Romanhelden (...) – manövriert haben« (Erhart, 1993,S.185). Wieland antwortet hierauf mit den »hellenistischen Techniken einer *Selbstsorge*, die dem *Schicksal* und dem *Zufall* mit stoizistischen und epikuräischen Strategien der Selbstbemächtigung zu Leibe rückt« (ebd.,S.190), die das erfahrene Leid über eine durch »autobiographische Kontrolle gewonnene Distanz zur eigenen Geschichte, das Aushalten und Durcharbeiten ihrer Widersprüche« (ebd.,S.185) positiv zu bewältigen sucht. Mit alldem setzt er einen unverwechselbaren Akzent in Relation zu dem Romanschaffen der gleichzeitigen anderen literarischen Strömungen. Wieland will und kann sich weder der Religions- noch der Poesie-Auffassung der Romantiker anschließen; er nähert sich zwar der

Fortschrittskonzeption der ›Klassiker‹ im engeren Sinne, geht mit seinen Altersromanen aber nicht den Weg der Gestaltung eines zwar entsagenden, aber doch aktiv handelnden und sich in tatkräftiger Auseinandersetzung verwirklichenden Individuums, dessen Entwicklungsgeschichte als Verhaltensmodell vermittelt wird. Seine poetische Alternative konzentriert sich – neben der Überzeugung langfristig wirkender äußerer Faktoren menschlicher Versittlichung – akzentuiert auf den Aufbau individueller Behauptungsstrategien (Erhart, 1991,S.402): Für ihn besteht – angeregt auch durch die sokratische Methode und durch Horaz – die aktuelle Aufgabe in geistiger Selbstbildung zu Harmonie in der Lebensführung, zur »Homologie der Existenz« und zur Selbsterkenntnis (ebd.,S.364). Es geht für Wieland also zunächst um einen Anstoß zur geistigen Bewältigung, selbstkritischen Durchleuchtung des jeweils vorherigen Lebensabschnittes, um die »Strategie einer Leidbewältigung«, einer therapeutischen »Trauerarbeit«, durch die er »den gesellschaftlichen Miseren der Zivilisation nicht die ›Resignation‹ einer Idylle, sondern die Abwehrkräfte einer literarisch anzueignenden ›Heilkunst der Seele‹« entgegensetzt (ebd.,S.301). Derart vermittelt Wielands Erzählen einerseits »den Zerfallsprozeß der vormals vertrauten Sinngebungsmächte«, stattet aber andererseits zugleich »Erzähler und Leser mit dem Vermögen aus, noch die Trauer über den Verlust in die Aktivität der Selbstaufklärung umzuwandeln« (ebd.,S.408).

Nicht nur die fehlende Verbindung mit dem aktuellen Lebensgeschehen mußte sich zwangsläufig als Hemmnis für die Rezeption erweisen; die gesamte literarische Strategie des Spätwerkes als eine der um die Jahrhundertwende möglichen humanistischen Varianten implizierte von vornherein einen weitgehenden und auch perspektivischen Verzicht auf breitere Wirksamkeit. Für die Mehrheit des potentiellen Publikums mußte sie sowohl im Verhältnis zu derjenigen der Romantik als etwa auch derjenigen des alten Goethe in mehrfacher Hinsicht eher unbequem sein: Verlangte doch die abgeforderte kritische Erinnerungsarbeit neben unbedingter Aufrichtigkeit eine hohe, relativ einseitige intellektuelle Anstrengung, während gleichzeitig klassizistische Bildung vorausgesetzt war. Wenn außerdem in Betracht gezogen wird, daß inzwischen der unaufhaltsame Siegeszug einer durch griffig-bequeme Klischees geprägten, vordergründig Unterhaltung anzielenden Literatur begonnen hat, findet die Frage nach dem Verlust der Wirksamkeit zumindest von Wielands späten Werken in der Spezifik ihrer Textqualität überzeugendere Antworten als jene, die sich nur auf die Folgen der Feindseligkeiten aus dem romantischen Lager stützen.

Zeittafel der Werke

166

1764-1770	*Die Grazien* (ED: 1770)
zw. 1768-1771	*Der neue Amadis. Ein komisches Gedicht* (ED: 1771)
1769	*Sokrátes mainómenos oder die Dialoge des Diogenes von Sinope* (ED: 1770)
1769-1770	*Beiträge zur geheimen Geschichte des menschlichen Verstandes und Herzens* (ED: 1770)
1770	*Combabus. Eine Erzählung* (ED: 1770)
1771-1772	*Der goldene Spiegel oder die Könige von Scheschian* (ED: 1772)
1771 ff.	*Der verklagte Amor. Ein Gedicht* (ED: 1774)
1772	*Alceste. Ein Singspiel* (ED: 1773)
1772	*Geschichte des Agathon* (2.Fassung) (ED: 1773)
1773	*Die Wahl des Herkules. Eine dramatische Cantate* (ED: 1773)
1773-1781	*Die Abderiten. Eine sehr wahrscheinliche Geschichte* (ED: 1774-1781)
1774	*Stilpon oder die Wahl eines Oberzunftmeisters von Megara. Eine Unterredung* (ED: 1774)
1774/75	*Das Urteil des Midas. Ein komisches Singspiel* (ED: 1775)
1774/75	*Geschichte des Philosophen Danischmende* (ED: 1775)
1775	*Der Mönch und die Nonne auf dem Mittelstein. Ein Gedicht in drei Gesängen* (ED: 1775)
1775	*Titanomachia oder das neue Heldenbuch. Ein burleskes Gedicht* (ED: 1775)
1775/76	*Ein Wintermärchen* (ED: 1776)
1776	*Liebe um Liebe* (ED: 1776)
1776	*Ein Fragment über den Charakter des Erasmus von Rotterdam* (ED: 1776)
1776/77	*Geron, der Adlige. Eine (Vers-)Erzählung aus König Artus Zeit* (ED: 1777)
1777	*Das Sommer-Märchen oder des Maultiers Zaum. Eine (Vers-)Erzählung aus der Tafelrunde-Zeit* (ED: 1777)
1777	*Gedanken über die Ideale der Alten* (ED: 1777)
1777	*An Olympia* (ED: 1777)
1777/78	*Der Vogelsang oder die drei Lehren* (ED: 1778)
1778	*Fragmente von Beiträgen zum Gebrauch derer, die sie brauchen können oder wollen* (ED: 1778)
1778	*Schach Lolo oder das göttliche Recht der Gewalthaber. Eine morgenländische (Vers-)Erzählung* (ED: 1778)
1778-1794	*Pervonte oder die Wünsche. Ein Neapolitanisches Märchen* (ED: 1778f./96)
1776-1778	*Rosamund. Ein Singspiel* (ED: 1778)
1778-1780	*Oberon. Ein Gedicht* (ED: 1780)

Entstehung	Titel
1781/82	*Horazens Briefe aus dem Lateinischen übersetzt* (ED: 1781/82)
1782/83	*Clelia und Sinibald. Eine Legende aus dem zwölften Jahrhundert* (ED: 1783/84)
1782-1784	*Briefe an einen jungen Dichter* (ED: 1782/84)
1784-1786	*Horazens Satiren aus dem Lateinischen übersetzt* (ED: 1784f./86)
1785-1789	*Dschinnistan oder auserlesene Feen- und Geister-Märchen* (ED: 1786-1789)
1786-1789	*Lucians von Samosata Sämtliche Werke. Aus dem Griechischen übersetzt* (ED: 1788/89)
1788	*Das Geheimnis des Kosmopolitenordens* (ED: 1788)
1788-1791	*Geheime Geschichte des Philosophen Peregrinus Proteus* (ED: 1788f./91)
1790-1793	*Göttergespräche* (ED: 1790-1793)
1793-1794	*Geschichte des Agathon* (3.Fassung) (ED: 1794)
1793-1805	Übersetzung von Komödien des Aristophanes (ED: 1794-1806)
1795	*Die Wasserkufe oder der Einsiedler und die Seneschallin von Aquilegia* (ED: 1795)
1795-1799	*Agathodämon* (ED: 1796-1799)
1798-1800	*Aristipp und einige seiner Zeitgenossen* (ED: 1800-1802)
1799-1802	Übersetzung von Schriften des Xenophon (ED: 1800)
1802	Übersetzung von Dramen des Euripides (ED: 1803-1805)
1802	*Das Hexameron von Rosenhain* (ED: 1803-1805)
1803	*Menander und Glycerion* (ED: 1804)
1804	*Krates und Hipparchia* (ED: 1805)
1806-1813	*M. Tullius Ciceros Sämtliche Briefe übersetzt und erläutert* (ED: 1808-1821)

Zeitschriften

Titel	Erscheinungszeitraum
Der Deutsche Merkur	1773 (viertelj.)
Der Teutsche Merkur	1774-1789 (seit 1775 monatl.)
Der Neue Teutsche Merkur	1790-1810
Attisches Museum	1796-1802 (unregelmäßig)
Neues Attisches Museum	1805-1809

168

Literaturverzeichnis

Abkürzungen

AdW   Akademie-Ausgabe der »Gesammelten Schriften«
DVjs   Deutsche Vierteljahrsschrift für Literaturwissenschaft und Geistes-
        geschichte
EP   Editio Princeps (*Agathon*)
GRM   Germanisch-Romanische Monatsschrift
KTH   Kongreß- und Tagungsberichte Halle (Sammelbd.)
MLN   Modern Language Notes (Sammelbd.)
NF   Nordamerikanische Forschungsberichte (Sammelbd.)
SW   Säm(m)tliche Werke (Leipzig 1794ff.)
WB   Weimarer Beiträge
WBW Wielands Briefwechsel (Berlin 1963ff.)
WF   Wege der Forschung (Sammelbd.)
WSt   Wieland-Studien (Sammelbd.)

Primärliteratur

A. Von Wieland selbst autorisierte Sammelausgaben

Sammlung einiger prosaischen Schriften von C.M. Wieland, 3 Bde.,
   Orell, Zürich 1758. – 2. Ausgabe: 2 Bde. 1763/64.
Poetische Schriften, Des Herrn Wieland, 3 Bde., Orell und Geßner, Zürich
   1762.
Wielands Neueste Gedichte vom Jahre 1770 bis 1777, 3 Bde., Hofmann,
   Weimar 1777-1779.
Wielands auserlesene Gedichte, 7 Bde., Weidmann, Leipzig 1784-1787.
Wielands kleinere prosaische Schriften, 2 Bde., Weidmann, Leipzig 1785/86.
C.M. Wielands Sämmtliche Werke, Göschen, Leipzig 1794-1811:
   $8°$ = 39 Bde. (1794-1811), 6 Supplement-Bde. (1797/98) (C^1)
   kl.$8°$ = 36 Bde. (1794-1801), 6 Supplement-Bde. (1798) (C^2)
   gr.$8°$ = 36 Bde. (1794-1801), 6 Supplement-Bde. (1798) (C^3)
   $4°$ = 36 Bde. (1794-1802), 6 Supplement-Bde. (1798). (C^4)

B. Nach Wielands Tod veröffentlichte wichtige Ausgaben

C.M. Wielands sämmtliche Werke, 53 Bde., hrsg. J.G. Gruber, Leipzig (Göschen): 1818-1828 (8°), 1824-1828 (16°).

C.M. Wieland's sämmtliche Werke, 36 Bde., Leipzig (Göschen): 1853-1858.

Wieland's Werke, 40 Bde., hrsg. Heinrich Düntzer, Berlin (Hempel) 1879-1888.

Wielands Werke, 6 Bde., hrsg. H. Pröhle, Berlin/Stuttgart (Dt. National-Litteratur,51-56) 1883-87.

Wielands Gesammelte Werke, 6 Bde., hrsg. F. Muncker, Stuttgart 1887.

Wielands Werke, 4 Bde., hrsg. Gotthold Klee, Leipzig /Wien (Bibl. Institut) 1900.

Wielands Ausgewählte Werke, 3 Bde., hrsg. Franz Deibel, Leipzig 1905-1907.

Wielands Gesammelte Schriften (nicht abgeschlossen), hrsg. Deutsche Kommission der Königlich Preußischen Akademie der Wissenschaften (später Preußische A.d.W.; Deutsche A.d.W.), Berlin 1909-1939. Nachdruck: Hildesheim 1986-1987.

C.M. Wieland, Ausgewählte Werke in drei Bänden, hrsg. Friedrich Beißner, München 1964-1965.

Christoph Martin Wieland. Werke, 5 Bde.,hrsg. Fritz Martini und Hans Werner Seiffert, München 1964-1968.

C.M. Wieland. Ausgewählte Werke, 6 Bde., hrsg. Wolfgang Jahn, München 1964-1970.

Wielands Werke in vier Bänden, hrsg. Hans Böhm, Berlin/Weimar 1967 (3.Auflage 1984).

Meine Antworten: Aufsätze über die Französische Revolution 1789-1793, hrsg. Fritz Martini, Marbach 1983.

C.M. Wielands Sämmtliche Werke, Reprint der Ausgabe letzter Hand (Leipzig 1794-1811, 8°), hrsg. Hamburger Stiftung zur Förderung von Wissenschaft und Kultur, Wieland-Archiv Biberach und Hans Radspieler, Hamburg 1984.

Ausgewählte Werke, hrsg. Fritz Martini, Essen 1984.

Die Kunst zu lieben. Erotische Dichtung und Prosa, hrsg. Wolfgang Tenzler, Berlin 1987.

Politische Schriften, insbesondere zur Französischen Revolution, hrsg. Jan Philipp Reemtsma, Hans und Johanna Radspieler, Nördlingen 1988.

William Shakespeares theatralische Werke nach Christoph Martin Wielands Übertragung, hrsg. Hans und Johanna Radspieler, Zürich 1993-1995.

Werke in Einzelausgaben, hrsg. Jan Philipp Reemtsma, Hans und Johanna Radspieler, Zürich. Bisher erschienen: *Aristipp und einige seiner Zeitgenossen*, 1993; *Menander und Glycerion*, 1994.

C. Briefe

Auswahl denkwürdiger Briefe von C.M. Wieland, 2 Bde., hrsg. Ludwig Wieland, Wien 1815.

Ausgewählte Briefe von C.M. Wieland an verschiedene Freunde (1751-1810), 4 Bde., Zürich 1815f.

C.M. Wieland's Briefe an Sophie von La Roche, hrsg. Franz Horn, Berlin 1820.

Neue Briefe C.M. Wielands, vornehmlich an Sophie von La Roche, hrsg. Robert Hassencamp, Stuttgart 1894.

Wielands Briefwechsel, hrsg. Akademie der Wissenschaften (Hans Werner Seiffert u. Siegfried Scheibe), Berlin 1963ff. Bisher erschienen:
Bd. 1 (1.Juni 1750-2.Juni 1760): 1963,
Bd. 2 (Anmerkungen zu Bd.1): 1968,
Bd. 3 (6.Juni 1760-20.Mai 1769): 1975,
Bd. 4 (25.Mai 1769-17.September 1772): 1979,
Bd. 5 (21.September 1772-31.Dezember 1777): 1983,
Bd. 7.1 (Januar 1778-Juni 1782): 1992,
Bd. 8.1 (Juli 1782-Juni 1785): 1992,
Bd. 8.2 (Anmerkungen zu Bd. 8.1): 1992,
Bd.10.1 (April 1788-Dezember 1790): 1992.

Christoph Martin Wieland – Sophie Brentano. Briefe und Begegnungen, hrsg. Otto Drude, Berlin 1989.

D. Die Texte von Wieland und anderen Autoren sowie Zeitschriften werden nach folgenden Ausgaben zitiert

C.M. Wieland: *Säm(m)tliche Werke,* Leipzig 1794ff. – Reprint-Ausgabe (Hamburg 1984) (SW).

Wielands Gesammelte Schriften, hrsg. Deutsche Kommission der (...) Akademie der Wissenschaften, Berlin 1909ff. (AdW)

C.M. Wieland: *Geschichte des Agathon,* Unveränderter Abdruck der Editio princeps (1767), hrsg. Klaus Schaefer, Berlin 1961 (EP).

Wielands Briefwechsel, hrsg. Hans Werner Seiffert, Berlin 1963ff. (WBW).

Friedrich von Blankenburg: *Versuch über den Roman,* Leipzig und Liegnitz 1774.

Goethes Gespräche, hrsg. Woldemar Freiherr von Biedermann, 3.Bd. (1811-1818), Leipzig 1889.

Johann Wolfgang von Goethe: *Werke: Schriften zu Kunst, Literatur und Naturwissenschaft,* hrsg. Richard Müller-Freienfels, 1.Bd. Zur Literatur, Berlin 1927.

Göttingische Anzeigen von gelehrten Sachen, 2. Band, 1764.

Johann Christoph Gottsched: *Versuch einer kritischen Dichtkunst vor die Deutschen,* Leipzig 1737.

Georg Christoph Lichtenberg: *Vermischte Schriften. Neue vermehrte, von dessen Söhnen veranstaltete Originalausgabe,* Göttingen 1844.

Sekundärliteratur

A. Dokumentationen

Thomas C. Starnes: *Christoph Martin Wieland – Leben und Werk*, Sigmaringen 1987: Bd. 1: 1733 – 1783
Bd. 2: 1784 – 1799
Bd. 3: 1800 – 1813.
Ders.: *Der Teutsche Merkur. Ein Repertorium*, Sigmaringen 1994.

Zu einzelnen Aspekten
Heinrich Bock/ Hans Radspieler: *Gärten in Wielands Welt*, Marbacher Magazin 40 (1986).
Hansjörg Schelle: *Das Wieland-Museum in Biberach an der Riss und seine Handschriften*, Jahrbuch der Deutschen Schillergesellschaft 5 (1961), S.548-573.
Wolfgang Stellmacher: *Auseinandersetzung mit Shakespeare – Texte zur deutschen Shakespeare-Aufnahme von 1740 bis zur Französischen Revolution*, Berlin 1976.
Claus Träger (Mitarbeit Frauke Schaefer): *Die Französische Revolution im Spiegel der deutschen Literatur*, Leipzig 1979, S.36-48.
Verzeichniß der Bibliothek des verewigten Hofraths Wieland, welche den 3. April 1815 und die folgenden Tage, gegen gleich baare Bezahlung zu Weimar öffentlich versteigert werden soll, Weimar 1814.
Klaus-P. Bauch/ Maria-B. Schröder: *Alphabetisches Verzeichnis der Wieland-Bibliothek*, Hannover 1993.

B. Bibliographien

Karl Goedeke: *Grundriß zur Geschichte der deutschen Dichtung*, Bd. IV/I, § 223 (S.527-575), Berlin 1916 (3.Aufl.).
Bernhard Seuffert: *Prolegomena zu einer Wieland-Ausgabe*, Bde. 1-6, Berlin 1904 ff.
Julius Steinberger: Bibliographie der Wieland-Übersetzungen, Göttingen 1930.
Gottfried Günther/ Heidi Zeilinger: *Wieland-Bibliographie*, Berlin und Weimar 1983 (von den Anfängen bis 1980).
Hansjörg Schelle: »Nachträge und Ergänzungen zur Wieland-Bibliographie« (1981-1992), *Lessing Yearbook*, Detroit u. München, Vol. 16-26, 1985-1994.
Viia Ottenbacher: »Wieland-Bibliographie 1983-1988«, *Wieland-Studien I*, Sigmaringen 1991, S.185-240.
Viia Ottenbacher/ Heidi Zeilinger: »Wieland-Bibliographie 1988-1992«, *Wieland-Studien II*, Sigmaringen 1994, S.285-332.

C. Gesamtdarstellungen

Irmela Brender: *Christoph Martin Wieland. Mit Selbstzeugnissen und Bilddokumenten*. Reinbek b. Hamburg 1990.
Johann Gottfried Gruber: »*C.M. Wielands Leben*«, *C.M. Wielands sämmtliche Werke*, Bde. 50-53, Leipzig 1827-1828.
Neudruck: Hamburger Reprintausgabe (s.o.), Bd. XV, 1984.
Sven-Aage Jørgensen, Herbert Jaumann, John McCarthy, Horst Thomé: *Wieland. Epoche – Werk – Wirkung*, München 1994.
Friedrich Sengle: *Wieland*, Stuttgart 1949.
Cornelius Sommer: *Christoph Martin Wieland*, Stuttgart 1971.

D. Sammelbände

Hansjörg Schelle (Hrsg.): *Christoph Martin Wieland*, Wege der Forschung, Bd.CDXXI, Darmstadt 1981 (WF).
Lieselotte E. Kurth-Voigt (Hrsg.): *Modern Language Notes*, German issue, Vol.99, Nr.3, Baltimore 1984, S.421-705 (MLN).
Hansjörg Schelle (Hrsg.): *Christoph Martin Wieland – Nordamerikanische Forschungsbeiträge zur 250. Wiederkehr seines Geburtstages 1983*, Tübingen 1984 (NF).
Thomas Höhle (Hrsg.): *Wieland-Kolloquium Halberstadt 1983*, Kongreß- und Tagungsberichte der Martin-Luther-Universität Halle-Wittenberg, Halle (Saale) 1985 (KTH).
Max Kunze (Hrsg.): *Christoph Martin Wieland und die Antike*, Stendal 1986.
Thomas Höhle (Hrsg.): *Das Spätwerk Christoph Martin Wielands und seine Bedeutung für die deutsche Aufklärung*, Kongreß- und Tagungsberichte der Martin-Luther-Universität Halle-Wittenberg, Halle (Saale) 1988 (KTH).
Rolf Selbmann (Hrsg.): *Zur Geschichte des deutschen Bildungsromans*, Wege der Forschung, Bd. 640, Darmstadt (WF).
Wieland-Studien: Bd. I, Wieland-Archiv Biberach und Hans Radspieler (Hrsg.), Sigmaringen 1991 (WSt);
Bd. II, Klaus Manger und Wieland-Archiv Biberach (Hrsg.), Sigmaringen 1994 (WSt).

E. Monographien/ Aufsätze

Die folgenden Angaben müssen angesichts einer kaum noch übersehbaren Fülle der Sekundärliteratur in Europa und Übersee von vornherein auf Vollständigkeit verzichten. Benannt wird daher nur die im Rahmen dieses Bandes zitierte und darüber hinaus die für den Einstieg in das Thema als grundlegend angesehene sowie die für die Spannweite der Interpretationen exemplarische Literatur; Nicht-Nennung darf keinesfalls als Abwertung verstanden werden. Für vertiefende Studien kann in jedem Fall ein lückenloser Überblick durch die oben angeführten Bibliographien gewonnen werden.

Wolfgang Albrecht: »Die milde Humanität des Priesters der Musen – Zu Wielands Dichtungsverständnis nach 1780«, *KTH* 1985, S.228-240.

Ders.: *Deutsche Spätaufklärung. Ein interdisziplinärer Forschungsbericht bis 1985*, Halle 1987.

Ders.: »Wielands *Agathodämon*. Wege der Aufklärung im Glauben an Humanität und Fortschritt.« *WB*, H.4/1987, S.599-615.

Ders.: »Wielands Vorstellungen von Aufklärung und seine Beiträge zur Aufklärungsdebatte am Ende des 18. Jahrhunderts«, *Impulse* Folge 11, Berlin und Weimar 1988, S.25-60.

Ders.: »*Agathodämon* – Bilanz und Credo eines Aufklärers«, 1988b, S.101-124.

Ders.: »Angenähert, Anempfohlen, Anverwandelt. Wieland in Arno Schmidts Frühwerk (bis *Schwarze Spiegel*)«, *WSt* 1994, S.194-220.

Friedmar Apel: *Die Zaubergärten der Phantasie – Zur Theorie und Geschichte des Kunstmärchens*, Heidelberg 1978.

Klaus Bäppler: *Der philosophische Wieland. Stufen und Prägungen seines Denkens*, München 1974.

Otto Bantel: *Christoph Martin Wieland und die griechische Antike*, Diss. (masch.), Tübingen 1952.

Barbara Becker-Cantarino: »›Muse‹ und ›Kunstrichter‹: Sophie La Roche und Wieland«, *MLN* 1984, S.571-588.

Rüdiger Bernhardt: »Wieland, Mickel und die Aufklärung heute«, *KTH* 1988, S.224-237.

Gabrielle Bersier: *Wunschbild und Wirklichkeit – Deutsche Utopien im 18. Jahrhundert*, Heidelberg 1981.

Heidi u. Wolfgang Beutin: »Frauenemanzipation und Erotik in den drei spätesten Romanen Wielands«, *KTH* 1988, S.161-208.

Heidi Beutin: Jutta Heckers *Wieland*. Zur Problematik des ›Dichter-Helden‹, *KTH* 1985, S.282-288.

Uwe Blasig: *Die religiöse Entwicklung des frühen Christoph Martin Wieland*, Frankfurt u. Bern 1990.

Hans Böhm: »Einleitung« zu *Wielands Werken in vier Bänden*, Berlin und Weimar 1984, Bd.1, S. V-XLIII.

Ders.: »›Wenige haben das menschliche Herz besser gekannt als er …‹ – Zu Wielands Shakespeare-Rezeption«, *KTH* 1985, S.154-184.

Gerhart Braunsperger: *Aufklärung aus der Antike: Wielands Lukianrezeption in seinem Roman ›Die geheime Geschichte des Philosophen Peregrinus Proteus‹*, Frkf.a.M. (u.a.) 1993.

Joachim Campe: *Der programmatische Roman. Von Wielands »Agathon« zu Jean Pauls »Hesperus«*, Bonn 1979.

Charlotte Craig: »Chr.M. Wieland as the Originator of the Modern Travesty in German Literature«, *UNCGLL* 64, North Carolina 1970.

Hans-Dietrich Dahnke: »Die Götter im Negligé. Zu Wielands *Göttergesprächen*, *KTH* 1985, S.103-116.

Ders.: »Schiller und Wieland. Zur Geschichte einer Freundschaft«, *Impulse* Folge 13, Berlin und Weimar 1990, S.99-130.

Burghard Dedner: *Topos, Ideal und Realitätspostulat. Studien zur Darstellung des Landlebens im Roman des 18. Jahrhunderts*, Tübingen 1969.

Friedrich Dieckmann: »Eine Zauberflöte aus Dschinnistan. Wielands Sammlung und Schikaneders Text«, *Neue deutsche Literatur*, H. 12/1991, S.135-145.

Martha Helen Dietz: *Wielands Changing Views on Utopia as Reflected in the Role of the Narrator in »Agathon«*, Diss. Stanford 1976.

Johannes-Heinrich Dreger: *Wielands »Geschichte der Abderiten«: eine historisch-kritische Untersuchung*, Göppingen 1973.

Otto Drude: »Thomas Mann und Christoph Martin Wieland«, *WSt* 1994, S.156-193.

Hildegard Emmel: »Zur Gestalt von Wielands spätem Roman *Aristipp*«, *WF* 1981, S.109-116.

Dies.: »*Hyperion*, ein anderer *Agathon*? Hölderlins zwiespältiges Verhältnis zu Wieland«, *NF* 1984, S.413-429.

Rolf Engelsing: »Wieviel verdienten die Klassiker? Zur Entstehung des Schriftstellerberufs in Deutschland«, *Neue Rundschau* 87 (1976), S.124-163).

Walter Erhart: *Entzweiung und Selbstaufklärung – Christoph Martin Wielands »Agathon«-Projekt*, Tübingen 1991.

Ders.: »›In guten Zeiten giebt es selten Schwärmer‹ – Wielands *Agathon* und Hölderlins *Hyperion*«, *Hölderlin-Jahrbuch 1992-1993*. Bd. 28, Stuttgart 1993, S.173-191.

Ders.: »›Was nützen schielende Wahrheiten?‹ Rousseau, Wieland und die Hermeneutik des Fremden«, *Rousseau in Deuschland. Neue Beiträge zur Erforschung seiner Rezeption* (hg.H.Jaumann), Berlin u. New York 1995, S.47-78.

Ludwig Fertig: *Poeten als Pädagogen: Chr.M. Wieland, der Weisheitslehrer*, Darmstadt 1991.

Gonthier-Louis Fink: »Wieland und die Französische Revolution«, *WF* 1981, S.407-443.

Otto Freise: *Die 3 Fassungen von Wielands »Agathon«*, Diss. Göttingen 1910.

Egon Freitag: »Zur ›Völker- und Menschenkunde‹ im Schaffen Christoph Martin Wielands«, *KTH* 1985, S. 289-303.

Ders.: »›... eine in allen ihren Teilen klug und emsig betriebene Ökonomie‹. Zu einigen wirtschaftlichen Aspekten im Spätwerk Christoph Martin Wielands«, *KTH* 1988, S.42-53.

Dietrich Freydank: »Wieland in Rußland. Eine annotierte Bibliographie«, *KTH* 1985, S.200-203.

Cäcilia Friedrich: »Zur Idee von Liebe und Ehe in Wielands *Oberon*«, *KTH* 1985, S.85-100.

Dies.: »Rahmenhandlung und Ansatz einer Novellentheorie in Wielands *Hexameron von Rosenhain*«, *KTH* 1988, S.139-150.

Manfred Fuhrmann: »Wielands Antike-Bild«, *Übersetzungen des Horaz* (hg. M. Fuhrmann), Frankfurt a.M. 1986, S.1073-1082.

Hans-Jürgen Gaycken: *Christoph Martin Wieland – Kritik seiner Werke in Aufklärung, Romantik und Moderne*, Bern und Frankfurt a.M. 1982.

Rolf Geißler: *Romantheorie in der Aufklärung*, Berlin 1984.

Melitta Gerhart: *Der deutsche Entwicklungsroman bis zu Goethes ›Wilhelm Meister‹*, Halle 1926.

Sybille Gössl: *Materialismus und Nihilismus. Studien zum deutschen Roman der Spätaufklärung*, Würzburg 1987.

Peter Goldammer: »Nachwort« zu Chr.M. Wieland, *Das Hexameron von Rosenhain*, Berlin und Weimar 1984.

Margit Hacker: *Anthropologische und kosmologische Ordnungsutopien: Christoph Martin Wielands ›Natur der Dinge‹*, Würzburg 1989.

Günter Hartung: »Wielands Beitrag zur philosophischen Kultur in Deutschland«, *KTH* 1985, S.7-28.

Jutta Heinz: »Von der Schwärmerkur zur Gesprächstherapie. Symptomatik und Darstellung des Schwärmers in Wielands *Don Sylvio* und *Peregrinus Proteus*, *WSt* 1994, S.33-53.

Gerd Hemmerich: *Ch.M. Wielands »Geschichte des Agathon«. Eine kritische Werkinterpretation*. Nürnberg 1979.

Kurt Hiller: »Wieland, der Förderer Reinholds«, *WF* 1991, S.81-95.

Walter Hinderer: »Wielands Beiträge zur deutschen Klassik«, *Deutsche Literatur zur Zeit der Klassik*, hrsg. Karl Otto Conrady, Stuttgart 1977, S.44-64.

Thomas Höhle: »Wieland und die verpönte Gattung des Staatsromans«, *KTH* 1985, S.41-60.

Horst Höhne: »Zur Rezeption Wielands durch die englische Romantik«, *KTH* 1985, S.190-199.

Stefan Huber: »Der ›gotische‹ Shakespeare. Eine Randnotiz zur Shakespeare-Übertragung Wielands«, *WSt* 1991, S.77-80.

Karl-Heinz Ihlenburg: *Wielands Agathodämon*, Phil.Diss., Greifswald 1957 (masch.).

Kyösti Itkonen: *Die Shakespeare-Übersetzung Wielands (1762-1766). Ein Beitrag zur Erforschung englisch-deutscher Lehnbeziehungen*, Jyväskylä 1971.

Jürgen Jacobs: *Wielands Romane*, Bern u. München, 1969.

Ders.: »Die Theorie und ihr Exempel. Zur Deutung von Wielands *Agathon* in Blanckenburgs *Versuch über den Roman*«, *GRM* 31 (1981), S.32-42.

Ders.: »Wieland und der Entwicklungsroman des 18. Jahrhunderts«, *Handbuch des deutschen Romans* (hrsg. Helmut Koopmann), Düsseldorf 1983, S.170-183.

Jürgen Jacobs/ Markus Krause: *Der deutsche Bildungsroman. Gattungsgeschichte vom 18. zum 20. Jahrhundert*, München 1989.

Erwin Jaeckle: »Der Zürcher Wieland«, *Biberacher Hefte* 3, 1987, S.9-17.

Wolfgang Jahn: »Zu Wielands späten Romanen *Menander und Glycerion* und *Krates und Hipparchia*«, *WF* 1981, S.322-327.

Herbert Jaumann: »Politische Vernunft, anthropologischer Vorbehalt, dichterische Fiktion. Zu Wielands Kritik des Politischen«, *MLN* 1984, S.461-478.

Ders.: »Der deutsche Lukian. Kontinuitätsbruch und Dialogizität, am Beispiel von Wielands *Neuen Göttergesprächen* (1791)«, *Der deutsche Roman der Aufklärung* (hg. Harro Zimmermann), Heidelberg 1990, S.61-90.

Ders.: s. C. »Gesamtdarstellungen«: München 1994.

Sven-Aage Jørgensen: »Zur Wieland-Rezeption in Dänemark«, *MLN* 1984, S.648-657.

Ders.: s. C. »Gesamtdarstellungen«: München 1994.

Hans-Joachim Kertscher: »Bemerkungen zum Mythosverständnis des späten Wieland«, *KTH* 1988, S.54-68.

Hans-Jürgen Ketzer: »Einige Bemerkungen zu Wielands Rousseau-Aneignung und deren Beurteilung durch die Stürmer und Dränger«, *KTH* 1985, S.267-272.

Helmuth Kiesel/ Paul Münch: *Gesellschaft und Literatur im 18. Jahrhundert – Voraussetzungen und Entstehung des literarischen Marktes in Deutschland*, München 1977.

Dieter Kimpel: *Der Roman der Aufklärung (1670-1774)*, Stuttgart 1977.

Jürgen Klose: »Der Raub der Götter. Bonapartes erster Italienfeldzug und die thüringische Dichterprovinz«, *Französische Revolution und deutsche Literatur*, Wiss. Beiträge der Fr.-Schiller-Univ., Jena 1989, S.150-159.

Charlotte Köppe: »Ch.M. Wielands Beziehungen zur Antike in der Verserzählung *Musarion*«, *KTH* 1985, S.143-153.

Lieselotte E. Kurth-Voigt: »Wieland and the French Revolution: The Writings of the First Year«, *Studies in Eighteens-Century Culture* 7 (1978), S.79-103.

Dies.: »Wielands Leser: Persönliche Perspektiven der Rezeption. Aus Herders Korrespondenz«, *MLN* 1984, S.554-570.

Dies.: »Wielands *Geschichte des Agathon*: Zur journalistischen Rezeption des Romans«, *WSt* 1991, S.9-42.

Dies.: »Wielands *Geschichte des Agathon*: Zur journalistischen Rezeption des Romans in England«, *WSt* 1994, S.54-96.

Gotthard Lerchner: »Deutsche Kommunikationskultur des 18. Jahrhunderts aus der Sicht Wielands im *Teutschen Merkur*, *Zeitschrift für Phonetik, Sprachwissenschaft und Kommunikationsforschung*, H. 1/1991, S.52-60.

Literaturlexikon – Begriffe und Definitionen, hrsg. Günther und Irmgard Schweikle, Stuttgart 1990.

Hans-Joachim Mähl: »Die *Republik des Diogenes*. Utopische Fiktion und Fiktionsironie am Beispiel Wielands«, *Utopieforschung*, hrsg. Wilhelm Voßkamp, Frankfurt a.M., S.50-85.

Dennis F. Mahoney: *Der Roman der Goethezeit (1774-1829)*, Stuttgart 1988.

Klaus Manger: Nachwort zur *Geschichte des Agathon*, Frankfurt a.M. 1986.

Ders.: *Klassizismus und Aufklärung – Das Beispiel des späten Wieland*, Frankfurt a.M. 1991.

Ders.: »Wieland, der klassische Nationalautor«, *Metamorphosen des Dichters. Das Rollenverständnis deutscher Schriftsteller vom Barock bis zur Gegenwart*, hrsg. Gunter E. Grimm, Frankfurt a.M. 1992, S.67-83.

Fritz Martini: »C.M. Wieland und das 18. Jahrhundert«, *Festschrift Paul Kluckhohn u. Hermann Schneider*, Tübingen 1948, S.243-265.

Ders.: »C.M. Wielands *Oberon*«, *Vom Geist der Dichtung. Gedächtnisschrift f. R. Petsch*, Hamburg 1949, S.206-233.

Ders.: »Wieland: *Geschichte der Abderiten*«, *WF* 1981, S.171f.

Gerhart Mayer: »Die Begründung des Bildungsromans durch Wieland. Die Wandlung der *Geschichte des Agathon*«, *Jahrbuch der Raabe-Gesellschaft* 1970, S.7-36.

Ders.: *Der deutsche Bildungsroman*, Stuttgart 1992.

Hans Mayer: »Wielands *Oberon*«, *WF* 1981, S.189-204.

John McCarthy: »Die gefesselte Muse? Wieland und die Pressefreiheit«, *MLN* 1984, S.437-460.

Ders.: s. C. »Gesamtdarstellungen«: München 1994.

Knuth Mewes: »*Aufklären-Schreiben-Philosophieren. Untersuchungen zu Christoph Martin Wielands Spätwerk ›Aristipp und einige seiner Zeitgenossen‹*, Diss. (masch.) Halle/S. 1988.

Ders.: »»Man sieht den Wald vor lauter Bäumen nicht‹-Ausblicke für ein Verständnis von Wielands *Aristipp*«, *KTH* 1988b, S.125-138.

Herman Meyer: »Christoph Martin Wieland: *Der goldene Spiegel* und *Die Geschichte des weisen Danischmend*«, *WF* 1981, S.128-152.

Karl Mickel: »Peregrinus Proteus oder die Nachtseite der pädagogischen Revolution« (Essay), Chr.M. Wieland – *Peregrinus Proteus*, Leipzig 1985.

Claude Miquet: *C.M. Wieland, directeur du ›Mercure allemand‹ (1773-1789). Un dessein ambitieux, une réussite intellectuelle et commerciale*. Bern, Frankfurt a.M. 1990.

Jan-Dirk Müller: *Wielands späte Romane. Untersuchungen zur Erzählweise und zur erzählten Wirklichkeit*, München 1971.

Hermann Müller-Solger: *Der Dichtertraum. Studien zur Entwicklung der dichterischen Phantasie im Werk Chr.M. Wielands*, Göppingen 1970.

Helmut Nobis: *Phantasie und Moralität – Das Wunderbare in Wielands* »Dschinnistan« *und der* »Geschichte des Prinzen Biribinker«, Kronberg/Ts. 1976.

Viia Ottenbacher/ Heinrich Bock: »*...wie Shakespeare seinen Pyramus und Thisbe aufführen läßt.*« *Wielands Komödienhaus in Biberach*, Spuren 15, Marbach a. Neckar 1991.

Jan Papior: »Die Ironie im Spätwerk Wielands«, *KTH* 1988,S.77-90.

Wolfgang Paulsen: *Christoph Martin Wieland: der Mensch und sein Werk in psychologischen Perspektiven*, Bern u. München 1975.

Wolfgang Preisendanz: »Wieland und die Verserzählung des 18. Jahrhunderts«, *GRM* 12/1 (1962), S.17-31.

Ders.: »Die Auseinandersetzung mit dem Nachahmungsprinzip in Deutschland und die besondere Rolle der Romane Wielands (*Don Sylvio, Agathon*)«, *Nachahmung und Illusion* (hrsg. H.R. Jauß), München 1964, S.72-95 u. 196-203.

Ders.: »Die Kunst der Darstellung in Wielands *Oberon*, *WF* 1981, S.205-231.

Alfred E. Ratz: »C.M. Wieland: Toleranz, Kompromiß und Inkonsequenz. Eine kritische Betrachtung«, *DVjs* 42 (1968),S.493-514.

Ders.: »Ausgangspunkte und Dialektik von C.M. Wielands gesellschaftlichen Ansichten«, *WF* 1981, S.379-398.

Ders.: *Der Identitätsroman. Eine Strukturanalyse*, Tübingen 1988.

Jan P. Reemtsma: »C.M. Wieland, *Kombabus*«, *Literatur konkret*, Jg.14,

Hamburg 1989, S.26-31.

Ders.: *Das Buch vom Ich. Christoph Martin Wielands ›Aristipp und einige seiner Zeitgenossen‹,* Zürich 1993.

Hans-Heinrich Reuter: »Die Philologie der Grazien. Wielands Selbstbildnis in seinen Kommentaren der Episteln und Satiren des Horaz«, *WF* 1981, S.251-306.

Asta Richter: »Das Bild Wielands in den *Briefen, die neueste Literatur betreffend«, KTH* 1985, S.259-266.

Joachim Rickes: *Führerin und Geführter. Zur Ausgestaltung eines literarischen Motivs in Ch.M. Wielands ›Musarion oder die Philosophie der Grazien‹,* Frankfurt a.M. 1989.

Otto Rommel: *Die Alt-Wiener Volkskomödie. Ihre Geschichte vom barocken Welttheater bis zum Tode Nestroys,* Wien 1952.

Erwin Rotermund: »Massenwahn und ästhetische Therapeutik bei Christoph Martin Wieland. Zu einer Neuinterpretation der *Geschichte der Abderiten, GRM* 28 (1978), S.417-451.

Wilfried Rudolph: *Aufklärung und Narrentum in Wielands Roman »Geschichte der Abderiten«,* Diss. (masch.), Halle (Saale) 1983.

Ders.: »Abderismus und Aufklärung in Wielands Roman *Geschichte der Abderiten«, KTH* 1985, S.222-227.

Ders.: »Die Entzauberung. Zum Märchenschaffen des späten Wieland«, *KTH* 1988, S.151-160.

Harry Ruppel: *Wieland in der Kritik. Die Rezeptionsgeschichte eines klassischen Autors in Deutschland,* Diss. Frankfurt a.M. 1980.

Irmtraud Sahmland: *C.M. Wieland und die deutsche Nation. Zwischen Patriotismus, Kosmopolitismus und Griechentum,* Tübingen 1990.

Klaus Schaefer: *Untersuchungen zum Entwicklungsproblem im Roman der deutschen Aufklärung,* Diss.B (masch.), Potsdam 1970.

Ders.: »Das Problem der sozialpolitischen Konzeption in Wielands *Geschichte des Agathon«, WB* 16 (1970), S.170-196.

Ders.: »Chr.M. Wielands Beitrag zur Revolutionsdebatte in der Endfassung seines Romans *Die Geschichte des Agathon* (1794)«, *Zeitschrift für Germanistik,* Neue Folge, H.2/1991, S.323-329.

Ders.: »Der Schluß von Ch.M. Wielands *Geschichte des Agathon* – ein Werk in der Wandlung«, *WSt* 1991, S.43-57.

Siegfried Scheibe: »Zur Entstehungsgeschichte von Wielands Singspiel *Rosamund«, WSt* 1994, S.97-119.

Ders.: »Wielands Ankunft in Erfurt«, *WSt* 1994, S.127-129.

Hansjörg Schelle: »Unvorgreifliche Gedanken zum Thema Wieland und Thomas Mann«, *NF* 1984, S.630-636.

Regine Schindler-Hürlimann: *Wielands Menschenbild. Eine Interpretation des »Agathon«,* Zürich 1963.

Hans-Jürgen Schings: »Der Staatsroman im Zeitalter der Aufklärung«, *Handbuch des deutschen Romans,* Düsseldorf 1983, S.151-169.

Maria-Brigitta Schröder: »Wielands Shakespeare-Übersetzung: Textgrundlage für die Shakespeare-Rezeption der *Nachtwachen* von Bonaventura?«, *WSt* 1991, S.58-76.

Volker Schulze: »Der *Teutsche Merkur*«, *Deutsche Zeitschriften des 17.bis 20. Jahrhunderts* (hg. Heinz-Dietrich Fischer), Pullach 1973, S.87-102.

Karl-Heinz Schwabe: »Bemerkungen zur Wirkung Shaftesburys auf C.M. Wieland«, *KTH* 1985, S.185-189.

Gerhard Seidel: »Vorrede« und »Nachwort« zu Chr.M. Wieland, *Dschinnistan oder auserlesene Feen- und Geistermärchen*, Berlin und Weimar 1982.

Hanswerner Seiffert: *Der vorweimarische Wieland. Leben und Werk 1733-1772*, Diss. (masch.), Greifswald 1949.

Christiane Seiler: »Die Rolle des Lesers in Wielands *Don Sylvio von Rosalva* und *Agathon*«, *Lessing Yearbook* IX, München 1977, S.152- 165.

Friedrich Sengle: »Von Wielands Epenfragmenten zum *Oberon*. Ein Beitrag zu Problem und Geschichte des Kleinepos im 18. Jahrhundert«, *WF* 1981, S.45-66.

Reinhart Siegert: *Aufklärung und Volkslektüre. Exemplarisch dargestellt* (...), Frankfurt a.M. 1978.

Cornelius Sommer: »Europäische Tradition und individuelles Stilideal. Zur Versgestalt von Wielands späteren Dichtungen«, *WF* 1981, S.344-378.

Marianne Spiegel: *Der Roman und sein Publikum im frühen 18. Jahrhundert (1700-1767)*, Bonn 1967.

Ernst Stadler: »Wielands Shakespeare«, *WF* 1981, S.33-44.

Emil Staiger: »Wieland: *Musarion*«, *WF* 1981, S.93-108.

Thomas C. Starnes: »Wieland und die Frauenfrage – Frauen und die Wielandfrage«, *WSt* 1994, S.221-248.

Ders.: *Der teutsche Merkur in den österreichischen Ländern*, Wien 1994.

Heike Steinhorst: »Ch.M. Wielands Ansichten zur Shakespeare-Rezeption«, *Wiss. Zeitschr. der Pädagogischen Hochschule Magdeburg*, H.1/1983, S.26-36.

Dies.: *Ch.M. Wielands Auffassungen von der Funktion und Produktion des Romans in seinen theoretischen Schriften vor der Französischen Revolution*, Diss. Magdeburg 1985 (masch.).

Dies.: »Zu Ch.M. Wielands Auseinandersetzung mit Aristophanes in den 90er Jahren des 18. Jahrhunderts«, *KTH* 1988, S.69-76.

Wolfgang Stellmacher: »Wieland und das Singspiel«, *KTH* 1985, S.213- 221.

Guy Stern: »Wieland als Herausgeber der *Sternheim*«, *NF*, S.195-208.

Karin Stoll: *Christoph Martin Wieland – Journalistik und Kritik. Bedingungen und Maßstab politischen und ästhetischen Räsonnements im ›Teutschen Merkur‹ vor der Französischen Revolution*, Bonn 1978.

Gerhard Streich: »Die Büchersammlungen Göttinger Professoren im 18. Jahrhundert«, *Wolfenbütteler Forschungen*, Bd.2 (1977), S.241-300.

H.P.H. Teesing: »Wieland als dichter van het rococo«, *Neophilologus* 30/ 1946, S.166ff.

Horst Thomé: »Menschliche Natur und Allegorie sozialer Verhältnisse. Zur politischen Funktion philosophischer Konzeptionen in Wielands *Geschichte des Agathon*«, *Jahrbuch der deutschen Schiller-Gesellschaft* 22 (1978), S.205-234.

Ders.: »Utopische Diskurse. Thesen zu Wielands *Aristipp und einige seiner Zeitgenossen*«, *MLN* 1984, S.503-521.

Ders.: »Religion und Aufklärung in Wielands *Agathodämon*. Zu Problemen der ›kulturellen Semantik‹ um 1800, *Internationales Archiv für Sozialgeschichte der deutschen Literatur*, H.1/1990, S.93-122.

Ders.: s. C. »Gesamtdarstellungen«: München 1994.

Brigitte Thorand: »Zwischen Ideal und Wirklichkeit – Zum Problem des Schwärmertums im *Peregrinus Proteus*«, *KTH* 1988, S.91-100.

Dies.: *Schwärmer oder Enthusiast – Glaubenswahrheiten im Epochenumbruch. Untersuchungen zu Chr.M. Wielands Roman ›Die geheime Geschichte des Philosophen Peregrinis Proteus‹*, Diss. (masch.), Halle 1990.

Reinhard Tschapke: *Anmutige Vernunft. Chr.M. Wieland und die Rhetorik*, Stuttgart 1990.

Wolfgang von Ungern-Sternberg: »Chr.M. Wieland und das Verlagswesen seiner Zeit. Studien zur Entstehung des freien Schriftstellertums in Deutschland«, *Archiv für Geschichte des Buchwesens* XIV, Frankfurt a.M. 1974, Sp.1211-1534.

Friedrich Vollhardt: *Selbstliebe und Geselligkeit – Untersuchungen zum Verhältnis von naturrechtlichem Denken und ›schöner‹ Literatur im 18. Jahrhundert* (masch.), Hamburg 1992.

Wilhelm Voßkamp: *Romantheorie in Deutschland von Martin Opitz bis Friedrich von Blanckenburg*, Stuttgart 1973.

Hans Wahl: *Geschichte des Teutschen Merkur*, Berlin 1914.

Michael Walter: »Keine Zeichen von guter Vorbedeutung. Zur Textbedeutung des Schlußkapitels vom *Goldenen Spiegel*«, *KTH* 1988, S.29-41.

Hans-J. Weitz: »›Weltliteratur‹ zuerst bei Wieland«, *Arcadia*, Jg.22, Berlin-New York 1987, S.206-208.

Hans-Georg Werner: »Literatur für die ›policirte‹ Gesellschaft. Über Wielands Konzept bei der Herausgabe der ersten Jahrgänge des *Teutschen Merkur*«, *KTH* 1985, S.61-84.

Ders.: *Literarische Strategien. Studien zur deutschen Literatur 1760 bis 1840*, Stuttgart und Weimar 1993.

Bernd Weyergraf: *Der skeptische Bürger*, Stuttgart 1972.

W. Daniel Wilson: »Intellekt und Herrschaft. Wielands *Goldner Spiegel*, Joseph II. und das Ideal eines kritischen Mäzenats im aufgeklärten Absolutismus«, *MLN* 1984, S.479-502.

Olga Dobijanka Witczakova: »Der Nachhall der Kontroverse Schlegel- Wieland im Wiener literarischen Milieu«, *KTH* 1988, S.209-217.

Hans Würzner: *Christoph Martin Wieland. Versuch einer politischen Deutung*, Diss. Heidelberg 1958.

Personenregister

Angaben zum Autor

Klaus Schaefer, geb. 1932; Studium der Germanistik und Geschichte in Berlin; 1960 Promotion, 1970 Habilitation; Lehrtätigkeit an der PH Potsdam und der Universität Jakarta/Indonesien; bis 1992 Professor für Neuere Deutsche Literatur an der PH Magdeburg.

Publikationen zur Literatur des 17. bis 19. Jahrhunderts, insbesondere zu Ch. Weise, Ch. M. Wieland und zur Geschichte des Romans.

Sammlung Metzler

Printed in the United States
By Bookmasters